新版英語科教育法

小中高の連携 − EGP から ESP へ

学文社

執筆者		
木村　松雄	青山学院大学	第1・2・7・11〈6〉章
荒井　貴和	上智大学	第3・9章
高田　智子	明海大学	第4章
木塚　雅貴	京都府立医科大学	第5・8・11〈7-9〉章
アレン玉井光江	青山学院大学	第6章
長　　勝彦	（武蔵野大学）	第7章学習指導案
竹蓋　順子	大阪大学	第10章
伊村　元道	（玉川大学）	第11章〈1-5〉
寺内　　一	高千穂大学	第12章
宮本　智明	香川県立高松桜井高等学校	資料1
北村孝一郎	神田外語大学	資料2
ケイト・エルウッド	早稲田大学	資料3英訳

（執筆順）

はしがき

　国際化と高度情報化の時代を迎え英語の果たす役割は日々高まってきています。英語科教育法の果たす役割も従来以上に高まっています。新学習指導要領の施行にともない「コミュニケーション能力の育成」という命題にこたえるための英語教育を小中高の連携を視野に入れながら実践していかなければなりません。

　本書はそのような時代の要請に応えるため，各大学で英語科教育法を担当している教員を中心とし，さらに特定の分野（初等英語教育，ESP：English for Specific Purposes）の専門家の応援を得て，新しい時代の英語科教育法の守備範囲を固めました。また，「英語の授業は英語でおこなう」という理念を実現化するための一助として，小学校，中学校，高等学校の新学習指導要領の英語版を作成し巻末に載せました。さらに，「SELHi に見る実践」と「教え方のヒント」を新設し資料の充実に努めました。内容は入門的な知識に限りましたので，それ以上は参考文献，課題学習等を参考にしてご自分で深めていただきたいと思います。

　本書の出版にあたっては，各章を執筆してくださった先生方と辛抱強く編集の労をおとりくださった学文社の三原多津夫氏と二村和樹氏に衷心より御礼申し上げます。

　2011 年 3 月

編著者

目　次

1　英語教育の目的と小・中・高の連携…………………………… *5*
2　聞くことの指導………………………………………………… *32*
3　話すことの指導………………………………………………… *47*
4　読むことの指導………………………………………………… *62*
5　書くことの指導………………………………………………… *81*
6　小学校英語教育の展開………………………………………… *99*
7　中学校英語教育の展開………………………………………… *116*
8　高等学校英語教育の展開……………………………………… *136*
9　英語科の評価…………………………………………………… *153*
10　教育機器の活用方法（CALL）……………………………… *169*
11　代表的な教授法………………………………………………… *185*
12　EGP から ESP へ……………………………………………… *200*

資料1　SELHi に見る実践………………………………………… *214*
資料2　教え方のヒント　Q＆A…………………………………… *223*
資料3　小・中・高学習指導要領（英訳対比）…………………… *230*

用語解説………………………………………………………………… *263*
索　　引………………………………………………………………… *267*

1　英語教育の目的と小・中・高の連携

> キーワード

コミュニケーション能力＊小・中・高の連携＊教師のビリーフと学習者のビリーフ＊BICS と CALP＊Successful Learners の特徴

1-1. 指導目標の確認

　第1章では，小学校，中学校そして高等学校における英語教育の目標を学習指導要領の指導目標を中心に考えていきましょう。英語という外国語は，小学校，中学校，高等学校においてどのように位置づけられているでしょうか。また小学校，中学校，高等学校に一貫して求められているものはなんでしょうか。

1-1-1. 小学校における外国語活動（英語）の指導目標（2011年度より実施）
　詳しくは第6章「小学校英語教育の展開」で説明しますが，ここでは指導目標の概要を押さえておきましょう。
　外国語活動の目標を小学校学習指導要項は，「外国語を通じて，言語や文化について体験的に理解を深め，積極的にコミュニケーションを図ろうとする態度の育成を図り，外国語の音声や基本的な表現に慣れ親しませながら，コミュニケーション能力の素地を養う。」（第4章　外国語活動　第1目標）と示しています。

　この目標は以下の3点に集約されます。

①外国語を通じて，言語や文化について体験的に理解を深める。
②外国語を通じて，積極的にコミュニケーションを図ろうとする態度の育成を図る。
③外国語を通じて，外国語の音声や基本的な表現に慣れ親しませながら，コミュニケーション能力の素地を養う。

①は言語や文化についての体験的な理解，②は積極的な態度の育成，③は音声と基本的な表現に慣れ親しませることの重要性を説いていますが，さらに重要なのは，①②③は独立して機能するものではなくて，相互補完的な関係にあるということです。個々の内容と相互補完性があって初めて「コミュニケーション能力の素地を養う」ことが可能になると解釈されます。また，ここでいう「素地」とは，英語を教科として学ぶ中学校と高等学校の英語の「基盤」と解釈され，小中高の一貫した連携，とりわけ小中の連携が示唆されます。

2008年3月に公示され，実施は2011年4月からです。小学校5，6年生に週1時間，年間35時間おこないます。教科ではなく，道徳，総合的な時間，特別活動と同様の扱いとなるため教科書はありません。これを補足するため『英語ノート』が準備されています。

運営実施にあたっては今後多くの課題を解決しなければなりませんし，今後本格的な初等英語教員養成もおこなわれなければなりませんが，国際化あるいはグローバル化の進展著しいなかにあって，コミュニケーション能力の育成を小学校段階から始めなければならないとする必要性と教育の機会均等の確保が必修化の基本理念となっていることに鑑み，この理念を実現化する真摯な対応が望まれるところです。

1-1-2. 中学校学習指導要領の指導目標（2012年度より実施）

「外国語を通じて，言語や文化に対する理解を深め，積極的にコミュニケーションを図ろうとする態度の育成を図り，聞くこと，話すこと，読むこと，書

くことなどのコミュニケーション能力の基礎を養う。」（第2章　各教科　第9節　外国語）

　この目標は小学校外国語活動の指導目標と同じように以下の3点に集約されます。

①外国語を通じて，言語や文化に対する理解を深める。
②外国語を通じて，積極的にコミュニケーションを図ろうとする態度の育成を図る。
③外国語を通じて，聞くこと，話すこと，読むこと，書くことなどのコミュニケーション能力の基礎を養う。

　①と②は，小学校外国語活動の内容と同じですが，③は聞くこと，話すこと，読むこと，書くことの4技能について具体的に書かれている点が大きく異なります。小学校と同じように①②③は単独で機能するものではなく，相互補完的に関連機能して「コミュニケーション能力の基礎を養う」ことが可能になると解釈されます。そして注目すべきは，小学校の「コミュニケーション能力の素地」が中学校においては「コミュニケーション能力の基礎」に発展している点です。小中を一貫した教育理念が読み取れます。さらに，この理念を実現化するために，「各言語の目標及び内容等」においては，(1)～(4)の具体的な目標が示されています。

(1)初歩的な英語を聞いて話し手の意向などを理解できるようにする。
(2)初歩的な英語を用いて自分の考えなどを話すことができるようにする。
(3)英語を読むことに慣れ親しみ，初歩的な英語を読んで書き手の意向などを理解できるようにする。
(4)英語で書くことに慣れ親しみ，初歩的な英語を用いて自分の考えなどを書くことができるようにする。

　「慣れ親しみ」ということばが，(3)と(4)には見られますが，(1)(2)には見られな

いのは小学校での英語活動と連動していることを示唆しているからです。「言語活動の取扱い」においても「小学校における外国語活動を通じて音声面を中心としたコミュニケーションに対する積極的な態度などの一定の素地が育成されることを踏まえ」とあり，小学校との連携の重要性を強調している点はとくに注意を要するところです。音声指導（聞く・話す）を重視しながらこれが除々に文字を用いた指導（読む・書く）に比重移動を起こしている点も見逃せません。また，4技能を統合的かつ総合的に育成しようとする全体方針は，実際の授業内容と深く連動するためとくに実施にあたっては，十分な準備が必要になってくるでしょう。また「言語材料の取扱い」には，「発音とつづりを関係させた指導」「言語活動と関連づけた文法指導」「語順や修飾関係など日本語との違いに気づかせる指導」「文法事項はまとまりをもって整理し，効果的な指導をする」といった文法事項・取扱いに関する具体的な指示内容が記されています。十分な教材研究と具体的な指導法が必要になってきます。中学校での英語は，専門の「教科科目」であることを改めて認識する必要があります。

1-1-3. 高等学校学習指導要領の指導目標（2013年度より実施）

「外国語を通じて，言語や文化に対する理解を深め，積極的にコミュニケーションを図ろうとする態度の育成を図り，情報や考えなどを的確に理解したり適切に伝えたりするコミュニケーション能力を養う」（第8節　外国語　第1款　目標）

この目標は，小学校，中学校の指導目標と同じように以下の3点に集約されます。

①外国語を通じて，言語や文化に対する理解を深める。
②外国語を通じて，積極的にコミュニケーションを図ろうとする態度の育成を図る。
③外国語を通じて，情報や考えなどを的確に理解したり適切に伝えたりする

コミュニケーション能力を養う。

　①と②は，小学校，中学校と同一ですが，中学校の「聞くこと，話すこと，読むこと，書くことなどのコミュニケーション能力の基礎を養う」がさらに実践強化された姿として，「情報や考えなどを的確に理解したり適切に伝えたりするコミュニケーション能力を養う」に置き換えられています。英語を情報の取得と発信を的確におこなうための道具として，また自らの意思を場面・人間関係・ことばの働きを意識して適切に伝えるための道具として位置づけている点がとくに重要でしょう。高等学校の指導目標は，単独で実現化することはおよそ不可能で，小学校での外国語活動の目標，中学校での英語教育の目標と深く構造的に連動して初めて可能になる実践的かつ高次の目標であることを読み取らなければなりません。小学校で英語教育に従事する者も，中学校で英語教育に従事する者も，高等学校で英語教育に従事する者も，それぞれの立場から一度全体を俯瞰し，そのうえで目標を達成するための授業実践を考える必要があるでしょう。また今回の改定によって，高等学校の英語教育の科目構成に大きな変化が出てきている点も十分に考慮しておく必要があるでしょう。詳細は，第8章「高等学校英語教育の展開」を参照いただきたい。

　さて，小学校，中学校，高等学校の各指導目標を通時的に見た場合の共通点と変化をまとめるとこのようになるでしょう。

(1) 小中高を一貫した中心的理念は「コミュニケーション能力の育成」であること。
(2) 小中高を一貫して，「言語や文化について理解を深めること」。
(3) 小中高を一貫して，「積極的にコミュニケーションを図ろうとする態度の育成を図ること」。
(4) コミュニケーション能力について，小学校では「コミュニケーション能力の素地」が中学校では「コミュニケーション能力の基礎」となり，高等学校では「コミュニケーション」となり定義内容に構造的な成長が読み取れ

ること。
(5) これまで以上に，日常的な英語による意味のある言語活動が必要になること。
(6) 的確かつ適切な英語による情報の受信と発信を可能とするため構造に対する意識を高め，使える文法力を育成すること。

これらの通時的かつ構造的な共通目標を達成しコミュニケーション能力を身につける英語教育を実現化するには，小中の連携，中高の連携，さらには小中高の連携が大きな課題となるでしょう。

1-2. 小・中・高の連携

1-2-1. 逆三角形構造型英語教育から正三角形構造型英語教育へ

1-1. 指導目標の確認で見てきたように，小・中・高の新学習指導要領を通時的かつ構造的に貫く共通目標を一言で表せば，コミュニケーション能力の育成です。このあとはまちがいなく小学校と中学校の相互の連携強化が課題となるでしょう。また，中学校と高等学校はこれまで以上の連携を重視していかなければならないでしょう。そして最終的には理念としての一貫性を備えた制度としての一貫制英語教育構想が必要となり，日本の外国語教育政策上重要な課題になっていくでしょう。いっぽうで，国際化あるいはグローバル化の進展著しい国際社会からは，これまで日本の英語教育界がおこなってきたEGP(English for General Purposes: 一般的目的のための英語)教育だけではない，ESP (English for Specific/Special Purposes: 特定の目的のための英語)教育の必要性が強く望まれています。日本を代表するような多くの企業が高いレベルでの実践的な英語の習得と運用を望んでいることはご存知のとおりです。よって，学校教育を中心としたEGPの成果をいかにESPへ連動させていけるかが，今後の大きな課題になっていくでしょう(ESP教育への可能性については第12章を参照)。小・中・高の連携は単にEGPの習得のみを目標におくだけではなく，これからの国際社会に必要とされるESPの習得につながるための基盤となること

を意識したものになっていくでしょう。そのためには，これまでのような大学を頂点とする「大→高→中→小」の逆順による逆三角形構造型の英語教育ではなく，コミュニケーション能力育成を一貫しておこなう「小→中→高→大」の正順による正三角形構造型の英語教育を考える必要があるでしょう。小・中・高の連携はその先にあるものを意識した相互補完的かつ発展的な枠組みとしてとらえる必要があります。

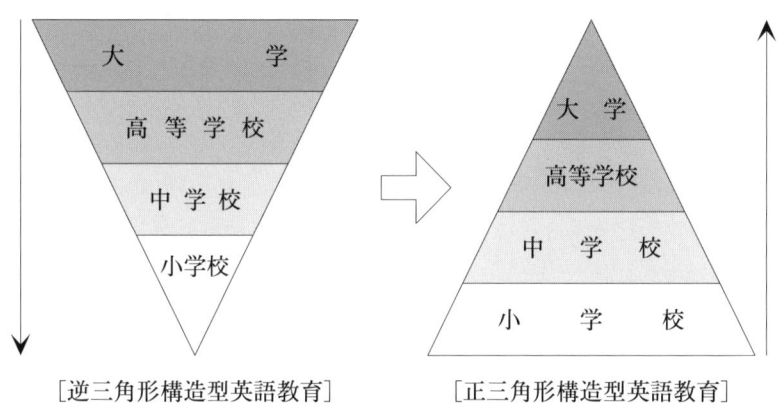

[逆三角形構造型英語教育]　　　[正三角形構造型英語教育]

1-2-2. 一貫制英語教育をおこなう際の留意点

ここでは一貫制英語教育をおこなう際の留意点をまとめておきましょう。

(1) 現代の子どもたちの成長発達を反映した一貫制英語教育をおこなうこと。英語教育をとおした生涯学習につながる自己教育力の育成をめざすこと(共同学習，個人学習，メタ認知方略)。

(2) 毎時間新しいことのみを学習するシステムではなく重要項目あるいはトピックが姿形を変えて現れるようなスパイラルシステム(spiral system)を構築し実践すること。

(3) 学習指導要領を参考にしながら，改めて小中の一貫，中高の一貫，小中高の一貫制英語教育をおこなうための，各学年の目的論，方法論，評価論を十分

に論じておくこと。とくにコミュニケーション能力が具体的にどのように育っているかを明かにする体系的かつ具体的な評価方法を準備しておくこと。

(4) 初等英語教育が内包する発達的問題点（中だるみ現象）への対応を考えておくこと。小学校4年生程度までであれば英語独特の音の流れをさほど意識しないで体得できますが，5年生くらいからは母語である日本語の認知力も格段と高まり，単なるフレーズの繰り返しや動機づけのための歌やゲームだけでは学習意欲は満たされません。未完成ながら言語としてのルールを自分で納得して使いたいという強く高い欲求をもつようになります。結果として学習スタイルが変わり，言語修得上1つの分岐点に差し掛かります。また，1つの事実あるいは現象に対して複数の価値の存在を認め共有し始めるなど世界観に広がりが出てくるのもこの時期の特徴です。このような時期にこそ，音声から段階的に文字に移行し，語彙（認知・発表）の拡充を図りながら，英語のもつ構造の特色（文法ルール）を理解しながら発表をおこなう等の言語活動をおこなうべきでしょう。

(5) 「中学2年の壁」への対応を考えておくこと。いわゆる低学力に悩む多くの高校生・短大生あるいは大学生の学習曲線のピーク（英語，数学，国語）はおよそ中学2年（とくに前半期）にあることはNIME（独立行政法人メディア教育開発センター）の調査で明かになっています。学習上のピーク（中2）と制度上のピーク（中3）の不一致が中学時代に起こっているわけですが，中高を本格的に一貫した教育をおこなうのであれば，この問題に対応できるようなシラバス設計が当然必要になるでしょう（中高222制の検討，小中高444制の検討）。

(6) 学習者を横断的に見ること。われわれは生徒の発達を英語教育という縦断的視点のみで見がちですが，どの生徒も他教科の教授と学習をとおして成長しています。日常の生活および他教科で修得したL1（第1言語）とL2（第2言語）としての英語を横断的に見る必要性がここにあります。そうすることで，他教科ですでに身につけた知識を生かした英語教育の可能性も出てくるでしょう（immersion programの可能性，資料「SELHiに見る実践」を参照）。

(7)言語の使用場面・言語の働き・文法事項を有機的にとらえたシラバス設計をおこなうこと。

　第8章「高等学校英語教育の展開」に詳述されているように実践的なコミュニケーション能力育成を意識したシラバスを設計する際には，言語の使用場面，言語の働き，文法事項の3つのファクターを有機的に関連機能させなければなりません。しかし，それぞれのファクターには，場面中心シラバス，概念・機能中心シラバス，文法中心シラバスがすでに存在し，理論的にはそれぞれは独立したシラバスであるため，3者が折衷された全体シラバスは基本的には存在しません。よって一貫制シラバス（とくに小・中・高一貫制）を設計する際には，場面，機能，文法の3者を同次元で扱うことは避け，それぞれの特徴と学習者の発達レベルを考慮に入れた，「場面と機能によるシラバス」「場面と文法事項によるシラバス」「機能と文法事項によるシラバス」という2者の組み合わせによる3種類のシラバスを連結した統合シラバスを考えるとより実践的な教育が可能になるでしょう。

1-3. 学習者理解

　コミュニケーション能力の育成をおこなうために，まず考えなければならないのは学習者理解です。ここでは，改めて英語教育の対象となる学習者の特性について一緒に考えてみましょう。

1-3-1. 学習者にとっての教師の存在

　かつて中学生（120名）を対象として3年間縦断的におこなった英語学習意識調査の結果を見てみましょう。質問項目は，「あなたは英語学習が好きですか？」「好きな場合，その理由を教えてください」「好きではない場合，その理由を教えてください」というものでした。この質問を各学年の終わりに同一被験者におこないました。以下がその結果です。

	［英語学習は好き］	［英語学習は好きではない］
中学1年生	85%（先生が好きだから）	15%（先生が好きではないから）
中学2年生	75%（先生が好きだから）	25%（先生が好きではないから）
中学3年生	65%（〜が自分でできるから）	35%（先生が好きではないから）

　数字はそれぞれの項目に該当するパーセンテージ，（　）内はそう思う第1の理由です。

　大変興味深い結果が出ています。中学2年終了時までは英語学習の「好き」「好きではない」に最も影響を与えているのが英語を教えている教師であること。当然他の理由(テストの点，成績，理解の程度など)も大きな要因にはなっていますが，それぞれの理由の筆頭に教師があがっていることは特筆すべきことです。ところが，3年終了時の結果では1つ大きな相違が生れていることがわかります。「好きではない」の最大の理由が相変わらず教師であるのに対して，「好きである」の最大の理由が，それまでの教師から，具体的な場面(活動，課題)における成功体験に移っていることです。1年時に，すでに「英語学習は好きではない」と否定的に答えた生徒の多くはその理由の筆頭に教師をあげているということ，さらにこの傾向は強まり3年終了時においても教師をその理由の筆頭にあげていることは，英語学習の初期の段階においていかに教師の存在が大きいかを物語っています。いっぽう初期の段階から「英語学習は好き」と肯定的に答えた生徒もその最大の理由に教師をあげていながら，3年終了時には自らがおこなった実践的な学習の成功体験を理由の筆頭にあげているということは，中1から中2にかけての教師への信頼がいつか生徒を自立した存在に導いたと解釈できます。そして，その後の調査で，自らの成功体験を英語学習の最大の理由にした生徒の多くが，そうではない生徒と比較した場合，自らの学習方略(learning strategies)を身につけ，これを課題に合わせて使いこなしていることがわかりました。さらに，のちに詳述するSuccessful Learnersの特徴の筆頭にあげられる間接ストラテジーのなかのメタ認知方略(meta-cognitive strategies)を用い，学習の計画立案，実行，反省評価を一人おこなえ

る学習者に成長していることがわかりました。英語学習開始期における英語の教師に対する期待がいかに大きなものであるか，そして小さな成功体験の積み重ねとともに，その後の英語学習への意識や態度に大きな影響を与え続けていく可能性があるということを認識すべきでしょう。

　学習に与える効果のことを波及効果(backwash effect)といいますが，この場合，英語の教師は大きな波及効果の源になっています。また，「この先生についていけば大丈夫である」という生徒側からの信頼感や期待感が逆のピグマリオン効果を起こし教師に自信をもたせ，生徒の期待に応えようとするところからさらなる友好関係が生れてきます。大学で英語科教育法を受講する大学3年生(150名)を対象にしておこなったアンケート調査でも「英語学習上最も影響を与えた人」の筆頭に，中学あるいは高等学校時代の英語の教師があがっています。グローバル化と高度情報化がさらに進捗することがほぼまちがいなく予測される時代のなかにあって，授業の形態と内容は今後大きく変わっていくことでしょう。しかし，いかに時代が変容しようとも，長期的な展望に立って学習を成立させ，生徒の一人ひとりを successful learner に育て上げるためには，生徒にとって，教師はなくてはならない存在であることを忘れないでください。

1-3-2. 関心・意欲・態度の重視

　のちに詳述する Canale, M.(1983)の伝達能力(communicative competence)の記述モデルの枠組みを援用し，伝達能力のうち文法能力，社会言語学能力，談話能力を「能力群」として横軸におき，コミュニケーションへの関心・意欲・態度を縦軸に置き，縦軸と横軸によって形成される座標軸全体を伝達能力の総体とすると，縦軸は必然的に方略能力となります。ここで注目すべきは，「能力群」が結果の重視：product-oriented(〜できる)であるのに対して，「関心・意欲・態度」は結果にいたる過程の重視：process-oriented(〜しようとする)となる点です。結果を重視するならば常に学習者の学習への関心・意欲を育てなければならないということです。方略能力はほかの3つの能力の不備を補ったり，

問題を回避したりする能力ですから,「積極的にコミュニケーションを図ろうとする態度」を反映するものと解釈できます。

さて, いま仮に, あるクラスの生徒を「能力」と「関心・意欲・態度」との関連から4つのグループに分類すると以下の図のようになります。結果を重視する従来の評価観では恐らくBとCのみが主な評価の対象となっているのに対して, 過程を重視する評価観では, AのみならずDも評価の対象となり, 評価のフィードバックが効を奏し, 動機づけがうまく成されれば, B→A→D, あるいはC→Dへのプラスの転換も期待できることになります。

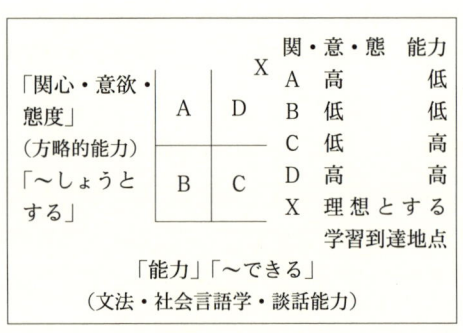

また, A(コミュニケーションへの関心・意欲は高いが能力がまだ低い生徒)やC(一定の能力はあるがコミュニケーションへの関心・意欲が高くない生徒)を支援し, 学習意欲を持続させるためには「関心・意欲・態度」と「能力」との相互バランスを考慮した以下のような傾斜配点と自己教育力の進捗に合わせて学習者自らがおこなう自己評価(Self-Evaluation)と学習者間評価(Peer Evaluation)を可能にする客観的で具体的な評価項目からなる評価システム(rating system)が必要になってくるでしょう。以下では仮の数値を出しておきますが, 学習の進捗により, TE(教師による評価)の率が除除に下がる一方で, SE(自己評価)とPE(学習者間評価)の率が上がっていることに着目してください。ただし, 運用はあくまでも実態に即したものになります。

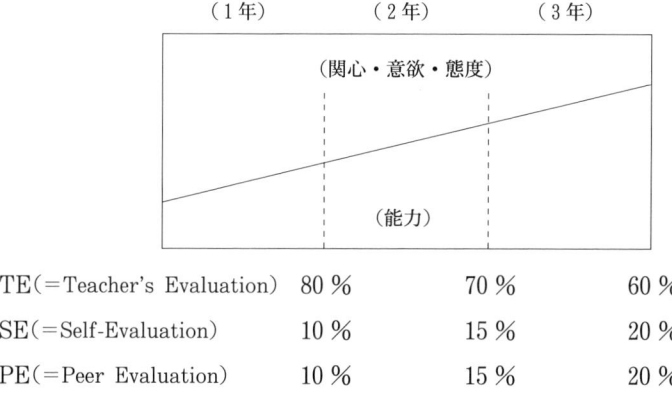

	(1年)	(2年)	(3年)
TE（＝Teacher's Evaluation）	80 %	70 %	60 %
SE（＝Self-Evaluation）	10 %	15 %	20 %
PE（＝Peer Evaluation）	10 %	15 %	20 %

1-3-3.「欲求階層説」からの示唆

Maslow, A. H.(1970)は，人間の欲求を階層化し説明しています。便宜上ここでは三角形を用いて説明しますが，原著 *Motivation and Personality* には以下のような図はありません。

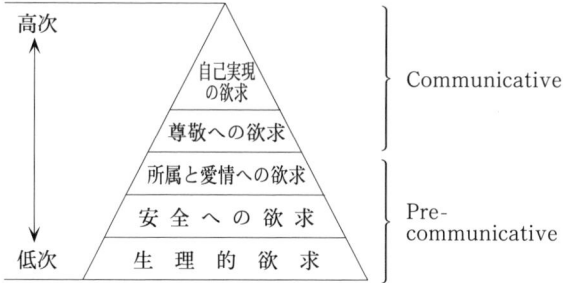

第1次水準「生理的欲求」

　食欲，睡眠等の生命活動に直結した人間の最も基本的な生理学的欲求衝動をさします。子どもは毎日の生活で規則正しく食事をとり睡眠をとっているでしょうか？

第2次水準「安全への欲求」

　苦痛，不安などの危険を避け，安定した人格を保とうとする欲求をさしま

す。家庭と学校において子どもの安全は確保できているでしょうか？

第3次水準「所属と愛情への欲求」

　人から愛されたい，また人を愛したい，さらに集団の一員として集団に所属したいと望む欲求で，人と人とを互いに結びつけ，人間社会をつくり上げる典型的な社会的欲求をさします。クラスのなかであるいは授業中一人ひとりの子どもの存在と学習活動は保証されているでしょうか？　子どもが一番嫌うのは仲間はずれであり，独りぼっちです。

第4次水準「尊敬への欲求」

　基礎が確立し，一定の安定を見た自己に対し，高い評価や尊敬，承認を求める欲求をさします。生徒の関心・能力に応じた学習活動がおこなわれ，さらに適正な評価がおこなわれているでしょうか？

　ここまでを基本欲求と呼んでいます。基本欲求は，本人が望んでも周囲から与えられなければ充足することができないので欠乏欲求とも呼ばれます。

第5次水準「自己実現の欲求」

　典型的な成長欲求であり，すでに第1次から第4次までの基本欲求を与えられ，自己充足を遂げた者が，今度は他者のためにそのエネルギーを外に結晶させて生産し，創造し，愛情を与え，あるいは自己の個性を生かして潜在的にもつものを実現しようとする欲求をさします。自分の努力が他者（家族，クラス，学校，地域，社会）の幸福につながることを実感する意味での自己実現を意味しています。

　さて，この Maslow の欲求階層説において，最も重要な点は，高次の欲求は低次の欲求の満足の上にのみ生ずるといっている点です。つまり，外部から与えられる低次の欲求が満たされない限り，高次の欲求はその発生を見ないということです。このことを英語指導に置き換えて考えてみましょう。文法や語法が重要だからといって，十分な練習の保証をしないで一方的な説明だけで授業を進行したり，あるいはまた communicative な言語活動をめざすあまり，勢い，音声や語彙や文法に関する基礎ができ上がっていない段階で高次の言語

活動をおこなわせたり，あるいはその逆になんの推測や発見のない単調な活動やゲームをおこなわせたりすることは，学習者の基本的欲求を認め充足していないと解釈すべきでしょう。常に生徒の財産(生活語彙，日常の生活や他教科で得た先行知識等)とニーズ(needs)を生かし，生徒の主体性を尊重し，その結晶として創造的な言語活動を起こさせるためにも，基礎基本となる語彙，発音，文法，コミュニケーションルールなどを，機械的に説明処理するのではなく，学習者の欲求として満足されるように，さまざまな活動をとおして身につけさせる工夫と努力が教師側に望まれます。第3次水準の所属の欲求が学習活動のなかで満たされて初めて学習者は，self-image を高めたい，成功したい，そして友人のためにも力を注ぎたいという欲求が生れてくるのではないでしょうか。こうして，初めて言語活動も結果が予測される pre-communicative なレベルのものから，工夫と努力によって結果が変わってくる本当の意味での communicative なレベルのものへと成長していくのです。Maslow は基本的欲求を充足する過程における挫折教育の重要性についても言及しています。すべてを与える教育ではなく，自分のもっているものをすべて動員してもかたちにすることができないような課題設定が重要になってきます。思考のチャンネルを切り換えたり，手続きをもういちど考えなおしたり，他者の助言や援助を求めたりして，ようやく目標とする課題を遂行する経験が学習過程には必要です。この学習過程において学習者はメタ認知方略を目的に応じて使い分けようとするはずで，その経験がその後の言語習得にプラスの波及効果を与えるのです。設定するタスク(task：課題)の配列，組み合わせなど，難易度の調整が鍵となるでしょう。また，一定の期間を使っておこなうプロジェクト(projects：共同学習)の検討も重要になってくるでしょう。言語習得論において，インプット(input：入力)はアウトプット(output：出力)に直結しません。単なるインプットをいつでも必要なときに取り出して使えるインテイク(intake)に変換しなければアウトプットにつながりません。そのためには，4技能の統合を意識したさまざまな言語活動を準備しおこなう必要があります。クラス全体が次の高次の欲求を充

足できるよう，また生徒同士が互いに建設的に機能し合えるように，教授者は常日頃から心掛けていきたいものです。

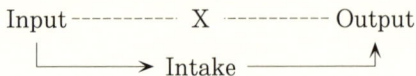

1-3-4. 教師のビリーフと学習者のビリーフ

　教育は，労作であるといわれます。教える側の論理と学ぶ側の論理が一致したとき，初めて教育は成立するともいわれます。言語学習に対する教師の信念を教師のビリーフ(teacher's beliefs)，学習者の信念を学習者のビリーフ(learner's beliefs)といいます。中学生になってから英語学習を本格的に始める学習者も，小学生のときから英語学習を始めている学習者もそれぞれすでに組織的な教育課程を経験している場合，学習はどうおこなわれるべきかという一定の考え方(信念)あるいは態度ができています。この信念や態度は教育環境のみならず，家族やその時代の価値観，情報等によって大きな影響を受けるものです。また教師にも当然何をどのように教えるべきかという教授者としての信念あるいは態度があり，経験を重ねることで強化されていくものです。外国語学習を開始する際，あるいは学習過程において，相互の信念や態度の一致あるいは不一致が学習を促進したり，あるいは逆に抑制したりすることがあり，教育の成果に大きな影響を及ぼします。次の表は，Nunan(1988)がWilling(1988)の枠組みを援用しておこなった調査の結果を表したものです。これによりNunanは，「学習者と教師の言語学習に対する観点にははっきりとした食い違いがある」といっています。教師には自分の教授理念を正しく伝えるためにも，また授業を一方的な教師主導型にしないためにも，学習者の学習に対する信念や態度を理解し最終的に双方の理念が一致する努力をすることが求められています。

A comparison of student and teacher ratings of selected learning activities

Activity	Student	Teacher
pronunciation practice	very high	medium
explanations to class	very high	high
conversation practice	very high	very high
error correction	very high	low
vocabulary development	very high	high
listening to/using cassettes	low	medium high
student self-discovery of errors	low	very high
using pictures, film and video	low	low medium
pair work	low	very high
language games	very low	low

(Gardner, D. & Lindsay, M., *Establishing Self-Access: From Theory to Practice*, Cambridge University Press 1999.)

1-3-5. Successful Learners の特徴からの示唆

学習に成功する学習者を Successful Learners あるいは Good Language Learners と呼びます。ここでは SL の特徴を一緒にみていきましょう。

(1) Plan-do-see を自分でおこなえる

間接ストラテジーのメタ認知方略(meta-cognitive strategies)➡p.265を用い，学習の計画立案，実行，反省と評価を一人でおこなえる。メタ認知方略の定義が「自己教育力」の定義と酷似していることに着目すれば，英語科教育における「自己教育力」の育成は，メタ認知方略の育成にかかっているといってよいでしょう。

(2) 言語獲得への意識が高い

恒常的な学習方法の模索をおこなっている。英語という言語をいつか必ず自分のものにしてみせるという強い動機が学習を支えているため，成功した学習者の学習方法にも関心があり，さまざまな機会をとらえて学習方法の模索あるいは改善をおこなっている。自分の学習方法を他者に説明できる。ただし，学

習が進捗し高度な情報のやり取りができるようになるころには，学習方法への依存度は低くなり，意識することもあまりなくなり，「自動化」の域に達する。概観するところ，英検なら1級合格者，TOEFL(PBT)なら600点以上取得者のなかにこの傾向を示す者が多く存在するようである。

(3) 言語教育モデルは必ずしもNS(Native Speakers)ではない

多くのSLが学習過程において理想とする言語教育モデルは，第1言語を共有し，目標とする第2言語を自在に操るNNS(Non-Native Speakers)である。小・中・高の英語教師が理想とする言語教育モデルになり得る可能性は高い。

(4) BICSとCALPの両方の獲得を望む

Cummins, J. (1979)はbilingualの言語能力をBICS(Basic Interpersonal Communicative Skills)とCALP(Cognitive Academic Language Proficiency)ということばで説明している。BICSは，日常会話等の比較的具体的で抽象度の低い伝達内容を理解するために必要な「基本的対人伝達能力」をさす。4技能のうち，とくにリスニングとスピーキングがこの能力を支えている。CALPは抽象度の高い思考が要求される認知活動と関連する「認知学習言語能力」をさす。とくに，リーディングとライティングがこの能力を支援する。SLは基本的にBICSとCALPの両方の獲得を望む。

(5) 外向的か内向的かはあまり重要ではない

コミュニケーションを直接的な音声媒体による第1次伝達に限定すると，積極的に英語を使おうとする外向的な学習者のほうが確かにポイントは高い。しかし，抽象的かつ論理的な思考を得意とし文字媒体(リーディングとライティング)によるコミュニケーションを好む思索型の学習者のなかにSLは多く存在する。4技能を目的に応じて運用するメタ認知スキル(meta-cognitive skills)を活用できるからであろう。SLは，しっかりとした目的をもち，個人学習ができ，集団のなかにあって量的には少なくても必要な方略を用いて，意見交換がおこなえる。

(6) 文法を使える

英語の構造に関心があり，ことばを意識して使おうとする。文法全体の知識が高いレベルにあるということよりも，ことばを意識して使うことにより必然的に文法を意識するようになる。また場面・人間関係・目的に応じてことばを使い分けようとする社会言語学的能力が育っている。帰国子女のなかでも現在の自分の英語力をレベルアップしたいと考える学習者は高次の具体的な目標をもち，BICS 以上に CALP の向上を意識して学習を遂行する。同時にリサーチ能力が高い。

(7) 一定量の語彙をもっている

一般にすべて訳読をしないでリーディングがおこなえる学習者には，少なくとも 2000 語の基本語彙があるといわれる。Reading Strategies が使えるレベルである。ちなみに，日本人の小学校 6 年生の日本語の平均語彙数は，約 1 万語であるといわれている。習得語彙数の多い子どもの場合には 1 万 3000 語に達する。日本語の概念としてすでに獲得している生活語彙や基本語彙を英語でいえるようにしてやると必ず語彙は増える。18 歳に達する日本人の習得語彙数(認知語彙)は 5 万語といわれる。小・中・高をとおして英語の発表語彙数は少なくとも 2000 語，認知語彙は 4000 語を身につけさせたい。これだけあると，大学の英語教育は人文系，社会系，理系を問わず専門領域に関連した内容を扱うことができる。EGP から ESP/EAP への具体的な橋渡しを可能にする語彙の習得モデルが今後必要になるでしょう。

(8) 一定の時間内に課題が処理できる

複数の課題があっても計画を立案し遂行することができる。1. の plan-do-see をおこなうためのメタ認知ストラテジーを時間軸に沿って運用できる。また，気分転換の方法を知っている。

(9) 発達に即した学習目標をもっている

大学 1 年入学直後の学習意識調査において，将来における肯定的な学習目標をもっていると考えられる学習者たちをさらに「統合的動機づけ」群と「内発的動機づけ」群に分けた場合，後者即ち，高次で具体的な学習目標をもってい

る群のほうが同時に施行したTOEFL(PBT)の点数は有意に高い。しかし被験者の多くは，英語学習開始期においては「統合的動機づけ」への傾向が強い。「統合」から「内発」への比重移動が課題となるでしょう。

(10) 推測と発見を繰り返す

　某研究機関の学力調査において全国のトップに踊り出た京都市内の某小学校の児童たちは，単なる繰り返し学習だけでは伸びないとされる抽象的な思考においても有意な結果を出した。彼らの学習上の最大の特徴は，単純記憶に頼らない推測と発見を重視する課題解決型の学習環境によるものであるという。そして，教科間に系統的な関連性（たとえば「食物連鎖」等）がある。大学生の場合もほぼ同じで，丸暗記型の学習方法を採る学生は，推測能力が低いため想像力や計画力を必要とする高次あるいは専門的な課題に対応できない。専門課程において納得のいく成果を出せる学生は，1－2年次の教養課程において努力の末到達する完成形をイメージしたうえで微調整を働かせながら推測と発見を繰り返しているようである。また彼らは，得意とする表現手段を複数もっている。

(11) 作文あるいはレポートの質が異なる

　提出させたレポートなどを分析すると3つのグループに分けられる。自分の経験しか書かないグループ。検索・調査をして得られた情報をそのまま借用するグループ。検索・調査をして得られた情報を適宜使いながら自分の考えを論理的に展開するグループ。英語学習に成功し何度も小さな成就感を得ている学習者は情報のソースを知っている。また，情報収集と処理の仕方を心得ている。自分の考えを論理的に構築するために第三者の考えや理論を援用できる。その結果独自のレポートあるいは論文を作成することができる。

(12) 学習を楽しみ，主体的におこなう

　知的好奇心が強く，文化の相対性を意識する。他者の意見や考えを冷静に聞ける。論理の矛盾に気がつく。ことばを選び改善点を整理して発表できる。英語の獲得そのものに強い動機があるため，学習を主体的にかつ楽しみながら遂行することができる。仮に途中で挫折をしても学習そのものを放棄することは

ない。

1-3-6. 小・中・高の英語教育における留意点

(1) メタ認知方略の育成

発達に応じた動機づけを含め，メタ認知方略を目的に応じて使用できる学習者の育成を小・中・高英語教育の指導目標にしたいと思います。受験が最大の動機づけになることは十分理解できますが，学習者が社会人になったときの言語能力のあるべき姿に関しての議論が欲しいところです。ただ，学校の通常の授業についていけなくなっている学習者に即メタ認知方略の使用を期待することはむずかしいため，まずは，個人学習（復習から予習）が成立する条件を整理しこれを達成させることが肝要であろうかと思います。たとえば，個人学習でも授業でも役に立つノート作成のあり方，意味の連動につながる強勢のリズム (stress-timed rhythm)に基づく音読指導のあり方など，学習者が一人になったときに継続して実行可能な学習方法のモデルを学習者の立場に立って準備することは重要でしょう。

(2) BICS から CALP への比重移動

毎年，大学入学直後におこなう学習意識調査(300名)において，90％以上の被験者は，「個人で伸ばしたい英語の4技能の順番」の質問に対して，1位：話せるようになりたい，2位：聞けるようになりたい，3位：読めるようになりたい，4位：書けるようになりたい，という順番で回答をする傾向があります。個人レベルでは，CALP よりも BICS の習得を望んでいることがわかります。外国語を学ぶ最大理由はやはり聞けて話せることであるといってよいかと思います。次に，「卒業するまでに大学に保証してもらいたい英語の4技能の順番」の質問に対しては意見が分かれます。「個人で」の最初の質問の回答と同じように CALP よりも BICS の習得を望む被験者のグループ（約70％）と BICS よりも CALP の習得を望むグループ（約30％）に2分します。両者の TOEFL の得点を比較すると，BICS よりも CALP の習得を望むグループのほ

うが有意に得点は高いことがわかります。大学レベルにおいて最終的に英語学習に成功するSLは，個人レベルにおいてはBICSの習得を望みますが，それまでの学習経験に鑑み，現実と将来を考えた場合，個人では習得と評価がむずかしいと考えCALPの習得を大学の英語教育に望んでいることがわかります。ニーズ分析は必須ですが，個人レベルのニーズのみで教育目標を設定することの危険性を知っておきたいと思います。小・中・高を一貫した教育目標（Goals）ならびに到達目標（Objectives）を設定するにあたっては，BICSからCALPへの比重移動が大きな鍵となるでしょう。音声重視の英語教育を実践することに異議を唱えるつもりは毛頭ありません。しかし，これまでの説明でおわかりのように，BICSだけでは十分なコミュニケーション能力に成長する保証はありません。大切なことは，真のコミュニケ-ション能力の育成を学校教育においておこなうためには，BICSを重視しながらもそれ自体を最終ゴールにするのではなく，将来必要となる知的で社会的な活動を支援する言語能力を育てる意味において，BICSからCALPへの比重移動を図り，総体としての言語能力の獲得に繋がる体系的な外国語教育をおこなう必要があるということを認識し実践に反映させることです。

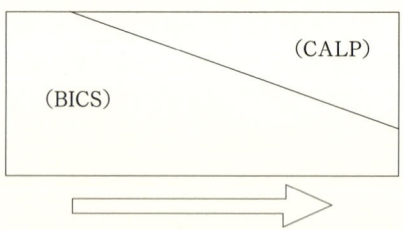

1-3-7. 伝達能力の構成要素

　Canale(1983)は，伝達能力(Communicative Competence)を以下の4種類の構成要素からなる統合体として説明しています。

(1) 文法能力(Grammatical Competence: grammar, vocabulary, pronunciation)

言語の規則体系(文法，語彙，発音など)についての知識とそれらの知識を実際に使いこなす能力。文法ルール，語彙，発音を個別要点的にバラバラに教えても文法能力にはなりません。「知る」だけでは不十分で「使う」ことによってそれらが有機的に機能した時に始めて文法能力として機能します。

(2) 社会言語学的能力(Sociolinguistic Competence: appropriateness)

言語をその言語が話されている社会の社会的・文化的ルールに従って，適切に使用する能力。言い換えれば，特定の場面において，人間関係やことばの働きを考慮しつつ最もその場に適したことばの使用を可能にする能力のことです。

(3) 談話能力(Discourse Competence: sequencing)

メッセージの意味を正確に伝えるためには，文レベルではない談話レベルの規則に基づき前後関係を考えながら，文法知識を駆使して文と文を結びつけ，意味的連結性(coherence)や文法的結束性(cohesion)の高い，まとまりのある内容を理解したり，創り出したりすることが必要となりますが，このような能力を指します。

(4) 方略能力(Strategic Competence: communication strategies)

コミュニケーションをより円滑に間断なくおこなうためのコミュニケーション・ストラテジー(communication strategies)を使いこなす能力。たとえば，ある適切な言語表現が思い浮かばなかったりした時，別の遠回しの表現を使ったり，相手に聞き返したり，あるいはジェスチャーを用いたりするなどして，上記(1)(2)(3)の能力の不備を補って，なんとかコミュニケーションを継続させようとする能力を指します。

さて，Canale の伝達能力のモデルで最も大切なことは，4つの構成要素としての各能力が実は単独ではなく相互補完的に関連機能しているということです。相補性(mutual support)があって初めて伝達能力として機能するということは，学習段階においては，可能な限り4技能が統合して初めて解決できるよ

うな課題が必要になるということです。4技能を駆使して，また単独ではなく相手や仲間との協力によって解決できる課題の設定と施行が必須です。その上で必要な文法力や語彙力の強化を図れば生きた知識となりコミュニケーション能力の育成に貢献するでしょう。

1-3-8. 共通指導原理

これまで述べてきた理念をもとに，実際にコミュニケーション能力の育成を主眼とした授業を展開するに当たっては以下の8つの指導原理が必要となります。通常の授業はテキストが中心におこなわれますが，その際にも以下の指導原理を生かした言語活動をおこなうよう心がけてください。

①Collaboration（協同）

指導は生徒が生徒同士，教師，家族，社会に作用し働きかけられるようさまざまな機会を保証しましょう。教師から生徒への一方向型活動ではなく，教師と生徒が，生徒と生徒が相互に伝達しあいながら課題解決を果たす双方向型活動をおこなうよう心がけましょう。

②Purpose（目的）

指導は可能な限り実際の発話を想定した真性（authenticity）の高い目標を設定し，場面，人間関係，ことばの働きを意識した活動を重視しましょう。(i) share discourse: 基本的コミュニケーションを目標とするもの（スキット，ゲームなど）(ii)fun discourse: 楽しむためのもの（歌，ナゾナゾなど）(iii)fact discourse: 知識概念を得るもの（グループワーク，リサーチプロジェクトなど）(iv)thought discourse: アイディア，経験を得るためのもの（詩を書くなど）。ALT とのティームティーチングの推奨。情報教育との連携。インターネットの援用。双方向型放送番組の活用。

③Student Interest（生徒の関心）

指導は生徒の関心を促進しまた関心に沿うようにおこないましょう。これは決して教師の指導目標を変えることではなく，教室を生徒に委ねてしまうこと

でもありません。生徒の関心と目的を年間を通して設定するカリキュラムのトピックと目標に統合することです。needs analysis の定期的施行と活用。beliefs の調査と活用。

④Previous Experience(先行経験)

指導は生徒の経験したものを中心に新学習に結びつけるよう配慮しましょう。(ⅰ)新しい概念や題材を生徒の生い立ち(経験)に結びつける(ⅱ)生徒の知識と経験を調査しておき直接カリキュラムに生かす。(ⅲ)生徒がL1(第1言語：日本語)の友人とのコミュニケーションで用いる聞き話し、読み書くために使用する技能の使用をL2(第2言語：英語)のカリキュラムにも生かす。学習者中心のカリキュラム作成の必要性。小―中―高の連携。

⑤Support(支援)

指導は生徒が気持ちよく活動に参加できるようおこない，また間違いを気にしないで発話できるような教室の環境づくりを常に意識しましょう。教室は挑戦の場であるとともに，間違いを恐れずに英語を聞き，話し，読み，書くという活動の場でなくてはなりません。生徒の積極的な発言，行動をしっかりと認め褒めることがより大切になってきます。関心・意欲・態度形成の重視。

⑥Variety(多面的活動)

指導は単なる知識の伝授にならぬようさまざまな学習活動を通しておこないましょう。また教室内だけでなく日常生活においても可能な限り英語を意識し使用する機会を増やすよう働きかけましょう。授業を核としながら，その学習成果を生徒が教室の外で実際に使うことで個々の目的や関心に応えられるようにすることが大切です。多面的アプローチの推奨。ネットワークづくり。

⑦Learners' Autonomy(学習者の自立支援)
　　　　　　　　　　　➡p.263
学習は，学習者の自立(autonomy)的な言語学習能力を育てることを意識しておこないましょう。年間を通しておこなえる授業時間数は有限ですが，個々の授業を通して育つ生徒の自立的言語学習能力は無限です。自分で課題を持ち，学習構想を練り，学習を進め，学習の結果を自分で評価し新たなゴールを設

定する自己教育力を備えた学習者に育てることが言語教育の究極の目標です。この目標に少しでも接近するためには，学習は自らが進んでおこなって初めて効果を発揮するものという意識を育てることが大切です。たとえば，学習計画記録ノートを作成しこれを活用させる方法があります。生徒はまず学習者の契約(learner's contract)：「わたし＿＿＿は以下の学習計画を遂行することを誓います」と自分でおこないます。学習は Plan-Do-See の 3 段階でおこないます。Plan：ゴール設定「～ができるようになる」，Do：実行(どのような学習方法を採るか／採ったかを記録)，See：結果の考察：新たなるゴール／方略の設定，という流れを繰り返します。この工程に教師は「間接的に」関与するに止まり，常に暖かい目で見守り激励することが要求されます。「こうしたら」という助言は最小限に止め，何よりも生徒の自主性を尊重することが大切です。そして定期的に学習方略使用調査をおこない，「このような学習方法がある」ということを知らせ学習方法の改善を呼びかけます。

⑧Integration（統合）

　上記①から⑦の各項目は独立して機能するものではなく，相互補完的に関連機能して初めて効果を発揮するものです。よって教室における指導は，個々の項目の理念が具現化されるよう，教育環境の整備改善を進めながら考え得る可能な限りの方法手段を用いておこなうべきでしょう。現代の教育学においては教育は意図的な営みの上に成り立つものというのが大方の解釈です。しっかりとした授業計画は絶対に必要です。しかし過度の意図性は画一的な教授法への依存度を高め，教師の創造力を奪い，結果としては本来の教育理念のみならず個々の学習者の要求に応えられない内容の授業に終始してしまう危険性があります。

この後の章で英語教育を進める上でのより具体的な提案がなされますが，どうかそれらの提案を真剣に受け止めながらも，最終的には自らの意思と哲学を持ち，これを反映した教授法を自らが開発していくことを目標にして努力してみましょう。
　　　　　　　　　　　　　　　　　　　　　　　　　　　　【木村 松雄】

[学習課題]
1．小―中―高の連携を図るにはどのような準備が必要でしょうか。
2．小学校は『英語ノート』，中学校，高等学校はそれぞれ検定教科書を入手し，教育理念がどのように反映されているかを確認しましょう。
　とくに言語活動に直結する課題にどのような種類があり，またどのように配列されているかを調べましょう。
3．生徒が実際に使用できる「学習計画記録ノート」を作成してみましょう。

[参考文献]
文部科学省『中学校学習指導要領』大蔵省印刷局，2008.
文部科学省『高等学校学習指導要領』大蔵省印刷局，2009.
文部科学省『小学校学習指導要領』大蔵省印刷局，2008.
Canale, M., From Communicative Competence to Communicative Language Pedagogy. In J. C. Richards and R. W. Schmidt(eds.), *Language and Communication,* London: Longman, 1983.
Maslow, A. H., *Motivation and Personality*(2nd ed.), New York: Harper and Row, 1970.
Gardner, D. & Lindsay, M., *Establishing Self-Access: From Theory to Practice,* Cambridge University Press, 1999.
Cummins, J., "Cognitive/academic language proficiency, linguistic interdependence, the optimum age question and some other matters", *Working Papers on Bilingualism 19,* 1979.

2 聞くことの指導

キーワード

内部知識(INSIDE-THE-HEAD KNOWLEDGE) * 外部知識(OUTSIDE-THE-HEAD KNOWLEDGE) * 3段階リスニング * Top-down Approach * Bottom-up Approach

　英語が聞き取れるとは一般に2つのことを意味します。1つは音としての英語が聞き取れるということと，もう1つは意味がわかるということです。コミュニケーション能力の育成という立場から考えれば，音が聞き取れるというだけでは不十分で，相手の伝えようとするメッセージの意味がわかるようにならなければなりません。ここではメッセージの意味内容がわかるようになること，すなわち，「リスニング・コンプリヘンション(listening comprehension)」が可能になるための指導を中心に考えていきます。このあとはリスニングと呼びます。

2-1. リスニングの位置づけ

　リスニング(listening)，スピーキング(speaking)，リーディング(reading)，ライティング(writing)を4技能と呼びます。この4技能を，伝達手段の観点から見れば，音声を手段とするリスニングとスピーキングに，文字を手段とするリーディングとライティングに分けられます。また言語使用の観点から見れば，「理解」(recognition)と「発表」(production)に分けられ，前者がリスニングとリーディング，後者がスピーキングとライティングになります。入門期にお

いてはとくに音声指導が大切で，リスニングとスピーキング，とりわけリスニングが重視されなければなりませんが，4技能の統合によるコミュニケーション能力の育成という観点に立てば，理解面を支えるリスニングとリーディングの上に，発表面を支えるスピーキングとライティングが，築かれていくような指導を心がける必要があります。さらに，リスニングはほかの3技能と異なり，発表，語彙，文法，表現方法，内容等に関しての選択権がリスナーである学習者にはないため，最も総合力を必要とする技能であるともいえるでしょう。ほかの技能との関連を考えながらリスニングを重視すること，またその指導法を工夫することは言語指導上大きな意義があるといってもよいでしょう。学習指導要領における聞くことにかかわる言語活動には以下のように記されています。

小学校
「積極的に外国語を聞いたり，話したりすること」
「外国語の音声やリズムなどに慣れ親しむとともに，日本語との違いを知り，言葉の面白さや豊かさに気付くこと」

中学校
(ア) 強勢，イントネーション，区切りなど基本的な英語の音声の特徴をとらえ，正しく聞き取ること。
(イ) 自然な口調で話されたり読まれたりする英語を聞いて，情報を正確に聞き取ること。
(ウ) 質問や依頼などを聞いて適切に応じること。
(エ) 話し手に聞き返すなどして内容を確認しながら理解すること。
(オ) まとまりのある英語を聞いて，概要や要点を適切に聞き取ること。

高等学校
「コミュニケーション英語Ⅰ」
ア 事物に関する紹介や対話などを聞いて，情報や考えなどを理解したり，概要や要点をとらえたりする。

「コミュニケーション英語Ⅱ」
　ア　事物に関する紹介や報告，対話や討論などを聞いて，情報や考えなどを理解したり，概要や要点をとらえたりする。

2-2. リスニングが成立するための条件

　それでは，リスニングが成立するためには，どのような条件が必要でしょうか。これまでに多くの研究者や実践家が述べてきたことをまとめるとおよそ以下の5点に集約されます。
　1．英語の音声が聞き取れる。
　2．イントネーション（音調）の意味がわかる。
　3．一定の語彙力と文法力がある。
　4．一定のスピードについていける。
　5．話の内容について関心があるか背景的知識をもっている。
上記1.～5.は，リスニングをおこなうときに個別に機能するものではなく相互補完的に関連し機能しあっている点に注意すべきでしょう。とくに5.は学習心理学上大切で，関心や背景的知識がなければほとんど内容が聞き取れないばかりか，聞こうという意欲や態度にもマイナスの影響を与えるため，十分な配慮が必要で，少なくとも聞くことの意図や目的が学習者に伝わっていなければなりません。以下具体的にみていきましょう。

2-2-1. 英語の音声が聞き取れる

　英語には，少ない数え方でも11個の母音と，24個の子音があります。そこで一般的には，[f]と[h]fat:hatや[v]と[b]vase:baseなどの最少対立(minimal pairs)を用いた音素識別の練習をおこなうことは耳を鋭敏にするには効果があります。また2つ以上の音が連続して発音されるときに起こる音の同化(Assimilation)や音の脱落(Elision)の例を具体的にあげながら指導するこ

とも効果があります。しかし，音声指導上最も大切かつ有効なのは，英語のリズムになれさせることです。音声の流れのなかで強い要素と弱い要素とが一定の間隔で繰り返されることをリズムといいます。

　英語では，文中の1つの強いアクセントの音節と次の強いアクセントの音節との間が常にほぼ等間隔になる傾向があり，これを強勢のリズム(stress-timed rhythm)と呼びます。2つの強いアクセントの間に，多くの弱いアクセントの音節がくると，それらは速く曖昧に発音されるため聞き取るのがむずかしくなるわけです。意味のうえで重要な語には通常文強勢がおかれますから，この強いアクセントのある語をとらえ意味との連動をはかる練習をおこなうことは大変有効です。実際のコミュニケーションの場においても，文強勢は非常に重要な働きをします。通常，文の意味に影響を与える内容語(content words: 名詞，動詞，形容詞，副詞，指示代名詞など)は強く発音され，機能語(function words: 助動詞，前置詞，接続詞，人称代名詞，冠詞など)は弱く発音されます。もちろん文中のある語の意味を強調したり，対比したりする場合には，文強勢の位置が変わることがあります。英語の教師は常に次のことを意識して音声指導を心がけてもらいたいと思います。

●意味のうえで重要な語：　　強く，高く，ゆっくりと発音する。
●意味のうえで重要でない語：弱く，低く，素早く発音する。

　1つの文を読む際にも，"There're three important words to be stressed here. Can you guess where they are?"と音声を聞かせる前に問いかけ，一度推測をさせてから，実際に音声を聞く練習を繰り返しおこなうと，聞き取りの態度形成に有効なだけでなく，学習者自らが英文を読むとき，あるいは，実際のコミュニケーションを取ろうとするときの発話の態度形成にも有効です。大切なことは，文強勢のおかれる語を教師が一方的に伝え，これをこれを繰り返すのはではなく，なぜその後に強勢がおかれるのかを意味との連動から考えさせる習慣をつくることです。推測力を生かし活用することで，受動的ではな

い能動的なリスニングが可能となります。文強勢の位置がわかったら，音読をするときに，その箇所で手を叩いたり，等間隔性を養うために，メトロノームを使うことも有効でしょう。また，一定のリズムとテンポによって成り立つビート音楽に乗せて音読をすることも大変有効です。

2-2-2. イントネーション（音調）の意味がわかる

音の高低の文中における変化をイントネーション（intonation）といいます。話し手はイントネーションによって，断定，疑問，賛成，反対などの自分の気持ちを表現します。これを聞き取らなければ正しく相手の気持ちを聞き取ったことにはならないでしょう。たとえば，Bill's a fine goalkeeper. という文を，イントネーションを変えることで，(1)率直に感想を述べる，(2)皮肉を言う，(3)質問をするというそれぞれ別の機能をもった文として読むことが可能ですね。われわれ非英語話者（non-native speakers of English）の英語が英語話者（native speakers of English）に通じにくいのは，イントネーションと強勢の使い方に誤りが多いからという指摘があります。では，改めてどのようなときに，話し手は，(1)下降調のイントネーションを使うのか，(2)上昇調のイントネーションを使うのか，(3)上昇調と下降調の混合型のイントネーションを使うのかについて，最低限以下のような基礎知識は必要でしょう。

- 下降調：平叙文，疑問詞で始まる疑問文，命令文，感嘆文など
- 上昇調：Yes-No で答える疑問文，実質的に疑問文になる平叙文，柔らかい口調で発する平叙文
- 混合型：選択疑問文，休止のある単文，重文，複文，附加疑問文など

ただし，知識はあくまで援用すべきものであって，それを固定化してしまってはことばは死んでします。たとえば，スーパーマーケットの開店時刻をたずねるとき，When will it open? と言ったとします。基本的な知識に基づけば，疑問詞 when で始まる特別疑問文ですから下降調で発音すると解釈するのが普通でありまちがいではありません。しかし，実際のコミュニケーションの場面

になると，上昇調を用いることも多々あります。よって，疑問詞5W1Hで始まる疑問文は，下降調でなければならないと指導するのではなく，疑問詞はそれ自体に疑問の意味があるので，文全体を上昇調にして疑問の気持ちを伝える必要がない，と解釈する柔軟な指導も必要です。

2-2-3. 一定の語彙力と文法力がある

　仮にどんなに音に鋭敏になっても，一定の文脈を構成する語彙や文法が未知のものであった場合には，なかなか聞いてわかったとはいえないでしょう。しかし，通常の授業におけるリスニングの指導は，教科書を用いておこなうことが多く，熱心な生徒は予習をするでしょうし，結果的には必ずしも純粋なリスニングにならないことも多いことでしょう。文字から入った場合，必ずしも耳で聞いてわかるという保証はありません。教科書を中心におこなう場合でも，既習の内容を文字を見ないで聞く訓練を必ずおこなうことが大切です。こうすれば，未習語や未知の文法知識がなくても音だけで意味把握ができます。しかし，やはり最終的には，既習の語彙と文法を使って，未習の内容をできる限り聞き取ろうとする実践的な訓練が大切です。これを可能にするためには，まず1学年下の未習のテキストを使いたくさん聞かせることです。中学の検定教科書は6種類あります。またNHKのラジオ放送(「基礎英語」等)を工夫しながら授業に取り入れることも有効でしょう。それから，外国の教科書と準拠したCD等を準備して使うことも有効でしょう。聞いた結果を即テストするのではなくて，既習の語彙と文法を用いて，いろいろな内容のものをとにかく楽しみながらたくさん聞く機会をつくってほしいのです。音を聞くだけでおよその内容把握ができるようになるためのリスニング・ストラテジー(listening strategies)を身につけるようになることが大切です。語彙も文法の知識も多いにこしたことはありませんが，これしかないからできない，と嘆くのではなく，それらを駆使するとこれだけのことがわかるようになる，と学習者が実感し，それならばもっと勉強しようという気持ちになってくれることが大切ですね。

2-2-4. 一定のスピードについていける

　初級者向けの学習教材のなかには，教育的な配慮から発話全体のスピードをあえて落として聞きやすくしているものもあるようですが，著しくスピードを落とした教材や，最初から最後までスピードを落としたままの教材，あるいはそのような教師による読み方は結果的には教育的ではなく，リスニングの訓練にはなりません。聞いたものを即繰り返して言わせようとする意図や目的があると，このようなまちがった指導法を取るようです。かといって，テレビやラジオで流れる高スピードの音声を最初から初級者に与えれば，驚くだけで聞こうという意識が薄れ学習意識は低下するでしょう。「英語を聞けるようになりたい」という学習者のもつ強い動機の背景には，「でもむずかしい。なかなか自信がもてない」という意識もあることを忘れてはならないでしょう。ではどうすればよいでしょうか。初級から中級にかけての音声指導で大切なことは，意味のまとまり(meaningful unit)を意識して音を聞かせる，ということです。この意味のまとまりは可能な限りナチュラル・スピードで聞かせることが肝心です。そして教育的配慮として，ユニットとユニットの間に若干のポーズをおくということです。結果的に所要時間はかかりますが，ユニットごとに意味を把握しようとする態度形成が起こり，学習者自身が音読をするときにも意味のまとまりを音声化するようになります。中級から上級においては，このポーズの長さを短縮し，最終的には調整のない音を聞かせるようにします。CDやテープを使用することは大いに奨励すべきことですが，その際にも上で述べたことを生かしてください。聞けるようになったものを目で確認する段階になったら，ユニットごとにスラッシュ(／)を入れた英文を提示してあげれば，意味のまとまりを意識した読解と音読が可能になります。そして最も効果のあるリスニング指導は，英語の授業を教師が英語でおこなうということを忘れないでください。

2-2-5. 話の内容に関心があるか背景的知識がある

　学習者にリスニングに必要な力が仮にあったとしても，話の内容が学習者の興味・関心とまったくかけ離れたものであったり，背景的知識がまったくない場合にはリスニングは成立しません。聞いて解るというためには，やはりなにがしかのきっかけが必要で，これがないと予測することが困難となり，結果的にリスニングは成立しません。それではどうずればよいでしょうか。まず1つ考えられることは，普段からニーズ分析(needs analysis)をおこない，学習者の興味・関心の対象となるものを具体的に知っておき，それらがテーマとなる教材を準備することです。既存のものがない場合には，同僚やALTと協力して新しい教材を開発すればよいのです。自主教材は毎日子どもたちと生活をともにし，子どもたちを最もよく知っている教育現場の先生が作成するものですから，教師の考え(teachers' beliefs)と学習者の考え(learners' beliefs)とが合致する最も理想の教材となる可能性が高いものになるはずです。SE(Sound Effect: 効果音)をうまく使い，臨場感あふれるrealisticな教材を作成してみてください。効果音に関してはデジタル録音のCDが販売さていますし，その気になれば自分で録音機と編集機を使ってSEをつくることも可能です。

　教科書あるいは市販の教材のすべてが，学習者の興味・関心に合致するわけではありません。むしろ教材をとおして未知のものが新たに興味・関心の対象となる場合のほうが多いかもしれません。大切なことは，仮に興味・関心にない内容や構成であっても，導き方によって，聞いてみよう，という素朴な純粋な学習意欲をかき立てるような指導法をおこなうことです。

2-3. リスニング指導の実際

2-3-1. In-listening の重要性

　次のリスニング用のパッセージを見てください。なんの話でしょうか。タイトルを考えてみてください。

　　The procedure is actually quite simple. First you arrange things into different groups. Of course, one pile may be sufficient depending on how much there is to do. If you have to go somewhere else due to lack of facilities that is the next step, otherwise you are pretty well set. It is important not to overdo things. That is, it is better to do too few things at once than too many. In the short run this may not seem important but complications can easily arise. A mistake can be expensive as well. At first the whole Procedure will seem complicated. Soon, however, it will become just another facet of life. It is difficult to foresee any end to the necessity of this task in the immediate future, but then one can never tell. After the procedure is complete, one arranges the materials into groups again. Then they can be put into their appropriate places. Eventually they will be used once more and the whole cycle will have to be repeated. However, this is part of life. (Bransford, J. D. & Johnson,M.K. (1973), Considerations of Some Problems of Comprehension. In W.G.Chase (eds.), *Visual Information Processing*, New York: Academic Press.)

　さて，なんの話か検討がつきましたか。これは上級者向けにつくられたリスニング教材ですから，ただ見るだけでは解りにくいかもしれません。そこで，ヒントを差し上げましょう。このパッセージのタイトルは，"Laundry（洗濯屋）"です。さあ，どうでしょう。タイトルが解ると，ああなるほど，と思いませんか。もし，最初にタイトルが与えられていたら，きっと多くの情報を得ていたと思いませんか。

2-3-2. 3段階リスニング

　私たちには，内部にすでに獲得している知識や情報があります。これをINSIDE-THE-HEAD KNOWLEDGE といいます。これに対して，新たに外部から入ってくる知識や情報のことを OUTSIDE-THE-HEAD KNOWLEDGE

といいます。前者を仮に内部知識，後者を外部知識と呼びます。基本的にリスニングはこの両者がぶつかり合い，相互交流を起こしたときに成立すると考えられます。逆にぶつかり合いや相互交流が起きないときには，リスニングは成立しないといえます。よって，リスニングの指導過程においては，まずこの内部と外部の知識が相互交流を起こすようにすることが大切になってくるわけです。そこで，3段階リスニングを考えてみましょう。

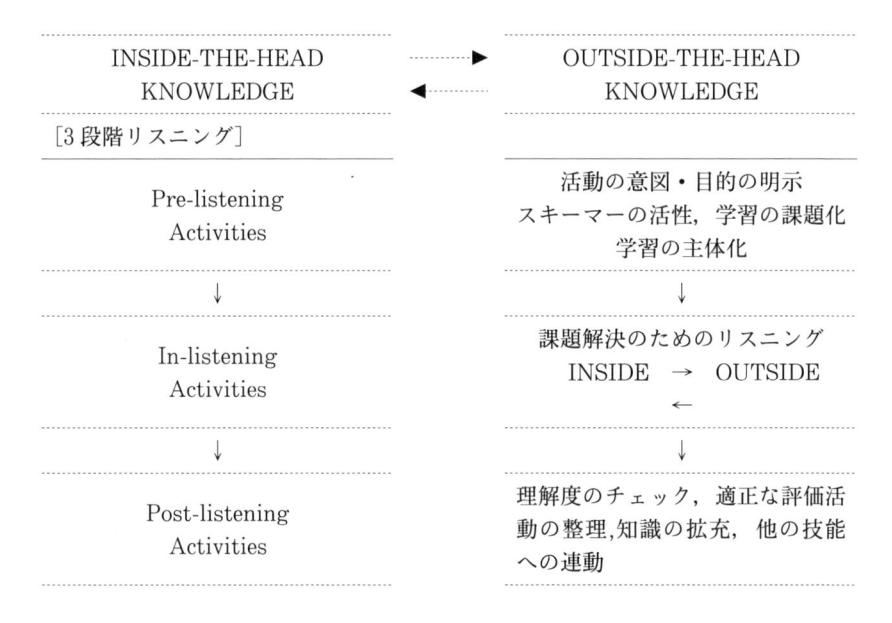

INSIDE-THE-HEAD KNOWLEDGE	OUTSIDE-THE-HEAD KNOWLEDGE
[3段階リスニング]	
Pre-listening Activities	活動の意図・目的の明示 スキーマーの活性，学習の課題化 学習の主体化
↓	↓
In-listening Activities	課題解決のためのリスニング INSIDE → OUTSIDE ←
↓	↓
Post-listening Activities	理解度のチェック，適正な評価活動の整理，知識の拡充，他の技能への連動

リスニングの指導過程を，Pre-listening, In-listening, Post-listening の3段階で構成した場合，指導上最も重要なのは Pre-listening です。In-listening が課題解決の場となるよう，Pre-listening では事前の簡単なディスカッション，概要を把握するための質問等が重要となります。学習者はこれにより，自らのスクリプトを活性化し，リスニングの目的を認識し，聞くための態度形成を図ります。この段階で，内容を表現した絵あるいは音声を消した映像を見せ，どのような話が展開されるか，されているかを想像させることは学習者の想像

力を喚起し，内部知識をフルに回転させるため，大変有効です。In-listeningでは，この高まった内部知識と実際に耳を通して入ってくる外部知識が，課題解決のためにぶつかり合い，相互交流を起こすステージとなります。Post-listeningでは，理解度のチェック，適正な評価，またリスニングに関しての学習方略の考察を生徒を中心におこないます。総じて活動の整理をおこなうステージとなります。得られた情報を整理し，ほかの技能(S,R,W)へ連動することも可能です。ただ1つだけ注意していただきたいことがあります。それは，リスニングの活動をテスト的にしないでほしいということです。学習意欲を喚起しないでただ音声を聞かすだけでは，生徒は萎縮してしまうでしょう。「一人で聞いていただけでは解らなかったことが，解るようになった」と言える生徒が一人でも多く育つように，リスニング活動を学習者自らが課題解決に臨む挑戦の場にしてほしいと思います。リスニングから始まる授業を心がけてください。

2-3-3. 真性(authenticity)の高い教材の必要性

　日常生活の通常の談話がリスニングとしてインプット(入力)されれば，内容に関する補足がない限り理解は不可能になるおそれがあります。しかし中級から上級レベルにおいて実際のリスニング能力を身につける必要性がある場合には，教材も可能な限り真性(authenticity)の高いものを使用すべきでしょう。実際に使用されている言語による学習経験は必ずや言語獲得の機会を増やしてくれるはずです。リスニングに限らず教材(materials)は，educational-authentic materialsではなくauthentic-educational materialsを選びたいものです。すべて解る教材ではなく，意味の交渉を要し，学習者の能力より少し上のインプット(comprehensible input)を提供することも必要でしょう。ただし学習の成果としての成就感の得られぬようなものは論外です。

2-3-4. 目的別指導の必要性

　中級から上級レベルのリスニング活動のタイプは，インプットと課題により決定されます。インプットは，たとえばモノログなのかダイアログなのか。あるいは，その組み合わせなのか。さらにダイアログの場合，それは脚色されいるのか，いないのか，言語話者同士のものなのか，言語話者と非言語話者とのものなのか，あるいは非言語話者同士のものなのかをレベルと目的に応じて決定する必要があります。リスニングの難易度は主に話者の話し方，語彙のレベル，主題，情報内容，流暢性(小休止，まちがいの量)，そして内容の一貫性にかかってきます。いっぽう課題は，学習者が概要(outline)を理解する能力を要求するものなのか，あるいは特定の部分(details)の理解を要求するものなのかによって，その形態内容に変化が生じます。前者を目標にするのなら，一気に全体を聞く Top-down Approach を採用し，後者を目標にするのなら，選択的に必要な情報を聞き取る Bottom-up Approach を採用することになりますが，総じてこれまでの日本の教育現場におけるリスニング指導は Bottom-up Approach に偏っていた反省があるため，今後はまず Top-down Approach で概要を把握し，その後 Bottom-up Approach で要点ないしは特定の部分へと進む2段構えの指導を心がけましょう。各段階に相応しい課題設定が重要になります。音声・文字・画像の相互の関係を考慮して最適の課題(指示)を設定してください(例：1回目：「この会話は何についてのものですか？」2回目：「主人公はある提案をしています。それはなんですか？」)。

　2段構えのリスニング指導を可能にするのに Pre-listening の果たす機能と役割の重要性は強調してもしすぎることはありません。さらに，ことばの区別や，深い理解の必要のない機械的応答(mechanical response)や，入力の理解は必要だが想像的能力は必要としない有意味応答(meaningful response)はなるべく避け，解釈, 適応, 新情報の付けたしなどを必要とするコミュニカティブな応答(communicative response)を採り入れた相互作用的なリスニング(interactive listening)にしていく必要があるでしょう。当然リスナーの listening strategies も単なるテスト対応型ではなく，相手と場面を想定した実践的なものに変わっていくはずです。以下はこれまでおこなわれてきた代表的なリスニングの活動例を集約したものです。大切なことは，形式から内容を決定するのではなく，内容を生かす方法を創り出す工夫を既存の形式に捕われずに継続しておこなうことです。

1．Matching or Distinguishing(照合／区別)：聞き取りのあと，記述または絵で表された答えを選択する。
2．Transferring(転移)：情報を受け取り，その情報の全体あるいは部分を別のかたちに転移する。
3．Scanning(スキャニング)：ある特定の部分の情報を見つけだす。
4．Extending(拡張)：不明な部分を埋め合わすことで会話を再構成する。
5．Condensing(凝縮)：聞いたことを要点の概要まで縮める。
6．Answering(解答)：入力された質問に答える。
7．Predicting(予測)：提示された会話や話をもとに，その結果,原因,関連事項などを予測する。

上記7種類のタイプのなかで今後とくに着目すべきものは，7番目のPredicting(予測)です。コミュニケーションを継続するために通常私たちは自分があることを述べたら，相手は次に何を発するかを事前に予測し，相手は予測どおりの応答をしてくれば納得しその次の手を，または予測を外れた応答をしてくれば，その場に最もふさわしいことばを短時間に準備するものです。このように通常の会話は，予測と微調整(fine tuning)の連続体によって成り立っているもので，ここで機能する予測能力に着目し，これを高めるための指導方法をとくにリスニングにおいて考え実践することは，コミュニケーション能力の育成に少なからぬ貢献をするものと考えられます(都立高校など公立の入試問題のなかには，すでに予測能力を重視した問題が配置されています)。

2-4. 目標設定と評価

　目標設定とは，学習者が一連の活動の最後に何ができるようになるかということを考え，これを行動目標に置き換えることです。その利点は，教授者が指導をとおしてめざすべき目標の明示，適切な教授法と教室内での指導手順の選択決定の補助，さらには学習者の領域，レベルの評価に求めることができます。評価を絶対評価でおこなうためには，まず目標設定と達成度を示す評価基準が必要です。これまで日本の教育現場では，一部を除き体系的かつ本格的なリスニング指導はおこなわれてきていないと思われますが，その1つの原因は長期的展望に立ったリスニング能力の伸びを客観的に測定できるような評価基準が定まっていないため，短期的な目標を教えた（扱った）言語材料のなかで設定し，その習得度を100点満点のテストで測定し，数値化していくよりほかに方法がなかったからではないでしょうか。リスニング能力は，まさしくプロセスを重視し目標との関係から問題点を特定化し，さらにこれを課題化し改善を加えていくことから初めてその進展を期待できるものであり，結果のみを重視するような基準をもたないテストからは解決の途は見当たらないのでないでしょうか。信頼性と妥当性の高いリスニングテストの出現と同時に，体系性を備えた評定尺度法(band-system)の開発が本格化することが望まれます。日本英語検定協会が開発したCan-do List等を参考にしながら教育現場の実態に即した評価システムの構築が必要になってくるでしょう。

おわりに

　リスニングをおこなう学習者側には，本来的には選択権はありません。それゆえに，学習心理を十分に考えた体系性を備えた指導と評価が望まれます。

【木村 松雄】

> 学習課題

1. 中学英語検定教科書(6種類)の各レッスンのなかで，リスニングの課題はどのように位置づけられているでしょうか。調べて比較してみましょう。
2. 全国の公立高校の入試問題にはリスニング問題が必ず出題されています。どのようなタイプの問題かを調査し比較してみましょう。また検定教科書の内容との関連を調べてみましょう。
3. 学習指導要領，英検 Can-do List，中学校英語検定教科書等を参考にして中学2年レベルのリスニングの目標基準を作成してみましょう。

[参考文献]

文部科学省『小学校学習指導要領』2008年
文部科学省『中学校学習指導要領』2008年
文部科学省『高等学校学習指導要領』2009年
Bransford,J.D.& Johnson,M.K.., Considerations of Some Problems of Comprehension. In W.G. Chase (eds.), *Visual Information Processing*, New York: Academic Press, 1973.

3 話すことの指導

> **キーワード**
> 発表＊相手に通じる＊正確さと流暢さ＊グループ活動＊相手とのやり取り＊全体的誤り，局所的誤り

　話すこと，つまり自分の思っていることや言いたいことを声に出して伝えることはコミュニケーションの基本です。ですが，外国語で自由に言いたいことが表現できるようになるのは簡単なことではありません。

　英語学習の目標や内容として2008年版（小・中学校）と2009年版（高等学校）の新学習指導要領では，以下のように述べられています。

小学校
「積極的に外国語を聞いたり，話したりすること」

中学校
「初歩的な英語を用いて自分の考えなどを話すことが出来るようにする」
「考えや気持ち，事実などを聞き手に正しく伝えること」

高等学校
「情報や考えなどを適切に理解したり適切に伝えたりするコミュニケーション能力を養う」
「聞いたり読んだりしたこと，学んだことや経験したことに基づき，情報や考えなどについて，話し合ったり意見の交換をしたりする」

　話すことについて，小学校で基本的な英語に慣れ親しませて，中学での英語学習に引き継ぎ，高校ではさらに発展させることが求められています。また4

技能(聞く・話す・読む・書く)を統合的に扱うことによって，他の技能との関連を強めながら話すことを指導していかなくてはなりません。

3-1. スピーキング(Speaking)の位置づけ

聞く(listening)・話す(speaking)・読む(reading)・書く(writing)という4技能のうち，話すこと(スピーキング)は音声という手段を使った発表(production)という位置づけになります。同じく音声を使うリスニングと異なるのは，発言する内容や形式を決めるのは話者(speaker)自身というところです。何をどう言うか，どんな発音や語彙，表現などを使うかを選んで決めるのは話し手自身です。

また，文字を使った発表のライティングとは異なって，スピーキングには時間の制約があり，考えたり調べたりする時間はあまりありません。その場で考えながら，どんどん言葉を出していかないとコミュニケーションは途切れてしまいます。そのため，スピーキングでは語句や表現，構文などを知っているだけでは不十分で，実際に必要な場合に即座に使えるようにしておく必要があります。

3-2. スピーキングが成立するための条件

スピーキングが成立するためにはさまざまな条件がありますが，とくに重要なものを以下にあげ，具体的に説明していきます。
- 話したいという気持ち，話す必然性
- 相手に通じるレベルの発音
- 音声的な特徴(イントネーション，区切り，声のトーンや表情)，自然な流れ，流暢さ
- 必要な語彙の知識
- 基本的な文法，構文
- 状況や相手にあった適切な表現

これ以外にも，とくに相手が存在する一対一の会話の場合であれば，会話でのやりとりや質問の仕方と答え方，さらにジェスチャー(うなずく，相手の目を見るなど)や顔の表情といったノンバーバル(nonverbal)な部分も考慮しなくてはなりません。また，言いたいことが出てこなかったらどうすればよいのか，といったことも指導する場合に考慮すべきところです。
→p.265

3-2-1. 話したいという気持ち，話す必然性

　話したいという気持ち，また話さなくてはならないという必然性がスピーキングの大前提です。とくに日本という環境では，英語を使う必然性が弱いので，なんとか工夫して英語で話さなければならない状況をつくり出さなくてはなりません。生徒たちが話したいと思うような内容や状況を考えてみましょう。

　また，生徒たちは英語を話したくても周囲の目が気になって話せなかったり，まちがえるのではないかという不安や恐れをもっていたりします。このような気持ちを克服できるように，普段からクラスの雰囲気づくりに気を配り，英語を話そうという気持ち，態度を育てましょう。教師自身が英語を使ってコミュニケーションすることは楽しいということを，さまざまなかたちで実践してみせることです。

3-2-2. 相手に通じる(comprehensible)レベルの発音

　スピーキングは音声を使ったコミュニケーションなので，口や舌などをどのように動かして発音するのかがしっかり身についていないとできません。walkとworkをどちらも「ワーク」と発音してしまったら意味の区別がつきません。日本語はあまり口を動かさなくても発音できますが，英語はそうはいかないのです。発音はスポーツや楽器演奏の訓練と同じ筋肉運動なので，無意識にできるようになるまで，くり返し練習させる必要があります。とくに初期の段階できっちり訓練しておかないと，あとから矯正するのは非常に困難です。
　なお，学習指導要領で求められているのは「現代の標準的な発音」となって
→p.264

いるので，英語として幅広く通じる発音を指導するようにしましょう。

3-2-3. 音声的な特徴(イントネーション，区切り，声のトーンや表情)，流暢さや自然な流れ

　個々の語の発音だけでなく，強弱やイントネーションもスピーキング成立の重要な要素です。さらに音の連結や同化といった音変化(例：not at all, could you)や，意味の単位ごとの適切な区切り方も英語らしい発話をするために大切なことです。伝えるためには，適切な声の調子や表情も必要です。 →p.265

　中・上級レベルになると，ある程度自然な流れ(fluency)を保ちながらコミュニケーションすることも求められます。新学習指導要領では，高校で「話す速度」「声の大きさ」に注意しながら話すことも目標に入っていますが，これらも効果的なコミュニケーションのためには不可欠です。教師自らが手本となるように，自分自身の発話に気を配ることが大切です。

3-2-4. 必要な語彙の知識

　当然のことですが，話したい内容に関連した語句を知らないと話せません。また前述のとおり，単語を知識として知っていても必要なときにすぐ使えないとスピーキングでは役に立たないので，いかにして使える語彙を増やすかが大切になります。

3-2-5. 基本的な文法，構文

　自分が表現したい内容を伝えるためにはそれを表す文や句が必要です。しかし，文法や構造がまったくのでたらめでは，誤解が生じたり，コミュニケーションに支障がでます。やはり基本となるような文法はコミュニケーションに必要なのです。

　ところで，話しているときには，自分の発話を訂正したり，文法の細かい部分にまで気を配ったりするのはなかなかできません。また，生徒たちが話す場

合にはどうしてもまちがいが生じます。文法などの誤りにどのように対処して指導するかは，のちほど説明します。

3-2-6. 状況や相手にあった適切な表現

場面や状況，また話している相手によって，適切な表現を使いわけることが求められます。新学習指導要領でも，「具体的な場面や状況に合った適切な表現を自ら考えて言語活動ができるようにすること」（中学校）とあります。

3-3. スピーキング指導の実際

スピーキング指導では，目先の目標だけでなく，中・長期な目標を見据えたうえで，それに向かってどのようなことをおこなえばよいのか，細かい段階にわけて順を追って指導していく必要があります。各学年ごとの目標や，将来的な目標までふまえて指導計画を立てましょう。新学習指導要領では，中学校では「自分の考えなどを話す」が目標ですが，高等学校のコミュニケーション英語Ⅰは「情報や考えなどについて，話し合う」，コミュニケーション英語Ⅱではこれに加えてさらに「結論をまとめる」に発展します。また「英語表現」では情報や考えをまとめて「発表する」ことが求められています。

3-3-1. スピーキング指導の前提

(1) 理解→練習→応用・発展という順序で

最初に内容を理解させてから，練習や応用へとつなげていくことが大切です。上級レベルでない限り，いきなり自由な自己表現や応用はできません。内容や意味を理解させてから必要な語句や構文を十分に練習して，次の段階へ進みましょう。注意したいのは練習のための練習にならないようにすることです。最終的には練習した表現を使って，それらを応用し，自己表現へと発展させることが目標です。最終目標が実施できるようによく考えて指導計画を組み立てましょう。

(2) くり返し練習，口慣らしの大切さ

　生徒たちの多くは教室の外で英語を使う機会があまり(ほとんど)ないので，授業中にできるだけ英語を口に出す練習を取り入れましょう。生徒たちに声を出させるためにどうしたらよいのか，また単調になるのを避けるために，さまざまな工夫を考えることです。とにかく英語を口に出さなければ話せるようになりません。

(3) 練習・活動の目的を明確に

　練習や活動をおこなう場合，何を目的としているのか教師自身が把握していないとなんのための練習・活動かわからないままおこなうことになってしまいます。さまざまなポイントがありますが，とくに注意しておきたいのが以下の2点です。

　① 正確さ(accuracy)か，流暢さ(fluency)か…発音や文法の正しさに焦点をおくのか，自然な流れやコミュニケーションに焦点をおくのか

　② 内容(content)か形式(form)か…話す内容を考えることが中心なのか，どのような形式(語句，文法や構文)を使うのかが中心なのか

　①②とも両方を満たすのは，非常にレベルの高い要求になります(①では正確かつ流暢に話す，②は形式も内容も共に生徒が考える)。生徒の学習段階や活動・練習の目的にあわせてどちらに焦点をあてるのか，指導計画をつくる際に考慮して指導しなくてはなりません。正確さを重視する練習であれば，多少ゆっくりでも正しく言えることを目標に，逆に流暢さが目標なら，まちがいはあまり気にせずに自然な流れやリズム，反応の速さをポイントに練習します。また，最初は話す内容も形式もある程度与えた練習(例：くり返し repetition)を中心に行い，少し慣れてきたら同じ構文を使って内容を自分たちに合わせて考えさせる，というようなやり方が考えられます。

(4) 話す機会をできるだけ増やす工夫を

教師対生徒だと話す回数も限られるので、機会を増やすには生徒同士の練習が不可欠です。クラス全体でおこなう活動のほかに、グループ（数人）やペア（2人一組）での少人数のグループ活動(group work)を適宜取り入れてみましょう。

グループやペアをつくる場合の注意点としては、単に少人数にわけるだけでなく、お互いに英語を話さなくてはならない状況や活動内容をつくり出すことです。また、グループでの活動をやりっ放しにしないで、話した結果どうだったかなどをクラス全体として最後にまとめる(debriefing)ようにしましょう(Brown, 2001, 189)。

3-3-2. スピーキング指導の具体例

(1) 雰囲気づくり

教師も気楽に英語を使うようにして、日常的に教室で英語が話されているという状況をつくります。生徒にとって授業で必要になりそうなさまざまな表現をあらかじめ指導しておいて、なるべく英語で言ってみるように促しましょう（わからなかったら "I don't understand the question. Can you repeat that?" などと言う）。

また、いきなりクラス全員の前で英語で話すのは、生徒にとってかなりのプレッシャーになります。最初はグループやペアのような少人数で練習し、不安感を軽くしてやるとよいでしょう。英語でコミュニケーションすることの楽しさが体験できるように工夫してみましょう。

(2) 発音・音声の指導

英語特有の発音については最小対(minimal pair：1カ所だけ発音がちがう意味のちがいが生じる組み合わせ、たとえば long-wrong, she-see, hall-hole など)を利用して発音のちがいを意識して練習させましょう。語と語だけでなく、文の中の語を対比させて練習させることもできます(例：My father has a big farm/firm.)。大切なのは、必ず意味がわかったうえで練習することです。知らない

語や文を機械的に発音練習させても効果は十分とはいえません。

つぎに、日本語の発音とのちがいを比較しながら指導することもできます。たとえば、音節の構造のちがい(例：日本語では「テキスト」は4音節、英語ではtext[tekst]は1音節で中心となる母音以外の母音が子音の間に入らない)や、アクセント、ストレスのちがい(例：日本語はアメ「雨」―「飴」のように音の高低で意味を区別し、英語はcontent-contentのように強弱の位置のちがいで意味が変わる)などです。

ほかに、発音の練習としては、ポイントとなる音がくり返し出てくるような句や文、早口言葉(tongue twister)などを使うのもよい方法です。韻(rhyme)を踏んだ句や、英語の童謡(nursery rhymesやMother Gooseなど)も覚えやすいので、よい材料になります。

例：早口言葉 [s]/[ʃ]：She sells seashells by the seashore.

　　韻(rhyme) [au]：How now brown cow?

(3) 気持ちをこめて生き生きとした表現になるように

イントネーションや区切り、声のトーンや表情といった音声的な特徴をはっきりと意識させながら練習しましょう。生徒が感情移入しやすそうな例を考えて使うと効果的です。イントネーションや声色によって、同じ言葉や文でも伝えたいニュアンスが変わります。言い方によってまったく意味が変わってしまうような例文を使うのもおもしろいでしょう。たとえば、"I scored 100 on the test." が100点満点のテストなら嬉しいけど、もしも1000点満点のテストだったら、と状況を変えて生徒に言わせてみてはどうでしょうか。

例：同じ返事や相づち、たとえば "Really" をイントネーションだけ変えて答える

　"I went to picnic yesterday."→"Really?" ↗

　"It was terrible."→"Really." ↘

　"It was sunny in the morning, but then, it started to rain."→

"Really..." →

(4) 必要な語彙や文法・構文の練習

　意味を伝えるためにどんな語句や表現が必要か，生徒のレベルや学習内容を考えて指導する必要があります。とくに初級の段階では，**フラッシュ・カード**(flash card)やイラスト，実物などを使って，必要な語句がすばやく口からでてくるようになるまで繰り返し練習することが大切です。　→p.264

　スピーキングの場合，あまりゆっくり文法を考えている時間はないので，ひとまとまりとして使える句や構文を徐々に増やしていくことも必要です。ただし，文法や構造がわかっていないと自分で新しい文を必要に応じてつくり出すことがむずしくなります。文法の知識を実際に応用しながら使えるようになるまで練習することが必要です。

　構文練習の1つとして，パタン・プラクティス(pattern practice)があります。教師が例となるモデル文を言い，きっかけ(cue)を与えて生徒がそれに従って文をくり返す，または部分を変化させて言わせる練習です。使い古された感もありますが，教師の工夫と創造力によりさまざまなバリエーションが考えられます(例：きっかけを絵や映像，実物やジェスチャーなど言葉以外で与える，対象をクラス全体，グループ，個人のように変化させて練習する)。単調にならないように，テンポよくおこなえば，生徒に刺激を与えながら短時間で多くの練習させることが可能になります。ここで大切なのは構文の練習であっても，必ず意味のある内容の文を使うことです。

　たとえば，There is〜/are〜の構文の練習として，さまざまなものが描かれた部屋の絵を見せてポイントを指さしながら教師がモデル文 "There is a cat on the chair." を言ったあとに生徒がくり返します。つぎに教師がきっかけとして絵の中の別のものを指で示して，生徒が文を考えて言ってみます("There is a book on the chair.")。慣れてきたら，少し複雑に変化させて練習を続けます("There are two pens on the desk.")。

(5) 状況や相手にあった適切な表現

　意味を伝えるためには文法的に正しいかどうかだけでなく，表現が状況や相手にとって適切(appropriate)かどうかも大切です。食事のときに"Can you pass me the salt?"と言われたら，"Yes, I can."ではなく"Here you are."と言いながら塩入れをとって渡して初めてコミュニケーションが成立するのです。

　状況や相手にあった表現を使うためには文脈や状況の設定が非常に意味をもってきます。具体的な場面や相手を想定して，それにふさわしい言い方を練習するといいでしょう。同じ内容でも相手が変わると表現を変えなくてはなりません。英語では相手が目上でも目下でもyouを使いますが，いつでも誰に対してでも同じ言い方でよいというわけではありません。よく知られている例ですが，You'd better～."「～したほうがよい」は「～しないとだめだ，さもないと大変なことになる」というニュアンスを含んでいます。親が子どもに"You'd better do your homework."と言うのはかまいませんが，目上の人には使えないし，友人にもよほどのことがない限り使わないほうが無難です。

　場面と役割を決めて，それに従って会話するのを役割練習，ロール・プレイ(role play)といいます。最初は決まった表現や習った会話を使って練習し，慣れてくればいろいろと内容や状況を変えてみるといいでしょう。

(6) 自然な流れ，流暢さの練習

　英語を話すときに，不自然なところで区切ったり，途中で黙り込んだりせずに，ある程度の意味のまとまりを一息で言って自然な流れが保てるようにするのも大切なことです。ときには時間制限を設けて，そのなかでできるだけ多く発話するように指導すると，話のスピードがあがります。たとえば，さまざまな人物が描かれているイラストを見ながら，制限時間のなかでできるだけたくさんの人物について説明する，といった課題が考えられます。

　自然な流れを身につけるために効果的な練習法としてあげられるのが，シャ

ドーイング(shadowing)です。これは間(ポーズ)を入れずに英語を流しながら、聞いたものをすぐに繰り返すという練習方法です。言えない部分があっても止まらずにどんどん先へと続けます。ポイントはなるべく元の英語に近づけることで、スピードやリズム、イントネーションなどを意識して真似をすることです。くり返す文の長さや速さ、区切りなどを調節すれば初級から上級までさまざまなレベルで使うことができます。

(7) 自己表現から会話へ

話す練習は相手がいないとできないと考えがちですが、相手とのやり取りの前に、まず自分で言いたいことを言う練習、自己表現ができるようにしてみましょう。生徒たちに表現したいことの第一歩として、自分がしたこと(体験)、自分が感じたり考えたこと(気持ちや意見)、見聞きしたこと(事実や描写)などを英語にする練習をさせてみましょう。たとえば、自分の一日の行動を英語で言ってみます(吉田・柳瀬, 1998)。朝起きてから学校に来るまででも、細かく分ければかなりのことを表現できます(I get up. I'm still sleepy. I wash my face. I eat breakfast...)。

つぎに、相手に対する質問を考えて尋ねたり、意見に対して反応したりすることにより、会話へ発展させることができます。会話は相手とのやり取り(interaction)で、お互いに協力して意味をやり取り(negotiation of meaning)する必要があります。会話を続けていくには聞き手と話し手という役割を交代しながら、相手の言ったことにすばやく反応することです。

とはいっても、考えたり反応したりするのは時間がかかることが多いので、その間を埋めるための言い方(fillers：例 Uh,/Well,/I mean...など)や相づち(Really? I see. Is that so? など)が使えるように練習すると役に立ちます。また、相手の言ったことに対して、決まったかたちを使って言ってみたり(例：How＋nice/interesting/terrible...!)、相手の発言やその一部をくり返す(例："I went to Nagoya last week." に対して "Oh,(you went to)Nagoya!" と返す)というやり

方もあります。

　会話を続けるためには，質問されたことに答えるだけではうまくいきません。文法的に正しい文を1つ言って終わるよりも，何か情報などを付け加えて意味的に膨らませたり，質問を返したりすると会話が発展します。Question→Answer＋Question(Q→A＋Q)は質問されたら，自分の答えに相手に対する質問を付け加えていく練習です(和田・中村，1992)。たとえば，自分の答えに"And you?"をつけるだけで(例："Did you study English yesterday?"→"No, I didn't. And you?")，単純ですが会話への第一歩となります。

　正確な文でも伝える情報量が少ないと会話が続かなくなりがちなので，yes/no だけで終わるのではなく，答えに必ず一言，何かコメントをつけて答えるようにさせる(例："Do you like baseball?"→"Yes, my favorite player is Ichiro.")と情報量が増えます。コメントではなく，because〜と理由をつけるのもいい練習になります(例："What season do you like best?"→"I like spring best, because it's not too warm or too cold.")。Why? と尋ねられても理由を即座に答えるのはむずかしいので，つねに意識して理由を考える訓練になります。

(8) モデル会話の指導方法

　自由に会話ができるようになるためには，あらかじめ必要な表現が含まれた会話や文を十分に練習し，応用できるようにすることが大切です。そのためには授業という限られた時間のなかでいかに効率よく練習し，覚えて口頭で言えるようにするかを考えなくてはなりません。表現や文を覚えるにはさまざまな方法がありますが，ここでは基本的なモデル会話(たとえば教科書に出てくる会話)の指導方法の例をあげてみます。

　|第一段階| モデルとなる会話を理解する(練習する前に，必ず内容が理解できているか確認します)

　　　会話の音声を聞く，DVDやビデオの映像を見る，教師が実際にデモンストレーションしてやってみせる，語句や内容を説明する，など

|第二段階|　会話を覚える（長い場合はポイントとなるところをしぼって練習します）

　　繰り返して言わせる，グループごとにパートを決めて言わせる，会話がすらすら言えるようになるまでペアで練習させる，黒板などを利用して覚えさせる（会話を黒板に書いて，少しずつ消しながら，生徒たちに何度もくり返し言わせます。最後には全部消えてしまうので，ゲーム感覚で覚えられます），など

|第三段階|　会話をさせる（練習した成果を確認します）

　　ペアでやり取りをさせる，代表を選んでクラス全員の前で会話をさせる，など

|応用練習|　覚えた会話を元に応用・発展させる（いろいろ変化させて，応用力，実践力を身につけましょう）

　　会話を部分的に変えてみる，新しい文をつけ加えていく，同じ内容を別の表現で言いかえてみる，生徒自身にあてはめてみる，生徒たちに表現を使って会話をつくらせる，など

⑼　生徒のまちがいに対する対処

　生徒が話しているときにまちがったらどう対応するのかについて，決まったやり方はありません。まちがいを注意されてばかりだと話すことがいやになってしまう可能性がありますが，**まちがいをそのままにしておいていいのか**，誤りが定着してしまわないかという心配もあります。これは，その時々の状況によって，また生徒の練習段階や活動の目的によって使いわけていくことです（小池他，1994）。練習の目的が正確さを求めているのか，それともコミュニケーションが主眼で意味が通じればいいのかによっても対処の仕方を変える必要があるでしょう。

　生徒のまちがいがコミュニケーションを妨げるものなのか，それとも部分的なまちがいなので意味は通じるのかによっても対応は変わってきます。意味が通じないようなまちがいは「全体的誤り（global errors）」と呼びます。たとえば "I ［ワーク］ every day." という文では，発音が work なのか walk なの

かはっきりしないと全体の意味がわかりません。これに対して，まちがいがあっても言いたいことがわかる場合は「局所的誤り(local errors)」といいます。"He don't like sports." は文法的にはまちがっていますが，意味は通じます。全体的誤りはコミュニケーションに支障をきたすので訂正が必要ですが，局所的誤りは活動や練習の目的次第で対応を考えればいいでしょう(Brown, 2001)。

3-4. 評　価

　話す能力，スピーキングは実際に話をさせないことには評価できません。通常のペーパーテストのような方法で測定しようとすると制約が多く，十分に評価できない可能性があります。時間やクラスの人数など現実的な問題がありますが，やはりスピーキングは話すことによって評価しなくては意味がありません。

　そこで，通常の授業内でのさまざまな活動でスピーキングを評価できるような課題を組み入れるのも1つの方法です。また，インタビュー・テストや，発表・スピーチを行わせて評価することも可能です。たとえば，実物や写真などを見せながらそれについて話をする Show and tell はさまざまなレベルで応用ができる発表の方法です(水戸, 2009)。個人ではなく，グループで発表させて，それぞれの部分を評価するという手段も考えられます。

おわりに

　話す力は短期間で簡単に身につくものではなく，長期間にわたる地道な積み重ねが必要です。そのためには話す内容やその必要性を生徒たちに考えさせたうえで，段階を追って練習することが重要です。

　今回改訂された学習指導要領では，高等学校において最終的に求められるスピーキングの目標はかなり高度です。それをふまえたうえで，小学校，中学校でどのように指導を積み重ねていくか，今まで以上に長期的な視点が必要となるでしょう。将来的に発展させるためには，基盤となる時期に基礎的なことを

しっかり練習しておかなくてはなりません。英語が日常的に生活で使われてい
→p.263
る ESL(English as a Second Language)の環境とはちがって，EFL(English as a Foreign Language)の環境の日本では，教室の外で英語を使う機会は非常に限られています。その分，授業の重要性が高いといえます。教室でいかに多く話す機会をつくり出すかが教師の腕の見せ所となるでしょう。

【荒井 貴和】

学習課題
1．生徒たちにできるだけ英語を話すようにさせるために，どのような工夫が考えられますか。
2．英語を話すとき，日本語とのちがいという点から考えて，とくにむずしいと思われることはなんですか。また指導するときに，どういった配慮が必要ですか。
3．英語で言いたいことが出てこない場合，どんな手段をとれば会話を続けられますか？ 会話をつづけるためにはどうしたらいいのか，考えてみましょう。

[参考文献]
Brown, H.D. *Teaching by Principles*. Longman, 2001.
文部科学省「小学校学習指導要領」2008 年
文部科学省「中学校学習指導要領」2008 年
文部科学省「高等学校学習指導要領」2009 年
小池生夫監修　SLA 研究会編『第二言語習得研究に基づく最新の英語教育』大修館書店，1994 年
水戸直和「ハードルの高くない show & tell の工夫」『英語教育』7 月号，13-15 頁，大修館書店，2009 年
吉田研作監修　柳瀬和明編著『高校生の起きてから寝るまで英語表現』アルク，1998 年
和田稔他監修　中村俊昭編集・解説『ECOLA 英語科教育実践講座　VTR 第 2 巻　話すことのコミュニケーション能力の育成』ニチブン，1992 年

4 読むことの指導

> **キーワード**
> 読み手と書き手の相互作用＊スキーマ＊ボトムアップ処理＊トップダウン処理＊精読＊速読＊スキャニング＊スキミング＊多読＊4技能の総合的な指導・統合的な活用

　リーディングは情報を受信する理解様式（receptive mode）の技能領域ですが，認知心理学の観点から見るとけっして受動的な言語活動ではありません。私たちはテクストを読むとき，その内容を自分の先行知識と照らし合わせ，矛盾が生じないように認識していきます。この意味において，リーディングは新しい文字情報が白紙の状態に流れ込むことではなく，読み手が書き手との相互作用をとおして意味を構築していく過程といえます（Carrel & Eisterhold, 1983）。この相互作用が活発になるよう指導することが，よい読み手の育成につながります。

4-1. リーディングの位置づけ

　情報化が進展した現代社会において，「英語が読める」ことは仕事の遂行力に直接かかわります。たとえば，国際ビジネスにたずさわる日本人の9割がメールを，6割がビジネスレターを，5割が報告書を読むのに英語を使っています（小池他, 2008）。いっぽう，読解力は実用に資するだけではありません。広く親しまれている詩や散文は人類共通の財産であり，英語で書かれた優れた文学作品にふれることは，豊かな心を育みます。これは，教育基本法がめざす「心豊かでたくましい日本人の育成」という枠組みでリーディング指導を具現化す

るとき，欠いてはならない視点でしょう。

　目的がいずれであっても，リーディングは文字情報の的確な理解にとどまらず，理解したことについて自分の考えや意見を述べたり書いたりするなどの活動に発展させていくことが必要です。メールや手紙は読んで返事を書くことが前提ですし，楽しみのための読書も読後感を発表することによって読みが深まります。中学校学習指導要領は，リーディングをほかの技能領域と有機的に関連づけて指導することを求めています。

中学校
- (ｱ) 文字や符号を識別し，正しく読むこと。
- (ｲ) 書かれた内容を考えながら黙読したり，その内容が表現されるように音読すること。
- (ｳ) 物語のあらすじや説明文の大切な部分などを正確に読み取ること。
- (ｴ) 伝言や手紙などの文章から書き手の意向を理解し，適切に応じること。
- (ｵ) 話の内容や書き手の意見などに対して感想を述べたり賛否やその理由を示したりなどすることができるよう，書かれた内容や考えなどをとらえること。

　2008年の改訂により，(ｵ)が加わったことに注目しましょう。改訂前も，伝えるために音読したり手紙の返事を書いたりするなど，スピーキングやライティングと統合した言語活動が求められていましたが，改訂版ではさらに進み，感想や意見を示すという発表活動を前提にリーディングがとらえられています。文字情報を介して社会的に機能できる力を育成するのです。

　4技能の総合的な指導という方針は高等学校の学習指導要領にも示され，中学・高等学校の接続化の強化が意図されています。高等学校学習指導要領「コミュニケーション英語Ⅰ」は，リーディングにかかわる内容を次のように示しています。

高等学校「コミュニケーション英語I」

イ　説明や物語などを読んで，情報や考えなどを理解したり，概要や要点をとらえたりする。また，聞き手に伝わるように音読する。

ウ　聞いたり読んだりしたこと，学んだことや経験したことに基づき，情報や考えなどについて，話し合ったり意見の交換をしたりする。

エ　聞いたり読んだりしたこと，学んだことや経験したことに基づき，情報や考えなどについて，簡潔に書く。

「コミュニケーション英語II」はさらに多様で具体的なジャンルをあげ，それぞれの目的に応じた読み方を求めています。読後活動も，話し合って結論をまとめる，まとまりのある文章を書く，など高度な内容になります。

高等学校「コミュニケーション英語II」

イ　説明，評論，物語，随筆などについて，速読したり精読したりするなど目的に応じた読み方をする。また，聞き手に伝わるように音読や暗唱を行う。

ウ　聞いたり読んだりしたこと，学んだことや経験したことに基づき，情報や考えなどについて，話し合うなどして結論をまとめる。

エ　聞いたり読んだりしたこと，学んだことや経験したことに基づき，情報や考えなどについて，まとまりのある文章を書く。

このように，リーディングを双方向コミュニケーションの一部として位置づけ，ほかの技能領域と統合的な活動がおこなわれるようにすることが，中高を一貫して求められています。

4-2. リーディングが成立するための条件

　テクストを読むには，どのような条件が前提となるでしょうか。読解のメカニズムは，文字から語，文，さらに文章全体へ，というように小さな言語単位

から大きな言語単位の順に認識する言語処理過程と，読み手のもつ既存の知識を利用してテクストの内容を予測していく認知過程の，2つのプロセスが相互作用していると考えられています。前者をボトムアップ処理(bottom-up processing)，後者をトップダウン処理(top-down processing)と呼びます。ボトムアップ処理には，(1)文字を認識できること，(2)語彙知識があること，(3)文構造を認識できること，(4)文と文，段落と段落の論理的つながりを認識できること，が要求されます。いっぽうトップダウン処理には，(5)内容に関する背景知識，が要求されます。これらの条件について，具体的に見ていきましょう。

4-2-1. 文字を認識できること

英語は書記素と音素の対応関係が不透明なので，綴りと音声の関係を学ぶことが初級学習者の最初の難関になります。私たちは書き言葉を処理するときも音韻的なイメージをとおして意味にアクセスしており，読み手の熟達度が高ければそれだけその処理は正確で，より自動化されるようになります(門田・野呂，2001)。したがって綴りと音声の関係の習得は，音読だけでなく黙読にもかかわってくるのです。

2008年版の小学校学習指導要領が2011年度より実施され，小学校5年から外国語活動をおこなうようになりましたが，小学校学習指導要領は，「アルファベットなどの文字や単語の取扱いについては，児童の学習負担に配慮しつつ，音声によるコミュニケーションを補助するものとして用いること」とし，限定的な扱いにとどめています。したがって文字指導は，小学校から中学校への移行を円滑におこなう大切な要素の1つといえます。Cを［si:］と読めることと，ice, cake, peach が読めることの間には大きな隔たりがあるので，学習者が感じるこの困難を考慮して指導しなければなりません。

書記素と音素の関係は英語を第一言語とする子どもにとってもむずかしく，アメリカでは綴りの読み方を組織的に教えるフォニックスという指導法が開発されました。たとえば，bat, cat, mat をまとめて提示して音読させ，綴り

と発音のパターンを認識させます。英語を外国語として学ぶ場合は扱う語彙が限られるので，アメリカの指導法をそのまま利用することはできませんが，入門期の部分的な利用は可能です。すでに学習した単語を用いて wash，brush や ice, nice, rice などを並べ，規則性を発見させるとよいでしょう。

単語を素早く認識できれば読みのスピードが上がりますから，フラッシュカードを用いた単語の音読練習も効果的です。フラッシュカード(flash card)の目的は，その名のとおり単語をちらっと見せて発音練習をさせることです。裏に日本語で意味や品詞を書くことはせず，白紙にしておきます。生徒はすでに意味を理解していることが前提となっています。使用するときは5〜10枚程度のカードを白紙面が生徒側に，文字面が教師側になるよう逆さまに持ち，すばやく回転させて生徒に文字を見せて発音させます。こうして文字と聴覚像の結合を図ります。

4-2-2. 語彙知識があること

一般に，最も使用頻度の高い 2000 語であらゆるテクストの 80%をカバーできる(望月・相澤・投野，2003)といわれています。学習者向けの英英辞書も，2000 語の範囲で定義が書かれています。学習指導要領は中学校で扱う単語を1200 語程度とし，高等学校で「コミュニケーション英語Ⅲ」まで履修した場合，中高合わせて 3000 語程度習得することになっています。しかし，必ずしもこれで高頻度の 2000 語を習得したことにはなりません。英英辞書に使用される 2000 語は屈折形や派生語を含まないのに対し，学習指導要領は屈折形や派生語をそれぞれ1語と数えるからです。たとえば，be, is, am, are, was, were, been は7語と数え，それが中学で学習する 1200 語に含まれているのです。また，中高で扱う 3000 語がすべて高頻度というわけではありません。

さらに検定教科書は分量が少ないため，新出単語が再び別のページで使われる頻度も少なく，忘れかけた単語を再び目にする機会がほとんどありません。日本の英語教科書を中国・韓国・台湾の教科書と比較した研究(投野，2008)に

よれば，高校卒業までに習得する語彙量は各国と変わらないのに対し，日本の教科書のテクスト分量は各国より平均して5分の1から6分の1の割合しかありません。つまり，日本の英語教科書は少量のテクストに新出単語が詰まっているのです。

　こうした学習環境を考慮すると，教科書以外のテクストを用いて，同じ単語に繰り返しふれさせることが必要です。具体的な指導としては，まず教科書に出てきた単語を確実に定着させるために，辞書を使って単語ノートを作成することを習慣づけます。文脈のなかでの語義を確認するほか，派生語，コロケーション，用例などにも注意を向けさせ，辞書は引くものではなく読むものであることを教えます。また，新出単語を文脈と共に提示して復習や小テストをおこなうと，知識として蓄積するだけではなく運用する力につながります。高校では，英英辞書の定義を教師が読み，該当する語を答えさせる活動も可能です。生徒に英英辞書で定義を調べさせ，同じ活動をグループでおこなえば，スピーキングやリスニングと統合した学習になります。

　教科書で不足するインプット量を補い新出単語に出会う頻度を高くするには，扱った題材に関連した文章を読ませることも1つの方法です(4-3-2(4)参照)。たとえば地球温暖化に関する課を読んだあと，同じテーマの文章をほかの検定教科書から選んで読ませると，この分野のキーワードである global warming, air pollution, temperature, carbon dioxide などの語句が強化されるでしょう。機械的な暗記ではなく意味のある学習ができるのも利点です。

4-2-3. 文構造を認識できること

　読解を阻害する原因の1つは，文構造が理解できないことです。長い文の場合，意味の区切れ目を正しく認識できないために理解が滞ることがあります。正しく区切ることができても，区切った1つの単位，すなわちチャンク(chunk)がほかのチャンクと構造上どのような関係なのか認識できないため，誤った解釈をする場合もあります。とくに後置修飾は，日本語と語順が異なり

習得がむずかしいので注意を要します。読解力の低い学習者には，意味のまとまり(sense group)ごとにスラッシュを入れ，どれが主部か，形容詞節や副詞節はどの語句を修飾しているかなど，文の構造を確認させるとよいでしょう。文構造の理解そのものが目的化してはいけませんが，文法規則に従わなければ書き手の意図を的確に読み取ることはできません。意味のまとまりごとに文頭から意味を処理していくプロセスを自動化させると，日本語を介さずに直読直解ができるようになり，読みのスピードも速くなります。

4-2-4. 文と文，段落と段落の論理的つながりを認識できること

　文字，単語，文の順に単位の小さいほうから大きいほうへ言語処理をおこない，最後に文と文，段落と段落の論理的なつながりが認識できて，文章全体の理解が可能になります。文は談話のなかでそれぞれの役割を担っており，それを認識することで要点の整理や概要の把握ができますし，誤った解釈を防ぐこともできます。

　もっとも重要なのは，主題文(topic sentence)と支持文(supporting sentence)の特定です。段落の趣旨を一般的な表現で述べた主題文を見つけ，概要を把握したのちに，支持文で表わされた詳細を理解していきます。ただし，主題文は抽象的に表現されることが多いので，支持文の具体的記述を先に理解してから主題文を読み直すと理解しやすい場合があります。

　つぎに，接続詞や副詞(句)に注意しながら談話の流れを理解するよう指導します。たとえば，言い換え表現が続くことを示す in other words や，追加情報が続くことを示す in addition, besides などの談話標識(discourse marker)に注目させます。慣れてきたら，談話標識のあとに続く文を読む前に予側させてもよいでしょう。書き手の意識の流れに沿って読むことは，情報発信者に心をそわせることであり，リーディングに限らずコミュニケーションの基本的な姿勢です。

4-2-5. 内容に関する背景知識

　読み手は，テクストの内容に関して自分がもつ先行知識と照らし合わせながら，新しい情報を処理していきます。先行知識が内在化したもの，いわば脳内に存在する百科事典的な知識を**スキーマ**(schema)と呼び，読み手はスキーマを活性化させてテクストの内容を予測・検証しながら情報処理をしていきます(Carrell & Eisterhold, 1983)。したがって幅広い世界知識をもち，それを必要に応じて引き出して使えることが，主体的な読みにつながります。言語処理の観点からはむずかしくないテクストも，予備知識がないために理解が困難になる場合があります。たとえば，アメリカ公民権運動の発端となったバス・ボイコット運動について読むとき，奴隷制度の歴史や南部諸州の人種偏見などに関する知識が不足していれば，たとえ平易な英語で書かれていても十分に理解できません。検定教科書が採用する題材は，国際平和，異文化コミュニケーション，環境，科学，芸術など多岐にわたります。読み始める前に内容に関する予備知識を引き出させたり，新たに与えたりすることで，内容とより深くかかわることができます。運動をする前に準備体操をするのと同様に，読むときも準備を整えることが必要です(4-3-2(1)参照)。

4-3. リーディング指導の実際

4-3-1. 音　読

　英語の授業に教科書の音読は欠かせないものですが，音読の目的はなんでしょうか。土屋(2004)は，意味的，構造的に理解した文を正確に流暢に音読することによって，音韻・語彙・統語の体系が習得されると述べています。暗記をするほど音読を繰り返すと，英語の発音・リズム・イントネーションが身につき，語彙が習得され，文法規則が自動的習慣になるというのです。同時通訳の草分け國弘正雄(1970)は，英語教材が乏しかった戦争中，中学1年から3年のリーダーを500回から1000回朗読して英語が上達したという自身の経験に基づき，「只管朗読」を提唱しています。曹洞宗の道元が説いた，ただひたすら座れば

悟りが開けるという「只管打座」をもじったものです。繰り返し音読することは言語能力の土台を築くために重要な言語活動といえます。音読指導では次の点に注意します。

① 反復練習に伴う単調さを軽減する

効果的な学習法とはいえ，反復には単調さが伴います。それを軽減するために練習法に変化をもたせるとよいでしょう。たとえば1分間でどこまで読めるか時間を決めておこなうと，流暢さを意識するようになります。

また，次第に負荷をかけて要求度を高くしていくと，暗唱や発表活動につながります。まちがえずに読めるようになったら，暗唱への橋渡しとして Read and Look-up をおこなうとよいでしょう。Read and Look-up をおこなうときは，あらかじめ sense group ごとにスラッシュを入れさせます。生徒は"Read."の指示で1つの sense group を黙読し，"Look up."の指示で顔を上げ，黙読した部分を声に出して言います。黙読する sense group の意味と形態を短期記憶にとどめ，それを発声することで，音韻・語彙・統語のシステムを体得させていきます。

② 意味的・構造的な理解を伴って音読しているか確認する

流暢に音読できても意味や文構造を理解していなければ，音読の目的は達成されません。本文の理解が不十分なままオウムのように音読をしている場合がありますので注意が必要です。キーワードの意味を日本語で言わせたり，ある語句の意味を日本語で与え，それに相当する部分を本文から探して言わせたりして，意味的・構造的な理解を確認することも時には必要です。

③ レシテーションやスキットを発表する機会をつくる

音読を反復することにより基礎的言語能力を養うといっても，相手に伝えるための音読もコミュニケーションの一形態として大切に扱わなければなりません。質の高い散文や詩のレシテーションをさせる，対話文をスキットに仕立てて発表させる，などの言語活動を年間指導計画に組み入れましょう。

高等学校の学習指導要領は「聞き手に伝わるように」音読や暗唱をすること

を求めています。教科書の本文のほか，本文の原典や関連したテクストのなかから暗唱させる価値のある文章を選んでもよいでしょう。書き手の意図を伝えるためにストレスの位置やイントネーションを考えさせ，感情の込め方も工夫をさせて，段階的に指導します。

4-3-2. 黙　読

(1) Pre-reading Activities

　概要・要点の把握や，内容を正確に読み取る精読は，通常黙読の形態を取ります。私たちはものを読むとき本文をいきなり読むことはせず，新聞であれば見出しを，本ならば目次やはしがきを，雑誌ならば記事のタイトルや写真を見てから読み始めます。内容に見当をつけることによってスキーマが活性化され，関心も高まり，より主体的に読むことができます。第二言語話者は母語話者ほど十分にスキーマを活用できないので(Carrel, 1983)，テクストに関する先行知識を呼び出す pre-reading activities が重要になります。

　まず，課のタイトル，各セクションのサブタイトルからトピックを確認したあと，写真，挿絵，地図，グラフなどの視覚情報を利用して，どんな内容か予測させます。予側させながら生徒の予備知識を引き出すとよいでしょう。たとえば南米の森林伐採が題材であれば，伐採がもたらす自然環境への影響や南米の経済状態などについて話し合っておきます。また，より身近な問題に引き寄せていくと題材への関心が高まりますから，日本における森林保護を話題にしてもよいでしょう。これらのインタラクションを英語でおこなえば，教室にコミュニケーションの場面をつくりだすことができますし，本文理解に重要なキーワードも導入できて効果が上がります。

　高等学校で扱う題材は，国際平和や最先端の科学など抽象度を増してきますが，検定教科書の文章は語彙数や分量などさまざまな制約のため簡略化されているので，読みにくい場合があります。本文理解の助けとなる背景情報をあらかじめ平易な英語で話しておくのも pre-reading activities の1つの方法です。

題材が物語の場合，プロットを予測しながら読むのは楽しいものです。新しいセクションを読み始める前に，次に何が起こるか，登場人物はどうなるかを考えさせます。1文でもよいので書いて発表したり，グループで話し合ったりすると，誰の予側が当たっているか，興味も増すでしょう。4技能の統合的な活動にもなります。

(2) In-reading Activities

pre-reading activities が終わると，教師の肉声またはCDで本文を聞きながら黙読します。1回目は，どんな情報を得るために読むのか読む前に目的を明確にします。具体的には，主題文に下線を引くよう指示したり，大意把握の問題をあらかじめ与えて，その答を見つけたら印をつけるなどの指示をします。大意や要点をおさえたら，2回目はsense groupごとに区切って内容を正確に確認していきます。逐語訳は必要ありません。文脈のなかでの単語の意味や文構造，代名詞の指示するもの，省略されている語句，談話標識(discourse marker)の働き，段落と段落の論理的なつながりなど，内容理解に必要なことを説明します。生徒に問いかけながら進めると理解度を評価でき，必要に応じて解説の丁寧さの度合いを調節することができます。注意すべきことは，説明が長いと本文理解の流れが妨げられることです。文法項目など重点的な解説が必要なものには別の機会を設定し，あくまでも本文の内容から逸脱しないようにしなければなりません。

(3) Post-reading Activities：4技能を統合した言語活動

読んだ内容に基づき感想や意見を述べたり書いたりする，4技能の総合的な指導・統合的な活用が求められていますが，これは十分な準備をしたうえで可能となることを認識しなければなりません。内容の正確な理解とともに，音韻，語彙，統語システムをある程度コントロールできることが前提となります。言語知識が定着しないまま発信型コミュニケーションをおこなわせると，

学習者は自信がないので声も小さく発言も多くは期待できません。したがって，in-reading activities で意味的・構造的に十分理解した文章を反復音読させることが，post-reading activities への橋渡しとなります(4-3-1 参照)。

　本文を咀嚼したあと，post-reading activities は本文に少し手を加えてできるような負荷の低いものから始めるとよいでしょう。教科書には，内容の一部を表わす挿絵，写真，表，グラフなどが豊富に掲載されています。これらを活用してさまざまな言語活動をおこなうことができます。説明文であれば，写真のキャプションを考える，プレゼンテーションを想定して表やグラフの説明をするなどの活動ができます。物語であれば描かれた人物に吹き出しをつけて，その人物になりきってせりふを考えます。学習者は想像力を働かせる一方，反復音読で身につけた表現を利用するため，主体的な活動をしながら言語知識の定着を図ることができます。

　本文を利用した活動として，説明文をインタビューに，物語を寸劇に仕立て直し，スピーキング活動につなげる方法もあります。たとえば，日本在住の外国人が書いた異文化コミュニケーションに関する説明文を，その外国人へのインタビュー番組に書き換えます。インタビューアーの質問をつくるには要点の的確な把握が必要ですし，全体のやりとりは自然な談話の流れに従って書くことが求められます。できたものをペアで発表すれば，スピーキングとリスニングの領域にもかかわります。物語のシナリオ化は本文中の引用部分を利用しますが，余力があれば内容に沿うセリフを付け加えさせてもよいでしょう。

　少し負荷を上げたものとして，手紙の返事を書く，感想文を書く，ある問題について賛成派・反対派に分かれて議論する，などの活動があります。たとえば外国の行事を紹介するメールを読んだら，それを参考にして日本の行事を紹介する返事を書くことができます。若者のファッションに関する文章を読んだあと，制服の是非を議論してもよいでしょう。これらは post-reading activities としての位置づけであるかぎり，プロダクションに正確さを求めるよりは意図が伝わることを第一義に考えます。意図の伝達に支障がなければ文法や語

彙選択の誤りは指摘せず，情報の質と量によって発言を評価します。そうした指導者の姿勢が，コミュニケーションへの積極的な態度の育成を助長します。

(4) Post-reading Activities：学習者向け教材から真正性のある読み物へ

　検定教科書は入念につくられていますが，難点として第1にインプット量が少なく，第2に簡略化されているために文や談話の流れが時に不自然なことがあげられます。これらを補う意味で，教科書を出発点として，本物の英語により多くふれるリーディング活動へと発展させたいものです。これはインターネットの普及により，簡単に実現できるようになりました。たとえば，アンネ・フランク一家をかくまったミープ・ギースの話が高等学校の検定教科書に採用されていますが，この課を学習したあと，ミープ・ギースのインタビューをインターネットで読み，理解を深めることができます。学習者向けではない真正の英語(authentic English)ですが，教科書で得た知識をスキーマとして利用できるので理解は可能です。読む分量が多いときは，グループで分担しあって読むjigsaw reading をおこなうのも一案です。ミープ・ギースのインタビューは，フランク家の潜伏，ゲシュタポによる逮捕，父オットーの戦後の生涯などのセクションに分かれているので，数人のグループをつくって各セクションを一人が担当します。担当箇所を読んで要約し，グループで発表しあえば，情報差(information gap)を埋めるという本物のコミュニケーションの場を教室内に創出することができます。

　題材の背景知識もインターネットで調べられます。自然科学の話題では，子ども向けに書かれた動物園や植物園の公式サイトに利用価値の高いものがあります。写真が豊富で英語もわかりやすく，なかには動物の鳴き声が聞けるものもあり，読む意欲をかきたてます。これも jigsaw reading にして，担当箇所について多肢選択クイズを作成させ，動物クイズをしてもよいでしょう。人に伝えるという目的意識をもって読むので，正確に読もうとする動機を高めることができます。

インターネット利用で注意すべき点は，第1に情報源の信頼性を確認することです。第2に分量の多さに圧倒されないよう，読む範囲を指定したり，jigsaw reading の形態をとるなどの配慮が必要です。第3に漫然と読むことのないよう，事前に内容に関する設問をワークシートで与えるなど，目的を明確化することです。

慎重に選べば，真正性のある教材を母語話者向けの本に求めることも可能です。国際理解の精神を養うため，異文化理解や国際協調に関する題材がどの教科書にも採用されていますが，関連した読み物を選んで質量ともに充実させ，この複雑な問題を深く考えさせることができます。たとえば，Lensey Namioka, Yoshiko Uchida などアジア系アメリカ人作家による児童文学作品のなかには，異文化理解について考えさせる優れた作品があり，文化的スキーマのハードルも低いので高校レベルで読むことができます。時間と予算が許せばペーパーバックを1冊与え，このテーマに取り組ませるとよいでしょう。読書の楽しみと洋書読破の達成感を味わわせる活動の1つとして，ブックカバーの作成があります。自分でデザインを考え，サマリーと書評を書き，完成したカバーをラミネートして本にかけると，思い入れも増します。作品展を開けば，読書への関心を高める助けになるでしょう。

4-3-3. 目的に応じた読み方
(1) 読みの速さ

教科書を使った指導では，内容を正確に読み取る精読(intensive reading)をしますが，限られた時間内に必要な情報を読み取る速読も実生活で重要なスキルです。外部試験でも重視されており，2006年から実施された TOEFL のインターネット版は，画面をスクロールしながら問題文を読み，解答が終わると戻って読み直せない仕組みになっています。中高生を主な対象とした GTEC for Students(年間受験者数約28万人，2005年)の読解問題も，パッセージごとに制限時間を設けており，速読力を **wpm**(word per minute)で測定します。
➡p.266

wpm は，読んだ総語数を読解にかかった時間で割ったもので，教育を受けた英語母語話者の平均は 300wpm ですが，日本人学習者の目標としては高校生で 150wpm，大学生で 200wpm あたりが妥当とされています(高梨，卯城，2000)。

　読みの速度を上げる指導法は，まず 100％理解できなくてよいという姿勢，つまり曖昧さへの耐性(tolerance for ambiguity)が必要だと理解させることです。未知語に出会っても辞書を引かず，文脈から意味を類推し，たとえ類推できなくても読み進むよう指導します。精読とは異なるモードへの切り替えに抵抗を感じる学習者が多いので，最初のうちはスピードが落ちたり止まったりすることを防ぐために，一定の速さで朗読された CD を聞かせながら文字を追わせるのも 1 つの方法です。また，言語処理にかける時間が少なくなる分をトップダウン処理でカバーすることになるので，pre-reading activities でおこなうようなスキーマの活性化がいっそう重要になります。

　速く読む目的には，ポスターやレストランのメニューなど特定の情報だけを読むスキャニング(scanning)や，雑誌の記事などを速く読んで概要を理解するスキミング(skimming)があります。それぞれについて見ていきましょう。

(2)　スキャニング(scanning)

　精読しか経験したことがないと，全部読まなくてよいという読み方は意外にむずかしいのですが，スキャニングは重要なスキルです。中高生が利用する主な外部試験に英検(中高生の年間受験者数約 175 万人，2012 年)と GTEC for Students がありますが，どちらもイベントやボランティア募集のポスターなどのスキャニングを出題しています。

　スキャニングの具体的な指導例として，本物のポスターやお知らせの利用があります。日本の博物館や美術館のウェブサイトにも英語版がありますから，特別展の案内を見て，開催期間，開催場所，入場料などを探させます。複数の案内を見て，「どの催しに行きたいか，なぜか」を制限時間内に答えさせるのも，現実場面に即した言語活動です。これらをとおして，情報の重要度に応じ

て活字の大きさが異なることや，特定の内容が通例示される位置などを学んでいきます。

　別の例として，紅茶やシリアルなど食品のパッケージを利用し，値段，栄養に関する情報，製品の特徴などを読み取らせる活動があります。慣れてきたら，たとえば「塩分を制限する人にこのスープを勧めますか？」という間接的な質問をして，どんな情報が必要だから，どのあたりを見ればよい，という判断もさせるとよいでしょう。

(3)　スキミング（skimming）

　時間を制限して概要をつかむスキミングは，新聞や雑誌の記事などを利用し，次の点に注意して指導します。

1. 読む前に，見出しやリード部分にあるキーワードから全体の内容を予測する。
2. 主題文に注目し，支持文はさっと読む。
3. 談話標識を手がかりにして文章の構成を意識し，重要な情報が含まれている部分を特定する。

　具体的な指導として，各パラグラフとそのサブタイトルを切り離して提示してマッチングさせる方法があります。130カ国で利用されているケンブリッジ英検には，この形式で出題される読解問題があります。また，学習者の興味や関心に合うインタビュー記事を選び，質問と答を切り離して与え，再構成させてもよいでしょう。話し手の意図をすばやく読み取る練習になります。これらの言語活動は制限時間を設けておこないます。

　スキミングでは辞書を使いませんから，未知語の意味の類推も練習するとよいでしょう。推測した意味だけでなく，そのように推測した理由も述べさせます。語義から多少ずれていても内容理解に支障がない意味を考えることを重視します。上位語への置き換え，たとえば pneumonia や arthritis は disease に，finch や jay は bird に置き換えることも，曖昧さへの耐性を養うのに役立ちます。

4-3-4. 多　読

　2009年版高等学校学習指導要領に基づく英語Ⅰと英語Ⅱの教科書の分量を全部合わせてもペーパーバック約60ページ分（『現代英語教育』1996）というデータが示すように教科書だけに頼っていては**理解可能なインプット**（comprehensible input）[→p.266]を豊富に与えることはできません。教室でおこなう精読と、教室外で平易な読み物をできるだけ多く読む多読（extensive reading）を補完的におこなうことによって読解力が伸びていきます（Susser & Robb, 1990）。多読で重要なのは、辞書を引かなくても読めるレベルで興味のある本を学習者自身に選ばせ、楽しんで読ませることです。語彙数をコントロールした graded readers を図書館に備えることが前提となります。授業の10分から15分程度を多読に充て、好きな本を黙読させることを数回繰り返すと、その後は課外学習としておこなうことができます。楽しく読むことが目的なので要約や感想文を書かせないという立場もありますが、4技能の統合的な活動がおこなわれるように、生徒の実態に応じて読んだ内容を報告する言語活動をおこなってもよいでしょう。読んだ語数を走った距離になぞらえた「リーディング・マラソン」（薬袋、1993）は、400語を1kmに見立て一定期間内に42.195kmの完走を目標とする実践です。5～6行程度の要約を書かせ、効果をあげたことが報告されています。

4-4. 評　価

　指導目標の達成度の評価は、テストによるものと、数項目リストした到達目標を教師あるいは生徒自身が評価する方法があります。まずリーディング・テスト作成の留意点ですが、リーディング能力のどのような側面を測定するのか明確にしなければなりません。概要把握、論理的展開の理解、詳細情報の読み取りなど、目的に応じた問題を作成します。原則として1つの問題は、1つの目的のために作成します。1つのパッセージを使って、単語の意味や文法知識を問うたり和訳をさせたりするいわゆる総合問題は、リーディング・テストではありません。概要把握力を測定したければ多肢選択でサマリーを選ばせる、

論理展開の理解度を測定したければ談話標識の穴埋め問題をおこなうなど，目的に応じた形式を選びます。

　リーディング・テスト作成がリーディング指導と異なる点は，ほかの技能領域と統合させないことです。たとえば読んだ内容の要約を英語で書くことは，読んで書くという2つの技能を統合した望ましい指導ですが，リーディング・テストとしては望ましくありません。書かれた要約が不十分である場合，読解力不足が原因なのか，それとも読解はできたけれども書く能力の不足が原因なのか，判断できないためです。指導方法と評価方法のちがいを心得ておかねばなりません。

　評価は，テストによるものだけではありません。到達目標を数項目にわたりリストにして，教師は授業実践を，生徒は学習達成度を3～5段階程度で評価する振り返りの時間を定期的にもつとよいでしょう。たとえば，主題文と支持文を見つける，談話標識によって文章の論理構成を把握する，未知語の意味を類推するなどの指導（学習）項目について，教師は授業実践を振り返り次の指導計画のための資料にします。生徒自身も学習を自己評価することによって，目標を明確に意識し，学習の自律性を高めることができます。リーディングに限りませんが，評価を指導の一部ととらえ，テストによる評価，振り返りによる評価を指導に生かしていく姿勢が求められます。

おわりに

　従来，読解過程は語彙の意味理解や構文の把握という言語処理としてとらえられていました。しかし心理言語学的視点から，読解は読み手が自らの先行知識を活用し，書き手の意向を推測しながら意味を構築していく過程であるという考え方に変わっています。これを，文法訳読の指導法から脱却し新たな指導法を考える理論的基盤として，情報化社会に対応できるリーディング能力を養成したいものです。

【高田　智子】

[学習課題]
1. 教科書から1課を選び，内容に関して学習者がすでに持っている知識を活性化させることを目的として pre-reading activities を作成しなさい。
2. スキャニングやスキミングの指導にインターネットをどのように利用できるか，具体的な指導例を作成しなさい。
3. 外部テストの読解問題を取り上げ，リーディング能力のどのような側面を測定するテストか考えなさい。

[参考文献]
Carrel,P.L. Three components of background knowledge in reading comprehension. *Language Learning 33*, 183-207. 1983.
Carrel,P.L. & Eisterhold,J.C. Schema theory and ESL reading pedagogy. *TESOL Quarterly 17* (4), 553-573. 1983.
Susser,B. & Robb, T.N. EFL extensive reading instruction: Research and procedure. *JALT Journal, 12* (2), 161-185. 1990.
高梨庸雄・卯城祐司『英語リーディング事典』研究社，2000年
門田修平・野呂忠司『英語リーディングの認知メカニズム』くろしお出版，2001年
國弘正雄『英語の話し方』サイマル出版会，1970年
小池生夫『企業が求める英語力調査報告書』平成16年度～平成19年度科学研究費補助金（基盤研究（A））研究課題番号16202010（研究代表者　小池生夫），2008年
土屋澄男『音読指導』研究社，2004年
投野由紀夫「中国・韓国・台湾・日本の英語教科書の特徴分析：CEFR準拠コーパスを使った比較」『平成16年度～平成19年度科学研究費補助金（基盤研究（A））研究課題番号16202010（研究代表者　小池生夫）研究成果報告書』，2008年
薬袋洋子『リーディングの指導』研究社，1993年
望月正道・相澤一美・投野由紀夫『英語語彙指導マニュアル』大修館書店，2003年
「英語教育なんでも探偵団②」『現代英語教育』33 (2)，1996年

5　書くことの指導

> **キーワード**
> コミュニケーション＊自己表現＊創造性＊スモール・ステップ＊4技能

　一般的に，書くことの指導という言葉からは，英作文それも和文英訳をイメージされる人が多いのではないでしょうか。その理由は，入学試験，とくに大学の入学試験問題で，過去に和文英訳の出題傾向が高かったという印象によるのかもしれません。

　英語を書くという場合，英語の文章を書く，つまり英作文が重要な位置を占めることは確かであるかもしれません。なぜならば，自らの意志を相手に伝えるためには，正しい英語で言いたいことを文章化できることが求められるため，英作文のトレーニングが必要不可欠になってくると考えられるからです。

　しかし，書くことの指導は，和文英訳に代表される英作文に限定されるわけではないことも確かです。英作文のなかでもとりわけ自由英作文は，書くことの指導の頂点に位置しています。そして，その裾野に広がる書くことにかかわる活動，言い換えれば自由英作文に至るプロセスで必要とされる活動がいくつもあることを，忘れてはならないでしょう。ごく簡単な例をあげれば，中学校1年生で学習するアルファベットは，英作文に至るプロセスの最初に位置づけられる書く活動になるでしょう。なぜならば，アルファベットが書けなければ，英作文はできるはずがないからです。

　書くことは，話すことと同様に，一般的に発信型の技能に分類されています。次の図を見てください。これは，4技能（聞く・話す・読む・書く）を2つの側面から分類した図です。

4技能の分類

	音声による技能 (oral/aural skills)	文字による技能 (literacy skills)
発信型の技能 (productive skills)	話す (speaking)	書く (writing)
受信型の技能 (receptive skills)	聞く (listening)	読む (reading)

　聞く・読む技能を受信型とし，話す・聞く技能を発信型として二項対立させる考え方では，上記の図のように，書くことは発信型になるかもしれません。しかし，書くことの指導を，単純に発信型とだけとらえてよいかどうかを考え直してほしいと思います。1つの例をあげ，考えてみましょう。英語を聞き，その聞き取った文章を書き取るディクテーション（dictation）と呼ばれる活動は，受信型の活動に分類されるのでしょうか，それとも発信型に分類される活動なのでしょうか。聞くことは受信型だけれども，書くことも含まれているから発信型…。きっと，答えに困ってしまうのではないでしょうか。確かなことは，ディクテーションも，書く活動の1つであるということです。ただ，この場合，自由英作文のように，必ずしも発信型ではないととらえることができるでしょう。なぜならば，ディクテーションは，あらかじめ決められた内容の文章を聞き，それを書き取ることが求められているのであって，自由英作文のように創造的に自らの考えや思いをつづることとは，異なっているからです。

　したがって，本章では，書くことの指導を広くとらえ，書くことの頂点に位置する自由英作文に至るプロセスにおいて必要とされる活動を含め，書くこと以外の技能と連関した活動もふまえつつ，説明することにします。

5-1.『学習指導要領』における書くことの指導の扱い

　はじめに，学習指導要領において，書くことの指導がどのように記されているかについて見ておきましょう。なぜならば，指導のための規準となる手引書が，学習指導要領だからです。

英語を書くことに関しては，ほとんどの人が中学校・高等学校用の学習指導要領を紐解かれると思います。しかし，英語で書くことの指導の萌芽は，実は小学校3年生にあるのです。2011年度より施行の2008年版小学校学習指導要領では（以下，とくに断り書きがない場合，小学校・中学校では2008年度版を，高等学校では2009年版学習指導要領をさすことにします），3年生の国語に「日常使われている簡単な単語について，ローマ字で表記されたものを読み，また，ローマ字で書くこと」という記述が見られます。すなわち，小学校3年生で，アルファベットは書けることになるのが原則であることがおわかりいただけると思います。実は，2002年から施行された1998年版小学校学習指導要領では，4年生でローマ字を学習することになっていたのですが，2008年版小学校用学習指導要領では，それが1年前倒しされています。

　しかし現実には，ローマ字どころか，アルファベットさえ正しく書けない小学生がたくさんいます。したがって，中学校1年生の最初に，改めてアルファベットからスタートしているのが現実です。ただ，最近では，小学校に「外国語（英語）活動」が導入されていることもあり，構造改革特別区（いわゆる特区）などの一部の学校では，小学校段階ですでに英語のアルファベットを教えていることがあります。ですから，アルファベットを書くことに関する状況は非常に複雑で，小学校の早い段階でアルファベットを書くことができる子どももいれば，中学生になって書くことができるようになる子どももいるというように，幅が広がっているのが実情のようです。そのような意味において，中学校の英語の先生方は，苦労が多いともいえるでしょう。

　では，小学校学習指導要領の第4章「外国語活動」では，書くことの指導はどのように考えられているのでしょうか。「目標」には，「外国語の音声」という言葉が用いられており，小学校では「聞くこと・話すこと」を中心とした指導が求められていることがわかります。したがって，小学校学習指導要領「外国語活動」の「第3　指導計画の作成と内容の取扱い」のなかの「2(1)イ」には，次のような文言が記されています。

イ　外国語でのコミュニケーションを体験させる際には，音声面を中心とし，アルファベットなどの文字や単語の取扱いについては，児童の学習負担に配慮しつつ，音声によるコミュニケーションを補助するものとして用いること。

　上記は，基本的に文字を教えることを避けることを求めていると解釈することが妥当でしょう。したがって，上記の内容は，小学校3年生でローマ字を習うこととの齟齬が見いだされる結果になっていることにも気がつくことでしょう。ただ，ここには一定の考え方があることも確かです。すなわち，小学校段階から過度に文字を使用したり，文字に偏った指導をおこなうと，音声に対して敏感な時期の子どもたちから，せっかくの音声主体の英語学習の機会を奪うことにつながるという考え方です。ですから，小学校の「外国語（英語）活動」における書くことの指導は，子どもたちの内発的動機づけがある場合，言い換えれば，子どもたち自身から書くことへの興味関心が出てきたときにのみおこなうことが原則であると考えたほうがよいでしょう。

　では，中学校学習指導要領において，書くことの指導はどのように扱われているのでしょうか。「第1　目標」には，「聞くこと，話すこと，読むこと，書くことなどのコミュニケーション能力の基礎を養う」という文言が見られます。つまり，中学校段階の英語教育をとおして，コミュニケーション能力の基礎としての書く能力の育成が求められていることが理解されます。したがって，「第2　1　目標(4)」には，「英語で書くことに慣れ親しみ，初歩的な英語を用いて自分の考えなどを書くことができるようにする」と記されています。この記述のなかでとくに注意を払っていただきたい部分は，「自分の考えなどを書く」というところです。「自分の考えなどを書く」ということは，与えられた日本語を英語にするという作業ではなく，本章の冒頭で述べました自由英作文に該当する内容であることがわかると思います。書くことに関する中学校の英語教育の最終的な目標は，自由英作文という活動をとおして，自らの考えや意

5 書くことの指導

見を述べることができるようになることを念頭におき，1年生から3年生までの書くことの指導を体系的に工夫することが求められているのです。

中学校学習指導要領では，「第2　2　内容　(1) 言語活動　エ」において，より具体的に，書くことの指導にかかわる5項目の内容を示しています。

(ア)　文字や符号を識別し，語と語の区切りなどに注意をして正しく書くこと。

(イ)　語と語のつながりなどに注意して正しく文を書くこと。

(ウ)　聞いたり読んだりしたことについてメモをとったり，感想，賛否やその理由を書いたりなどすること。

(エ)　身近な場面における出来事や体験したことなどについて，自分の考えや気持ちなどを書くこと。

(オ)　自分の考えや気持ちなどが読み手に正しく伝わるように，文と文のつながりなどに注意して書くこと。

上記は，学習者が身につけるべき書くことに関する基礎的な能力を，段階的に記していることが見いだされます。ですから先に述べましたように，各学年の指導内容を十分に考えることが求められるのです。

また，書くことの指導にかかわる事項は，中学校学習指導要領のなかでは，次の部分においても言及されています。

第2　2　内容
　　(3) 言語材料
　　　　イ　文字及び符合
　　　　　　(ア)　アルファベットの活字体の大文字及び小文字
　　　　　　(イ)　終止符，疑問符，コンマ，引用符，感嘆符など基本的な符号
　　(4) 言語材料の取扱い
　　　　ア　発音と綴りとを関連付けて指導すること
　3　指導計画の作成と内容の取扱い

(1)エ　文字指導に当たっては，生徒の学習負担に配慮し筆記体を指導することもできること。

　上記ではとくに，アルファベットはブロック体を教えるだけでもよいということを記憶にとどめていただきたいと思います。公立中学校のなかには，授業時間数の制約などから，筆記体まで指導できない場合も多々ありますので，少なくともブロック体はすべての生徒が確実に習得していることが求められています。

　書くことの指導に関する留意点は，基本的にそれが中学校で初めておこなわれることであり，小学校の「外国語活動」ではおこなわれていないという前提に立った指導が必要になるということでしょう。

　つぎに高等学校ですが，2009年版高等学校学習指導要領は，1998年版高等学校学習指導要領の内容を大きく変更しています。高等学校学習指導要領全体にかかわる変更点やポイントは，本書の第8章「高等学校英語教育の展開」において詳しく述べられていますので，そちらをお読みください。ここでは，書くことにかかわる事項にしぼって内容を見ていきます。

　まず,「コミュニケーション英語基礎」の「目標」には，中学校学習指導要領の「目標」とほぼ同様の文言で,「聞くこと，話すこと，読むこと，書くことなどの基礎的な能力を養う」と記されています。つまり，中学校で学習したことがらの整理や定着を図ることが求められていることから，基本的には中学校の学習内容を確認することがねらいになります。

　「コミュニケーション英語Ⅰ」では,「内容」の部分に「エ　聞いたり読んだりしたことこと，学んだことや経験したことに基づき，情報や考えなどについて，簡潔に書く」と記されています。したがって，書くことを切り離して独立的に扱うのではなく，ほかの3技能とのかかわりを考慮に入れながら扱うことが求められていることに注意する必要があるでしょう。

　「コミュニケーション英語Ⅱ」では,「内容」の部分に「エ　聞いたり読んだ

りしたこと，学んだことや経験したことに基づき，情報や考えなどについて，まとまりのある文章を書く」と記されています。これは，「コミュニケーション英語Ⅰ」の学習をふまえておこなわれる学習であるため，より長い文章を書くことができるように求められていることを意味しています。したがって，指導に配慮することが求められる事項として，高等学校学習指導要領では，「2 内容 (2)」において，次のように述べられています。

> イ 論点や根拠などを明確にするとともに，文章の構成や図表との関連などを考えながら読んだり書いたりすること。
> エ 説明や描写の表現を工夫して相手に効果的に伝わるように話したり書いたりすること。

ここでも，ほかの技能との関連を意識した授業が求められていることがわかります。冒頭の図における分類の観点から考えると，上記のイとエに見られる記述はそれぞれ，「文字による技能」(読む・書く)と「発信型の技能」(話す・書く)と関連しており，図の横の関係だけではなく，縦の関係も同時に注目することが必要であると理解されます。

「英語表現Ⅰ」では，「2 内容 (1) イ」において「読み手や目的に応じて，簡潔に書く」，「2 内容 (2) イ」では「内容の要点を示す語句や文，つながりを示す語句などに注意しながら書くこと」と記されています。つまり，論理的に展開された文章を，対象に合わせて書くことができるようになることが求められているのです。

「英語表現Ⅱ」では，「2 内容 (1) イ」において「主題を決め，様々な種類の文章を書く」，「2 内容 (2) イ」では「論点や根拠などを明確にするとともに，文章の構成や図表との関連，表現の工夫などを考えながら書くこと」と記されています。「英語表現Ⅰ」の学習を基礎として，より高度な書くことにかかわる技能の習得が求められています。

「英語表現Ⅰ」「英語表現Ⅱ」いずれもが，授業科目の名称に「表現」という

言葉を用いていることからわかるように，書くことと密接に結びついた授業なのです。

5-2. 書くことの指導内容

5-2-1. 書　写

(1) アルファベット

　書くことの指導内容にかかわる最も基本的な活動は，書き写すことであるといえます。すでに述べたように，アルファベットを書き写すことが，最初の書く活動であるといえます。アルファベットの大文字・小文字がブロック体で正しく書けるようになることが，学習目標になります。紛らわしい文字，たとえばｂとｄやｐとｑなどの指導には注意が必要です。ブロック体で正しく書けるようになったら，筆記体を指導してもよいでしょう。筆記体の場合は，筆順が問題になってきますので，この点にも注意を払う必要があるでしょう（ブロック体では，筆順に関する決まりはないので，筆順を意識する必要はありません）。適宜，副教材として，ペンマンシップ（penmanship）などを授業中や家庭学習で使用することも視野に入れるとよいでしょう。

　また，英語を書く場合には，基本的な約束事があり，それらをマスターしていなければなりません。本項で述べた，(1) アルファベットの書写，以下で述べる(2) 単語の書写，(3) 文の書写をとおして次に示す約束事を指導すること，も大切です。

英語を書く場合の約束事

1. ノートの左から右に書き進める。
2. アルファベットを用いる。ただし，単語の場合，アルファベットの文字と音は，一対一に対応しているとは限らない。
3. 単語は，アルファベットの小文字を並べて書くことが基本である。ただし，固有名詞は，原則的に最初の文字を大文字で書く。
4. 文を書く場合には，文の最初の文字は大文字で書く。また，単語と単語

の間には，スペースを取る。
5．文の終わりには，ピリオド(.)つけるのが基本原則である。ただし，疑問文の場合にはクエスチョンマーク(?)を，感嘆文の場合にはエクスクラメーションマーク(!)を，文の終わりにつける。また，文の途中の区切りには，カンマ(,)をつける。
6．音の強勢やイントネーションは，書く場合には表記しない。

　上記の内容は，5-1で取り上げた中学校学習指導要領で述べられている内容とも通じていることに，気がつかれると思います。

(2) 単　語

　単語の書写は，つづりを覚えるためにも有効であり，またアルファベットが正しく書けることが前提となるため，アルファベットがマスターされたかどうかを確認するうえでも，有効であるといえます。ただ，前述の約束事2．に示したように，単語の発音(英語音)は，基本的につづりとの関係が稀薄である場合が多いことに注意する必要性があります。たとえば，[i:]という音を表すつづりは，he, field, feet, heat, receiveなどたくさんあります。とくに，ローマ字の読み方を知っている学習者の場合，いわゆるローマ字読みをおこなったり，ローマ字つづりをおこなったりすることがあります。ですから，英語とローマ字とが異なることを十分に指導することが必要になります。この点は，書く指導だけをとおしておこなえることではありませんので，ほかの技能の指導のなかでもあわせておこなうことが求められます。

(3) 文

　文の書写は，自由に英語で表現するための基礎として，重要な前段階であるといえます。文を書き写すことにより，前述の約束事3．～5．で示した事項を習得することになります。ただ，文の書写に関しても，書くことの活動として独立的に扱うことはむずかしいと考えられます。なぜならば，文を書き写す過

程で，音声的な処理がかかわってくるからです。すなわち書写の過程では，無意識に個々の単語を読みながら書き進めているのであり，単語の発音やイントネーションなどの音声面の指導は，書写と切り離せないことがらになるのです。したがって，約束事6．で示した事項をふまえつつ，あわせて音声面の指導もおこなうことが求められます。

5-2-2. 書き取り

　書くことの指導内容にかかわる第2段階は，ディクテーションです。この活動も，書くことの指導だけに限定された活動ではありません。とりわけ，英語を聞き取る能力を育てるために用いられる活動でもあります。ディクテーションで文を書き取ることができるようになるためには，約束事で示した6項目がマスターされている必要があることに加え，以下にあげる5項目の事項が身についていなければなりません。

1．英語音を正しく聞き取ることができること
2．単語を正しくつづることができること
3．文の構造を正しく把握できること
4．文が表す意味を理解できること
5．はっきり聞き取れなかった箇所を，ある程度文脈から類推できること

　したがって，入門期にディクテーションをおこなう場合，たとえば単語の書き取りや短い文中の空所を埋める程度の内容から始め，徐々に文中の空所を増やし，最終的に一文をすべて書き取ることができるようにするという段階をふむことが必要になるでしょう。また，聞き取る文も，1つあるいは数個程度の文にとどめ，学習者の能力に配慮しながら，段階的に文の数を増やして行く必要性があるでしょう。

　ディクテーションの方法は，通常教師が3回文(章)を読みます。1回目は，文(章)全体を自然な速さ(natural speed)の英語で読み，学習者には全体の内容を把握することを求めます。2回目は，読む速さをやや遅くし，文中の意味の

まとまりごとに区切って読み，区切ったあとには必ずポーズを取り，学習者が書き取る時間を確保します。3回目は，再び文(章)全体を自然な速さで読み，聞き落とした箇所を埋める，あるいは全体の文(章)を確認する，さらには書き誤った箇所を訂正するなどを学習者に求めます。読む回数や読む速さは，やはり学習者の学習段階や能力に応じて調整することが求められます。

　書くことに限らず，学習者の英語力を総合的にとらえるために，ディクテーションは便利な方法であることが，上記1．～5．でおわかりいただけると思います。しかも，学習段階に応じて読み上げる文(章)の難易度を容易に変えることができますし，外国人英語指導助手(Assistant Language Teacher/ALT)とのティーム・ティーチング(team-teaching)でも利用できます。したがって，中学校・高等学校を問わず，どの学年でも利用できる方法として，ぜひ活用してほしいと思います。

5-2-3. 文(章)の完成

(1) ドリル

　書くことの指導内容にかかわる第3段階は，ドリル(drill)的な方法を用いて，文(章)を完成させる活動です。口頭練習で頻繁に用いられるパタン・プラクティス(pattern practice)は，書くことの指導でも利用することができます。以下に，2つの例を示しましょう。

　1つ目は，転換練習(substitution drill)に基づく活動です。キー・センテンス(基本文)として，I like *playing baseball.* を教師が与え，イタリック体の部分を，教師が与えるキュー(cue)に基づき，学習者は書き換えます。キー・センテンスはあらかじめ教師が板書しておき，キューは日本語で与えます。たとえば，次のようになるでしょう。

　　Teacher: テニスをすることが...
　　Students: I like playing tennis.

Teacher: 音楽を聞くことが...
Students: I like listening to music.
Teacher: 海で泳ぐことが...
Students: I like swimming in the sea.

このようなやり取りの最後に，教師はキューを与える代わりに，「自分がすることが好きなことを入れてみましょう」と指示を出せば，教師にコントロールされるだけの学習を一歩越え，学習者の自主性を尊重した活動を生み出すことができ，本章5-1.で取り上げた中学校学習指導要領の内容と結びついた活動にもつながります。

2つ目は，展開練習(expansion drill)に基づく活動です。基本的には転換練習と同様のやり方を採りますが，つくり出す文が，より複雑になります。

Yesterday my father bought a car. をキー・センテンスとして，見てみましょう。

Teacher: 新しい...
Students: Yesterday my father bought a new car.
Teacher: 赤い色の...
Students: Yesterday my father bought a new red car.
Teacher: アメリカ製の...
Students: Yesterday my father bought a new red car made in U.S.A.

(2) 整序

与えられた単語を並べ換え，文(章)を完成させる活動です。この活動は，単に一文を完成させる活動として位置づけるよりも，完成した一文ずつを積み重ねることにより，あるまとまった内容を表す文章を完成させる活動として利用することが望ましいといえます。なぜならば，機械的な語順定着練習として

の活動ではなく，まとまりをもった内容(意味)の文章をつくるための基礎を与えることができるからです。例を見てみましょう。

live/a/of/water/we/in/world//
in/but/the/oceans/almost/of/it/all/is//
drinking/water/salty/farming/to/and/too/manufacturing/this/is/be/for/used//
fresh/water/three/world's/percent/only/the/of/is//
in/most/easily/because/icecaps/locked/available/this/people/to/is/glaciers/of/water/not/is/and/it//

完成される文章は，"We live in a world of water. But almost all of it is in the oceans. This water is too salty to be used for drinking, farming, and manufacturing. Only three percent of the world's water is fresh. Most of this water is not easily available to people because it is locked in glaciers and icecaps."となり，全体としてひとまとまりの内容を表している文章ができ上がることになります。

(3) 英問英答

口頭練習でもおこなわれる活動ですが，書くことの指導においても利用することができます。たとえば，一般的な活動である教科書本文の内容理解度を確認するための英問英答に限定するのではなく，学習者の生活・経験・考え方などについての英問英答をおこなうこともできます。以下に，話す・聞く活動と結びついた，学習者中心の書く活動例を示します。

Teacher: Riz, what's your hobby?
Riz: My hobby is listening to music.

Teacher: What kind of music do you like?
Riz: I like classical music and jazz.
Teacher: When do you listen to music?
Riz: I usually listen to it on Saturday and Sunday.
Teacher: Have you been to a concert recently?
Riz: Yes, I went to the classical music concert last week.
Teacher: Who did you go with?
Riz: I went with my friend.
Teacher: Did you enjoy it?
Riz: Yes, I/we did. The concert was very good.

　上記のような英問英答を，クラス全員の前で口頭でおこなったあと，二人のやり取りの内容(要約)を，学習者各自が自分の英語で書くことを求めます。対話をやった本人(Riz)は，自分のことなので一人称(I)で，そのほかの学習者は三人称(she)で，文章を作成することになります。このような活動は，5-1. で取り上げた中学校学習指導要領では「第2　2内容(1)言語活動　エ」の(ウ)や(エ)と，高等学校学習指導要領では「コミュニケーション英語Ⅰ」「コミュニケーション英語Ⅱ」の「2内容(1)」のエや「英語表現Ⅰ」の「2　内容(1)」のイと主に結びつく活動です。学習者やテーマを変えれば，何回でもおこなえる活動であり，また教師と ALT との対話としても利用できるため，便利な活動であるといえるでしょう。

(4)　空所補充

　文の一部を学習者に示し，その続きの部分を学習者自身に完成させる，あるいは一文を示し，その続きを書くために必要な単語を提示し，学習者自らが続きの文を書くという活動です。以下に，2つの例を示しましょう。

1) When it begins to snow, I ＿＿＿＿＿＿＿＿＿＿＿＿＿＿＿＿.

下線部には，たとえば，"always remember going skiing in the Alps"，"usually feel disgusted"，"feel like making a snowman"など，さまざまな答えが学習者によって書かれることでしょう。

2) Tomorrow is Miyuki's birthday. (We)

この文に続く文としては，たとえば，"We're going to have a party for her."や"We will buy a birthday present for her."など，多様な答えが導き出されるでしょう。

以上のような活動は，書くことの指導の最終段階である，学習者が創造的に文(章)をつくる活動への橋渡しの活動であるといえます。

5-2-4. 創造的に文をつくる

(1) 和文英訳

書くことの指導の最終段階は，学習者自身がすべて自分の英語で，言いたいことを表現する活動です。

最初のステップは，和文英訳です。和文英訳といっても，単に日本語を逐語訳し英語に直すという活動ではなく，日本語が表す内容を英語に直すという活動です。学習者が日本語の意味していることがらを理解し，その内容を英語で表すという活動であり，日本語の一字一句に拘泥することなく，全体として日本語の内容が英語で表されていればよいと判断します。日本語の意味内容を英語に直すという意味で，逐語訳の和文英訳とは異なり，創造的な言語活動に位置づけることができます。

(2) 制限つき作文

絵や写真，実物，あるいは台詞を抜いた4コママンガなどを示し，それらが

表している内容を，英語で自由に表現させる活動です。たとえば，OHP などで街の地図を示し，ある地点からもう1つの地点へ行く道順を英語で説明する文章を作成する活動などが考えられます。このような作文は，テーマが定まっている(学習者に与えられている)という意味から，「制限つき」と呼んでいますが，内容的には学習者の英語力を総合的に使って文章を作成する活動ですので，創造的な言語活動であるととらえることができます。

(3) 自由英作文

書くことの指導のなかで，完成段階に位置づけられる活動です。書くテーマやトピックをあらかじめ示したうえで自由に表現させる方法もありますし，学習者が自分で好きなテーマやトピックを定めて書くこともできます。

たとえば，前者の場合，賛否が別れている内容(夫婦別姓や死刑制度など)を含んだ文章を学習者に読ませ，その内容について自らの考え方や意見を書かせることや，"My best friend" や "My school" などのトピックを定め，学習者にその内容を自由に書かせること，あるいは「夏休み中の出来事を，イギリスにいる友人の Tom に手紙で書いてみよう」というテーマを示し，手紙を書かせるなど，さまざまな活動が考えられます。とくに最近では，インターネットを利用した Email によるやりとりが一般的になっていますので，海外の学校と提携を結びお互いの学校を紹介したり，あるテーマについて意見交換をおこなうことは容易にできます。このような方法でも，創造的に書くことの指導は可能であるといえます。

後者の場合，たとえば日記をつける活動が考えられます。ある1日の出来事について記すことでもよいでしょうし，あることがらに対する自分の意見や感想を記すことでもよいでしょう。自己表現の場として，積極的に利用することを働きかけたいものです。とくに，長期休暇中に，日記をつけることを課題として与えることは，1つの方法であるといえます。

以上からとらえられるように，創造的に文をつくる活動のなかでも，とくに

自由英作文は，5-1.で取り上げた中学校学習指導要領，高等学校学習指導要領の内容に合致する活動であり，自己を他者に伝える活動，言い換えればコミュニケーション活動の中心に位置するといえます。自由英作文に向け，ワンステップずつ階段を上る指導が求められるといえるでしょう。

5-3. 書くことの指導の評価

指導には，当然のことながら評価が伴います。書くことの指導の評価の基本は，やはり学習者が書いた文（章）を教師が添削するなどし，誤っている理由を学習者が十分に理解することにあるといえます。板書を利用するのであれば，学習者の解答をすぐに全員の前で修正することができるでしょう。しかし，ある程度まとまった長さの文章を書くことを求める場合には，学習者にノートなどを提出してもらい，それを読み，必要な箇所を赤で直し，できる限り速やかに返却することが必要になります。ただ，赤で直されて返却された作文は，往々にして点数だけが学習者の目に止まり，内容面にはほとんど目が向かないということが起こりがちです。したがって，赤で添削をした文章を一度返却し，学習者自身が修正したうえで再提出してもらうという方法を採ることが必要になるでしょう。また，学習者の文章のなかから優れた文章を選び出し，名前を伏せて印刷したものを学習者全員に配布し，どのような点で優れているのか，あるいは改善したほうがよい点はどこにあるのかを授業のなかで検討することも，評価を含んだ大切な活動であるといえます。

ただ，短い文（章）とは異なり，ある程度まとまった長さの文章を添削することは，教師にとってはかなりの負担となります。したがって，どの程度の長さの文章をいつごろ課題として出すかは，年間の授業計画のなかにしっかりと位置づけておくことが求められるでしょう。

また，まとまりのある文章を評価する場合，内容面に評価のウエートをおき，文法的な誤りはコミュニケーションに差し障りのない場合には過度に修正しない，という方法が望ましいといえるでしょう。なぜならば，まとまりのある文

章の場合，自己を他者に伝えることが主なねらいであるからです。さらに，1点刻みの点数評価はむずかしいですので，点数方式による評価ではなく，A, B, C に＋，－を加える評価が望ましいでしょう。

おわりに

書くことの指導は，学習者が表現したいことを自分の言葉で表現できることを目標に，段階を追って進めていく必要性があることが，理解できたことと思います。書くことの指導といっても，厳密に書くことだけを取り上げて指導するということは必ずしも現実的ではなく，ほかの技能にかかわる要素も併せて指導することがポイントになります。

中学校・高等学校いずれにおいても，1時間の授業のなかに，普段から書く活動をほかの技能とを併せて織り込み，書く能力の基礎を培いつつ，書く活動に焦点を絞った授業を時間の許す範囲で展開し，書く能力を一層伸ばし，自己表現をできるように導くことが，教師に求められているといえるでしょう。

【木塚 雅貴】

> 学習課題
> 1. 書くことの指導は，聞くこと・話すことの指導と，どのような関係にあるといえるでしょうか。
> 2. 書くことの指導における最終到達目標を自由英作文に設定した場合，和文英訳では，どのような指導をおこなったらよいと考えられますか。
> 3. 書くことの指導で添削が意味をもってくるのは，どのような指導方法を採った場合と考えられるでしょうか。

6 小学校英語教育の展開

キーワード
外国語活動＊英語教育のグローバル化＊小学校英語のリタラシー指導＊外国語教育における文脈の大切さ

　英語が国際的共通語(リングア・フランカ)としての地位を確立するにつれ，世界中で早期英語教育の必要性が認識されるようになってきました。非英語圏の国々では，小学校から英語を教科として教えはじめるところが増え，中学校段階から英語を導入する国のほうが圧倒的に少なくなっています。またシンガポール，フィリピン，マレーシアのように英語を授業言語として使用している国も多くあり，世界では人口の6分の1から3分の1の人々が英語で高度なコミュニケーションがとれるレベルにあるといわれています(望月，2001)。

　またイギリス，アメリカ，オーストラリアなどにおいても幼児・児童に対する英語教育は大きな関心事であり，その重要性が認識されています。その理由は，それぞれの国がかかえる移民問題と深くかかわっており，移住者への教育問題，とくに言語教育は国家的な緊急課題になっています。これらの国々では，英語教育，とくにリタラシー教育において，移民の子どもたちの力を向上させようと，ESL(English as a Second Language)の研究がさかんにおこなわれるようになりました。

　本章では，英語教育のグローバル化が進むなか，日本の小学生を対象とした英語教育がいかにあるべきかを考えたいと思います。

6-1. 小学校英語教育に関する理論と実践

　第二言語習得に関して，子どもは大人より早く言葉を覚え，使いはじめるといわれることがあります。海外経験をした人から「自分は話せるようにならなかったが，子どもは半年も経たないうちに現地の子どもと自然に会話をしながら一緒に遊んでいた」という話を聞く機会も多くあります。果たして子どもは本当に大人より第二言語を習得するのが早いのでしょうか。

6-1-1. 第二言語学習者としての子どもの特質

　子どもと大人の学習者では，認知的，身体的，および精神的発達に明らかなちがいがあります。さらに彼らはまったく異なる言語環境において第二言語を学習しています。この言語環境のちがいについて少し述べると，子どもの場合，第二言語を習得する過程で何も話さない時期があったとしても，言葉が解らないからだと許されますが，大人の場合はちがいます。大人の学習者は初めからなんらかのかたちで言語反応をするように期待されます。したがって，大人の学習者は言語習得に大切だといわれている「沈黙期（言語習得の初期に見られる，学習者が言葉を発しない時期）」を経験することができません。また，子どもに向けられる情報は here and now（今，ここ）についてのものに限られることが多いのに対し，大人への情報は there and then（あの時，あそこ），つまり時空を越えた情報も最初から入ってきます。大人の学習者のほうが厳しい言語学習環境にいるといえるでしょう。

　認知発達の観点から考えると，大人と子どもの認知構造は大きく異なります。
➡p.265
ピアジェの発達の段階説に従うと小学生は「前操作期（2歳〜7歳）」から「具体的操作期（7歳〜12歳）」に属しているのに対し，大人は「形式的操作期」にいます。外界と直感的に，また自己中心的にかかわっていた子どもは，徐々に論理的な発想ができるようになり，青年期以降は抽象的に物事を考えることができるようになります。第二言語習得に関していえば，言葉を直感的または全体

的にしか把握できなかった子どもが，メタ認知的，またメタ言語的な能力を発達させて，言語を分析的にとらえることができるようになります。このように認知発達の立場から見ると，大人の学習者がかなり有利です。

しかし自分が何をしているのかが理解できる年齢になると，同時に自分がどのように見られているのかを気にするようになり，第二言語習得においては affective filter（情意フィルター）→p.263 が高くなり，自分が十分に知らない言語を使うことに対し，不安を覚えるようになります。このように情意発達を含む，精神発達の観点からすると，言葉を遊び道具にし，まちがってもあまり気にしない子どものほうが第二言語習得には有利です。

最後に大人と子どもの身体的な発達の観点から，脳の発達について考えてみます。失語症患者の症例からレネバーグ（Lenneberg, 1967）は，2歳から思春期までを言語に関する臨界期とする仮説を出しました。臨界期とは「生物の発達期のうち，将来の特質が右か左に決定されようとしている時期」（藤永，2001, p.165）をさすといわれています。つまり，レネバーグの説によると，12, 13歳以降，第一言語を習得することは不可能になります。しかしこの説を証明することはできません。なぜなら12, 13歳まで言語にふれず人が生きるということは人道上許されるものではなく，一連の野生児の報告，もしくはジニーのように虐待を受けた被害者のケースに限られるからです。→p.264

第二言語習得においても年齢と言語習得との関連を探るさまざまな研究がおこなわれてきました。そのような研究をまとめて Lightbown & Spada（2013）は，第二言語習得の目的がネイティブに近い発音の獲得にあるのなら早期に始める必要があるが，そうでないのなら，早期に始める効果についてはまだ明らかにされていないという結論を出しています。失語症からの事例で導かれた臨界期仮説に従って，「第二言語習得，または外国語学習も思春期まで」と考えるのは妥当ではないでしょう。

第二言語習得における年齢の効果を考えるときには脳の発達だけではなく，それに伴う認知発達，心理的な発達，社会性の発達そして学習者を取り巻く環

境などすべての側面を考えなければ、正しい像は浮かび上がらないでしょう。外国語学習に関しては、とくに学習者がどのような環境で、どれだけの言語量に接しているのかが大変重要な要素になってきます。

6-1-2. 小学校における外国語学習の実践

　子どもを対象とした外国語学習に関する研究からは、単純に開始年齢が早ければ早いほどよいとはいいきれない研究報告があります。イギリスでは8歳から3年間フランス語を学んだ子どもたちと、11歳から3年間フランス語を学んだ子どもたちのフランス語能力を比較しました。その結果、オーラル面では8歳のグループ、リーディング、ライティングに関しては11歳からはじめたグループの結果がよく、両グループが16歳になった段階でもう一度テストをすると、両グループにほとんど差がなく、3年間余分にフランス語を学んでいたグループはわずかにリスニングの力が優れていただけで、早期外国語教育の効果は少ないといわざるを得ない結果が報告されました(垣田, 1983)。

　日本の子どもを対象とした研究としては、小学校から英語を学習していた(A)グループと中学から英語を学習し始めた(B)グループを比較したものがあります。結果は、中学校1年生段階では(A)グループの成績がよかったが、3年生では両グループに差は認められなくなり、高校2年で再び(A)グループの優位性が見つかったというものでした(樋口, 1987)。

　外国語学習に関していえば、学習の開始時期よりも、学習者がいかに適切な言語インプットを大量に摂取(exposure)できるのかということのほうが大切でしょう。もちろんその意味では、早く始めることで、より多くの摂取量を確保できるという利点はあります。いずれにしても、英語の教師が個々の子どもの学習開始時期について決定権をもつわけではないので、それを考えるよりも彼らが英語を楽しく学び続けてくれるため、授業でどのようにすれば質の高いインプットを多量に提供できるのかということを考えるほうが重要だと思います。

6-2. 公立小学校における外国語活動

日本で児童を対象とした英語教育は，私立小学校で英語専科の先生が教える英語教育，学校以外の民間の英会話教室または英語塾等で少人数のクラスでおこなわれている英語教育，そして公立小学校でおこなわれている英語活動と大きく3つに分けることができます。この節では，日本の就学児童の98％が公立小学校に通うという事実から，日本の小学生が最も影響を受ける英語（外国語）活動について考えてみたいと思います。

6-2-1. 外国語活動が導入されるまでの変遷

日本で初めて公立小学校に英語が導入されたのは1992年であり，大阪の2つの公立小学校で「英語学習を含む国際理解教育」を研究課題とした実験が始まりました。1996年までにはすべての都道府県で少なくとも1つの小学校が研究指定を受け英語活動の実験は続けられ，2002年度からは新設された「総合的な学習の時間」の枠内で国際理解教育の一環として，すべての公立小学校において英語活動をおこなうことが可能になりました。文部科学省がおこなった「小学校英語活動実施状況調査」によると2007年度には97.1％の公立小学校で英語活動が実施されました。しかし，英語活動を導入している小学校では実質年間時数，内容，指導法と，その取り組みは各地域，また各学校で千差万別でした。

中央教育審議会の下部組織である外国語専門部会は，このような各校での取り組みのばらつきをこれ以上放置することはできないと判断し，教育の機会均等の確保や中学校との円滑な接続という観点から，2006年3月に小学校高学年に対し，週1時間程度の英語活動の時間を確保することを提案しました。文部科学省は2008年3月に学習指導要領を改訂し，英語活動に関しては外国語専門部会からの報告に沿うかたちで，5，6年生を対象に週1時間の外国語活動という必修科目を設けることを発表しました。

公立小学校における外国語活動は2011年度に完全実施されました。外国語活動は必修科目ですが、教科ではなく領域として位置づけられているので、数値評価はしません。この外国語活動の教科化については1992年以来、甲論乙駁の状態であり、多くの学者がその意見を述べてきました(JASTEC研究プロジェクトチーム、2013, 大津他 2013)。この課題に対し、ついに文部科学省は2013年12月13日「グローバル化に対応した英語教育改革実施計画」を発表し、「初等中等教育段階からグローバル化に対応した教育環境づくりを進めるため、小学校における英語教育拡充強化、中・高等学校における英語教育の高度化など、小・中・高等学校を通じた英語教育全体の抜本的充実を図る」とする基本方針を打ち出しました。具体的には公立小学校では小学校中学年では活動型のクラスを週1～2コマ程度設けコミュニケーションの素地を養い、小学校高学年では専科教員を積極的に配置しながら教科型のクラスを週3コマ程度設けることにしています。

6-2-2. 外国語活動の目標

2011(平成23)年度から完全実施された公立小学校での外国語活動の目標は「外国語を通じて、言語や文化について体験的に理解を深め、積極的にコミュニケーションを図ろうとする態度の育成を図り、外国語の音声や基本的な表現に慣れ親しませながら、コミュニケーション能力の素地を養う」(文部科学省a, 2008, p.7)であり、異なる文化や言葉に対して興味や関心をもち、コミュニケーションを取りたいという気持ちを育てることが大きな目標とされています。

取り扱われる内容としては、外国語を用いて積極的にコミュニケーションを図ることができるように下記のような指導内容が示されています。

1. 外国語を用いてコミュニケーションを図る楽しさを体験すること。
2. 積極的に外国語を聞いたり、話したりすること。
3. 言語を用いてコミュニケーションを図ることの大切さを知ること。

また，日本や外国の言語や文化の理解を深める内容として下記のような指導内容が示されています。

1．外国語の音声やリズムなどに慣れ親しむとともに，日本語との違いを知り，言葉の面白さや豊かさに気付くこと。
2．日本と外国との生活，習慣，行事などの違いを知り，多様なものの見方や考え方があることに気付くこと。
3．異なる文化をもつ人々との交流等を体験し，文化等に対する理解を深めること。

文部科学省は，外国語活動は英語のスキルを育成することが主な目的ではなく，コミュニケーションの素地を育てることがその目的であると指導しています。現在は英語の言語能力を育てることは二義的に扱われていますが、「グローバル化に対応した英語教育改革実施計画」に明記されているように、近い将来英語の言語技能力を育成するため，新しいカリキュラムまたは教材が必要となってくるでしょう。

6-2-3. 外国語活動の教材

文部科学省は，外国語活動の質的水準を確保するため共通教材として，学習指導要領に基づき，5年生用に『英語ノート1』そして6年生用に『英語ノート2』(文部科学省b, 2009)という副教材を作成しました。この教材は2012年度より『Hi, Friends! 1』『Hi, Friends! 2』(文部科学省c, 2012)に変更されましたが，具体的な内容に大きな変化はありません。表1, 2ではその概要を示していますが，1つの単元を3時間および4時間程度で指導することになっており，詳しい指導法を示した『指導編　Hi, Friends!』(文部科学省)が用意されています。

実際の授業では『Hi, Friends!』だけでは足りない場合もあるので，教師はそのほかの教材・教具を作成するように指導されており，また『Hi, Friends!』

表1 『Hi, friends! 1』の内容

	テーマ	代表的な表現	単 語
1	世界のいろいろな言葉であいさつしよう	Hello.	挨拶
2	ジェスチャーをつけてあいさつしよう	I'm happy.	感情
3	いろいろなものを数えよう	How many?	数字
4	好きなものを伝えよう	I like apples.	身近な単語
5	友だちにインタビューしよう	What do you like?	身近な単語
6	アルファベットをさがそう	What do you want?	大文字
7	クイズ大会をしよう	What's this?	身近な単語
8	時間割を作ろう	I study Japanese.	教科名・曜日
9	ランチメニューを作ろう	What would you like?	食べ物

表2 『Hi, friends! 2』の内容

	テーマ	代表的な表現	単 語
1	アルファベットクイズを作ろう	Do you have "a"?	小文字
2	友だちの誕生日を調べよう	When is your birthday?	月・行事
3	できることを紹介しよう	I can swim.	動詞
4	道案内をしよう	Turn right.	場所名
5	友だちを旅行にさそおう	Let's go to Italy.	国名
6	1日の生活を紹介しよう	What time do you get up?	1日の活動
7	オリジナルの物語を作ろう	We are good friends.	物語
8	「夢宣言」をしよう	What do you want to be?	職業

に準拠したカードやコンピューター教材がつくられています。

6-2-4. 外国語活動の評価

　授業評価に関しては，次の例のように，外国語活動の3つの目標に呼応するかたちでおこなうように指示されています。

目標1　外国語を通じて，言語や文化について体験的に理解を深める。
* ＊積極的に挨拶をしようとする。(1の1課：行動観察)
* ＊世界の物語に興味をもつ。(2の7課：行動観察)

目標2　外国語を通じて，積極的にコミュニケーションを図ろうとする態度の育成を図る。
* ＊好きなものや嫌いなものについて，積極的に伝えようとする。(1の4課：行動観察)
* ＊積極的に道を尋ねたり，道案内したりしようとする。(2の4課：行動観察)

目標3　外国語を通じて，外国語の音声や基本的な表現に慣れ親しませる。
* ＊積極的にアルファベットの大文字を読んだり，欲しいものを尋ねたり答えたりしようとする。(1の6課：発表観察)
* ＊英語での月の言い方や，誕生日を尋ねたり答えたりする表現に慣れ親しむ。(2の2課：行動観察)

　以上のような例が示すように，文部科学省は「様々な手法を用いながら統合的に評価するように」と指導している割には，評価のほとんどは「行動観察」になっています。現場ではすでに具体的にどのように評価すればよいのかと悩む教師が多く，これから評価については早急に研究を進める必要があります。

6-3. 小学校における英語教育

　公立小学校の外国語活動では「「(英語の)会話表現，文法等のスキルを身につけさせることを直接のねらいとするものではない」(文部科学省e，2009，p.8)，とか「外国語のスキル面の向上を主なねらいとするのではない，」(同上，p.19)，または「外国語のスキルを身に付けさせることが第一義ではない」(同上，p.21)などと，ことのほか英語のスキル教育とコミュニケーション能力の発達を分離させ，スキル育成を二義的なものとして取り扱っているように思えます。それが，日本では「外国語(英語)教育」ではなく「外国語(英語)活動」という言

葉が使われている理由でしょう。しかし，外国語のスキルを伸ばさなくて，どのようなコミュニケーションがとれるのでしょうか。外国語体験を主目的とした時間を2年間も設置している国はほかにはなく，英語によるコミュニケーション能力を育てるという目標を掲げ，英語教育に邁進している東アジアの国々では小学校の低学年からしっかりとした英語教育がおこなわれています。

　私は小学校の段階から適切なスキル教育がおこなわれるべきであり，子どもはスキルを身につけることで，英語によるコミュニケーション能力を培っていくと考えています。そこで，子どもの成長過程に合わせた英語教育をおこなううえで重要な点を2点述べたいと思います(アレン玉井，2010)。

6-3-1. 意味のある文脈のなかで英語を育てること

　前述したように，大人の学習者は新しい言葉を学ぶとき，言葉を理論的に分析しながら学習していきますが，子どもは体を動かし，感覚を使い，意味のある文脈をとおして，言葉を丸ごと理解していきます。母語獲得の過程を考えると，言語習得に文脈がいかに大切であるかがわかりますが，外国語学習でも同じことがいえます。子どもの英語学習においては，とくに「意味のある文脈(meaningful context)」を提供することが大切です。

　子どもたちの英語の理解力が低いからといって教える英語を少なく，簡単にすると反って言葉を成り立たせている文脈を切り落とすことになります。文脈がなくなると子どもにとって言語活動に意味がなくなります。つまり，文脈から離れたところでは，言葉は育ちません。言葉を部分的に与えるのではなく，意味をもたらす文脈のなかで与えることが重要になってきます。

　公立小学校の英語活動を参観すると，子どもに英語を話させたい，発信させたいという思いが強いためか，導入する文は短く，簡単になり，教師は数回モデル会話をしたあと，子ども同士で言わせるというパターンをよく目にします。子どもは英語で自分の気持ちを表現できるということで楽しそうに見えることもありますが，授業で使用される英語の量と質が非常に貧弱になっており，英

語という「言葉を育てる」活動にはなっていません。高学年の子どもは，そのような授業に対して物足りなさを感じ，知的な失望感をもっているように思います。

それでは，文脈を大切にした授業とは，具体的にどのようなものなのでしょうか。たしかに英語をあまり知らない子どもには，多くのインプットは意味がなければ負担になります。意味のあるかたまりで，ホールとして言葉を与えるため，まず考えられるのは歌とチャンツの使用です。歌，チャンツを音声教育の教材としてだけではなく，文脈をもつ教材として利用することができます。たとえば，「Five Little Monkeys」と呼ばれるチャンツは，5匹の猿がベッドの上で跳んでいて，一匹ずつ落ちて頭を打ってしまうという内容のものですが，絵を描き，チャンツの内容に合わせて物語風に語ることができます。また，猿ではなくほかの動物に変えるとか，電話をする相手をお医者さんではなくほかの人にするとか，またはベッドの上で跳ぶ状況を変えるなど，少し内容を変えて楽しくすることもできます。

また，インプットの量は多くなりますが，子どもがよく知っている話をストーリーテリングする方法もあります。彼らは話の内容を知っているので，英語をすべて理解できなくても All English で話を聞くことができます。意味のある文脈のなかで，子どもに豊かな音声言語を与えるという観点から，とてもよい方法になります。私の場合は，*The Three Little Pigs, Jack and the Beanstalk, Henny Penny, The Gingerbread Man* など英語圏の昔話を使うようにしています。

文脈を与えるという観点から，content-based approach と呼ばれる内容重視の授業を展開する方法もよいでしょう。このアプローチでは，「第二言語はその言語を使ってコンテント（内容のあるもので，子どもを対象とした場合は教科）を学ぶときに最も効率的に学習される」という言語教育観に従って教育がおこなわれます。子どもは英語を学ぶというよりも，英語で何か内容のあるものを学ぶことになります。たとえば，「アヒル」をテーマにした授業のなかで，ア

ヒルに関する歌を歌ったり、『醜いアヒルの子』の話をしたり、またはアヒルの生態について学習を進めます。そのとき英語について学ぶというより、子どもは英語を道具として使いながら、それぞれのテーマに沿って文脈のなかで学習を進めることになります。

6-3-2. 適切な文字教育

　子どもの成長過程に合わせた適切な英語指導という点から、私は小学校の段階から彼らの発達段階に合わせた読み書き指導を漸次進めるべきだと考えています。文部科学省は、「小学校段階では、音声と文字を切り離して、音声を中心にした指導を心がけることが大切である」(文部科学省a, 2001, p.5)と指導し、小学校の多くの教員は英語の読み書き指導をすると、子どもが英語嫌いになってしまうと考えているようです。たしかに過度な読み書き教育は避けるべきですが、適切なリタラシー指導こそが、「英語が楽しい」と思っている子どもを「英語ができる」子どもへと成長させていく鍵だと私は思っています。

　それでは、小学校段階での読み書き指導は何をどの程度するべきでしょうか。クラスサイズ、指導教員の英語力、時間数などによって目標も変わってくると思いますが、小学校段階では、(1)アルファベットの大文字、小文字の徹底的な学習と(2)phonological awareness(音韻認識能力)を育てる活動をおこなうことが大切だと思います。これは小中連携という観点からも、ぜひとも実現してもらいたい目標です。『Hi, Friends!』でも、アルファベットの大文字、小文字が導入されたことから、少なくともアルファベットについては公立小学校でも指導ができるようになりました。

(1) アルファベットの学習

　英語圏の研究では、アルファベットの認識とのちに発達するリーディング能力には強い相関関係があるといわれています(Share, Jorm, Maclean, & Matthews, 1984等)。つまり、しっかりとアルファベットを読み、また書ける

子どもは，のちに高いリーディング能力をもつようになるということです。

　私がおこなったアルファベットに関する一連の研究から，① 単語を認識するためにはアルファベットを1文字単位で認識する力だけでなく，複数文字を早く，正確に認識する力，またアルファベットを適切に書ける力が必要であること，② 児童にとって，小文字の学習は想像していた以上にむずかしく，時間がかかること，がわかりました。小学校の段階で十分に時間を取り，丁寧にアルファベットを学習することで，子どもは中学で教科書を見ても違和感を感じることがなく，英語を読もうとする態度を育成することができます。

(2)　音韻認識能力を育てる活動

　音韻認識能力(phonological awareness)とは，話されている言葉がどのような音から成り立っているのかを理解する力であり，/r/と/l/等の音素を聞き分けるという音声知覚ではありません。あくまでも，話し言葉がどのような音で構成されているのかが理解できるメタ言語力であり，文字を主軸に文字と音との関連を教えるフォニックスともちがいます。たとえば，日本語では「うんどうかいの2番目の音は何ですか」と聞かれ「ん」だと答えられる力です。英語では次のように頭韻と脚韻がわかる力，または言葉のなかで音素がわかる力になります。

　① 頭韻がわかる力　　（例）bag, book, bed, mop のうち最初がちがうものはどれ？
　② 脚韻がわかる力　　（例）cat, mat, hat, pig のうち最後がちがうものは？
　③ 音素を取り出す力　（例）*paste* の最初の音は何？
　④ 音素を結合さす力　（例）音を合わせてできる単語は？
　　　　　　　　　　　　　　…/c/ /ei/ /k/(cake)
　⑤ 音素を数える力　　（例）ship という言葉に何個音素がある？　…　3個

　第一言語習得では音韻認識能力がリーディング能力の発達に大きく影響していることはすでに自明の理(Wagner & Torgesen, 1987 等)とされています。

英語に接することが少ない日本で、さらに狭い空間である教室で、子どもたちは英語を学習します。英語が育つ土壌をつくり上げるため、意味のある文脈のなかで英語を提示し、読み書き教育を含め統合的に英語力を育てていくことが重要だと考えます。

6-4. 現職教員研修と教員養成

最後に指導者について考えてみたいと思います。文部科学省は公立小学校での外国語活動の指導者に求められる力を、次のようにまとめています(文部科学省d, 2009, p.17)。

---

① 児童の発達段階を踏まえ、興味・関心を抱くような学習内容と活動を設定できること
② 積極的にコミュニケーションを図ろうという気持ちを起こさせることができること
③ 英語の音声や基本的な表現に慣れ親しませることができること

学級担任は上記の①②で求められている力を誰よりも十分にもっており、外国語活動には欠かせない指導者になります。公立小学校では学級担任が中心となり、外国語指導助手(ALT)、または地域の協力者などとチーム・ティーチングをするように指導されてきました。

6-4-1. 現職教員研修

文部科学省は外国語活動の実施にあたって、指導者に対する研修がきわめて重要であると認識し、各小学校において外国語活動を推進できる教員(中核教員)を選ぶように指導しました。また、小学校教員は英語を教えるために必要な訓練を受けてきたわけではないので、彼らに対して次のような研修を進めるように各都道府県、政令指定都市、中核市の教育委員会に指示を出しました(文部科学省d, 2009, p.10)。

> 中核教員研修の対象となる教諭は，各学校において外国語活動を推進できる教師，市区町村指導主事，研究開発学校，構造改革特別区域研究開発学校等で外国語活動（英語活動）や英語教育の指導経験のある教諭等とする。各学校における受講者は初年度1名，次年度1名の計2名とする。（中略）
> 　中核教員研修は，指導者養成研修と同様に連続5日間（25時間）程度行うが，理論的な部分の多くは自己研修に組み込むことなども可能であることより，授業指導力の向上及び英語運用能力の向上を主なねらいとしている。（後略）

　また，中核教員は校長のリーダーシップのもと2年間で30時間程度の校内研修をおこなうように求められました。

　教員研修に関して，アジアの状況を見ると，日本以外で小学校の学級担任が英語教育を担当しているのは韓国だけであり，韓国では小学校に英語教育を導入するにあたり，教員に対し120時間にも及ぶ研修を受けるように指示しました。研修の半分が英語の教え方を具体的に学ぶ時間であり，半分は教員の英語力を向上させる時間として使われました。

　前述した「グローバル化に対応した英語教育改革実施計画」では「小学校高学年における英語教育の教科化に伴う指導内容の高度化・指導時間増に対応する必要がある中，現状では不足する高度な英語指導力を備えた専科教員としても指導が可能な人材の確保が急務。また小学校中学年からの英語教育（活動）の開始に伴い，中学年の学級担任も外国語活動の指導を行う必要が生じるため，研修をはじめとした指導体制の大幅な強化が不可欠。」としています。

6-4-2. 教員養成課程における変化

　文部科学省は，2009年1月に小学校教員養成コースをもつ国・公立，および私立の大学に対し，その教職課程に小学校英語関係の授業を設置するように次のような通達を出しました。

小学校教諭の教職課程等における外国語活動の取り扱いについて
* 教職課程に外国語活動に関する指導法を「教職に関する科目」に準ずる科目として開設する。
* 小学校教諭の採用選考においても外国語活動にかかる内容を盛り込む。
* 小学校教員資格認定試験において外国語活動に係る内容を含める。

　これは，公立小学校で外国語活動が必修になったことに対する対処です。今までは教職課程にこのような講座をおく大学は少なかったのですが，これから大きく変わっていくことでしょう。また採用選考や資格認定試験にも英語にかかわる内容が含まれることになり，これから小学校教員をめざす者にとって英語はますます重要なものになるでしょう。さらに小学校英語の教科化に伴い，小学校英語(教科)に対応する特別免許上の創設，教員養成の改善充実などが考えられています。

おわりに

　公立小学校に英語活動が実験的に導入された1992年より19年かけて，日本では外国語活動が必修科目になりました。この動きは，他国，とりわけ2000年以降の東アジアの国々の動きと比べると大きく異なります。アジアの英語教育学会等では，教育者たちが Not knowing English is risky and naïve. もしくは Not knowing English is severe handicap. といって憚りません。日本の英語教育はグローバル化から取り残された状態にあるといっても過言ではありません。

　文部科学省はついに公立小学校での英語活動のあり方を模索し，小学校中学年では活動型のクラスを週1～2コマ程度，また高学年では教科型を週3コマ程度設置することを発表しました。これにより小・中・高を通じて一貫した学習到達目標を設定することが可能になります。

　日本における小学校英語教育は決して「ぜいたくなもの」でも「一時的なファッ

ション」でもなく，緊急な教育課題です。意味のないゲーム中心の授業ではなく，子どもの「学び」が大切にされる授業が展開されることを期待したいと思います。　　　　　　　　　　　　　　　　　　　【アレン玉井 光江】

> [学習課題]
> 1．『Hi, Friends! 1』もしくは『Hi, Friends! 2』を用いて，1単元分の授業案を作成してみましょう。
> 2．小学生の英語の読み書き能力を伸ばす活動を1つ考えましょう。
> 3．文脈を大切にする授業活動を1つ考えましょう。

[参考文献]

アレン玉井光江『小学校英語の教育法－理論と実践』大修館書店，2010年

大津由紀雄・江利川春雄・斎藤兆史・鳥飼玖美子『英語教育，迫り来る破綻』ひつじ書房，2013年

JASTECプロジェクトチーム(2013)「JASTECアピール：小学校外国語活動の教科化への緊急提言について」『日本児童英語教育学会（JASTEC）研究紀要』第32号, 1-17.

文部科学省　a『小学校学習指導要領解説　外国語活動編』東洋館出版社，2008年

文部科学省　b『英語ノート1』『英語ノート2』開隆堂，2009年

文部科学省　c『Hi, Friends! 1』『Hi, Friends! 2』東京書籍，2012年

文部科学省　d『小学校英語活動研修ガイドブック』旺文社，2009年

垣田直巳『早期英語教育』大修館書店，1983年

樋口忠彦『児童英語教育の常識―子どもに教えるために』杏文堂，1987年

藤永保『ことばはどこで育つのか』大修館書店，2001年

望月昭彦『新学習指導要領にもとづく英語科教育法』大修館書店，2001年

Lenneberg, E. *Biological foundations of Language.* Wiley. 1967.

Lightbown,P. & N.Spada. *How Languages are Learned.* Oxford University Press. 2013.

Share,D., Jorm,A., Maclean,R., & Matthews,R. Sources of individual differences in reading acquisition. *Journal of Educational Psychology, 76*, 1309-1324. 1984.

Wagner,R.K. & Torgesen,J.K. The nature of phonological processing and its causal role in the acquisition of reading skills. *Psychological Bulletin, 101*：2, 192-212. 1987.

7 中学校英語教育の展開

> **キーワード**
> 4技能の統合＊総合的な活動＊Form と Meaning＊Intake＊中学2年の壁

　第7章では，中学校学習指導要領の背景にある教育理念を改めて精査し，そのうえで理念を具現化した方法論を一緒に考えていきましょう。

　私たちは，すでに，1-1-2．中学校学習指導要領の指導目標（第2章　各教科　第9節　外国語）において，その目標が以下のとおりであることを学んでいます。

「外国語を通じて，言語や文化に対する理解を深め，積極的にコミュニケーションを図ろうとする態度の育成を図り，聞くこと，話すこと，読むこと，書くことなどのコミュニケーション能力の基礎を養う。」

　この具体的な目標はどのような基本方針によって設定されたのでしょう。まず改定の基本方針からみていきましょう。

7-1. 中学校外国語学習指導要領改訂の基本方針

　『中学校学習指導要領解説　外国語編』をみると，外国語科の学習指導要領の改定は以下の4点からなる基本方針に基づいておこなわれていることがわかります。

　⑴ 「聞くこと」や「読むこと」を通じて得た知識等について，自らの体験

や考えなどと結びつけながら活用し，「話すこと」や「書くこと」を通じて発信することが可能となるよう，4技能を総合的に育成する指導を充実する。
(2) 教材の題材や内容については，外国語で発信しうる内容の充実を図るなどの観点をふまえ，4技能を総合的に育成するための活動に資するものとなるよう改善を図る。
(3) 4技能を統合的に活用できるコミュニケーション能力を育成するとともに，その基礎となる文法をコミュニケーションを支えるものとしてとらえ，文法指導を言語活動と一体的におこなうよう改善を図る。また，コミュニケーションを内容的に充実したものとすることができるよう，指導すべき語数を充実する。
(4) 中学校における「聞くこと」と「話すこと」という音声面での指導については，小学校段階での外国語を通じて，音声面を中心としたコミュニケーションに対する積極的な態度等の一定の素地が育成されることをふまえ，指導内容の改善を図る。併せて「読むこと」と「書くこと」の指導の充実を図ることにより，「聞くこと」「話すこと」「読むこと」「書くこと」の4つの領域をバランスよく指導し，高等学校やその後の生涯にわたる外国語学習の基礎を培う。

(1)では，4技能を総合的に育成する指導の必要性，(2)では，4技能を総合的に育成するための活動を可能とする題材や内容を備えた教材の必要性，(3)では，4技能の統合によるコミュニケーション能力の育成，言語活動と一体化した文法指導，充実した言語活動をおこなうための語彙の充実等の必要性，そして(4)では，小学校外国語活動との連携による積極的な態度育成の必要性と聞く・話す・読む・書くの4領域のバランスの重要性，さらにそれらの学習経験が高等学校を経てなお生涯学習の基礎になることの確認について説いていると解釈できます。これまで各章で見てきた関連した知見と併せてその意義の大切さを確

認しましょう。次に，これらの基本方針が具体化された改定事項をみておきましょう。

7-2. 具体化された改定事項

(1) 標準時間時数の変更：105単位時間から140単位時間へ増加

『中学校学習指導要領』(1998年12月告示)では，外国語の標準授業時数は週あたり各学年3時間です。また同時に外国語(原則，英語)が必修科目になりました。これ以前は，外国語は選択科目として位置づけられており，105～140という時数になっていました。今回の改定で，標準授業時数は140単位時間となり，各学年とも週4時間の授業がおこなわれることになります。英語の授業は週3から週4になります。この量的変更がもたらすであろう教育効果に大きな期待が寄せられています。

(2) 外国語の目標を，「聞くこと，話すこと，読むこと，書くことなどのコミュニケーション能力の基礎を養う」とし，教材の取扱いに「聞くこと，話すこと，読むこと，書くことなどのコミュニケーション能力を総合的に育成する」という視点の明示

これによって，これまでの「聞く・話す」に重点をおいた指導から，4技能のバランスのとれた指導への移行が求められ，さらに教材についても，同様の視点からの取扱いが求められていると解釈されます。BICSからCALPへの比重移動，4技能の統合などが大きな鍵となるでしょう。

(3) 「英語」の指導目標について，「聞くこと」「話すこと」についての現行の目標から「慣れ親しむ」を削除

2011年度より，小学校の5年生と6年生に週1単位時間，年間35単位時間の「外国語活動」が開始されることによって，音声面を中心としたコミュニケーションに対する積極的な態度等の一定の素地が育成されることをふまえての措置と解釈できます。

(4) 言語活動の内容を5項目に増加

言語活動の内容については，現行の4技能のそれぞれに(ｱ)～(ｴ)の4項目の言語活動が示されていますが，新学習指導要領では，4技能のそれぞれに5項目の言語活動が示されています。これは言語活動の充実を願う改定の全体方針と授業時数の増加に伴う措置と考えられます。

(5) ［言語の働きの例］を再構築して，「コミュニケーションを円滑にする」という働きの例を追加

小学校の「外国語活動」で取り扱われる［コミュニケーションの働きの例］と連動した姿勢がうかがわれます。新たに，「相づちをうつ」「聞き直す」などの「コミュニケーションを円滑にする」ための言語の働きが付け加えられているところに注意を向けましょう。

(6) 言語活動を充実したものにするため指導語数を「900語程度まで」から「1200語程度」に変更

指導語数の増加は，授業時数が増加することとそれに見合った充実した言語活動をおこなうための措置と解釈されます。また，語数自体の増加に加えて「～まで」が削除されたことで，「1200語程度」という規定は指導する語数の上限を示すものではなくなった点をとくに注意しましょう。使用できる語数が増えることは豊かな言語活動を実践するうえで歓迎すべきことではありますが，単純に生徒の学習負担が増加するような事態にならぬよう，十分な教材研究と指導方法の検討が必要になってくるでしょう。すでに，1-3-5.「Successful Learnersの特徴からの示唆」の(7)「一定量の語彙をもっている」で指摘したように，一定量の語彙の習得とその使用は，SLの特徴の大きな特徴の1つになっています。生活語彙を増やす，段階的な多読指導をおこなう，英和辞典を使えるような辞書指導とともにやさしい英英辞典の紹介，語彙を増やすゲームを授業に位置づけるなど，生徒が夢中になって語彙を増やしていけるような指導法を考えましょう。その際，音声の存在を忘れないでください。電子辞書の使用は，訳語を見つけるだけで終わってしまう危険性があるため，紙媒体の辞書を使いこなせるようになってからにしましょう。

(7) 連語・慣用表現や文法事項・文構造の示し方や取扱いにおいて、「基本的なもの」や「理解の段階にとどめること」などの表現を削除

　これによって、言語材料については、基礎・基本をおさえつつも、生徒の実態に合わせてさらに進んだ内容も取り扱えることになりました。これも基本的には歓迎すべき改定ではありますが、まさしく対象となる生徒の実態に合った無理のない言語材料の選択あるいは教材開発でなければならないと思われます。

(8) 文法事項の扱いについては、「コミュニケーションを支えるものであることを踏まえ、言語活動と効果的に関連付けて指導すること」を規定

　従来より文法指導にあたっては、「用語や用法の区別などの指導が中心とならぬように配慮し、実際に活用する指導を重視する」といわれてきましたが、実際にはどうでしょうか。今回の改定により、文法を「コミュニケーションを支えるもの」と位置づけ、言語活動において実際に活用することを通じて、その定着を図る指導が求められていることを十分理解し、実際の指導をおこなう必要があります。一般に文法指導というと、演繹的な指導を連想しますが、指導の観点を明示化しやすいという長所がある一方で、教師の説明が中心になること、言語活動ではなく構造中心の練習活動が中心におこなわれること、4技能の統合が図られにくいなどの難点があります。これに対して、活動を課題化しておこない、その後で文法ルールを抽出してまとめる帰納的な指導があります。活動が授業の中心になり、課題解決のためにことばを使用しようとするため必然的に4技能の統合が起こりやすくなるなど今回の改定の主旨を具体化できる可能性が秘められています。ただし、学習者の学習意欲を喚起し、学習者自らが主体となって授業に参加しようとする態度・姿勢を育てられないと効果は期待できません。教師に十分な英語の運用能力があり、必要なロール・モデル(role model)を示すことができること、課題解決型のタスク(task)の例をたくさん知っていることなどが必要になってきます。ティーム・ティーチング(team teaching)の運営に長けたベテラン教師のなかに帰納的な指導の上手な方たちがいます。彼らは、一人でおこなう通常の授業においても、課題解決型の

授業を構成し英語を用いて授業を進行しています。活動の最後に準備していたワーク・シート(work sheet)を用い，簡潔明瞭に必要な文法ルールをまとめます。授業の前半で課題解決型の言語活動をおこない使えるようになった表現を用いて文法を帰納的にまとめることで，英語の運用能力と言語知識が学習者のものになるわけです。

7-3. 中学生を対象にした授業をおこなう前の予備知識

7-1. で学習指導要領改定の基本方針を，7-2. で具体化された改定事項をみてきました。学習指導要領に関しては，理念的にはすでに十分な知識を得ているはずですが，ここではこれまでに学んだ内容を別の視点から整理しておきたいと思います。どれも学習の対象者が思春期の入り口にある中学生を意識しています。

(1) 実際の授業は，形式(文法) X 意味(伝達内容)によって成り立っている

これまでにみてきたように，英語教育の第一の目標はコミュニケーション能力の育成です。しかし，これまで多くの言語教育理論は，意味のほうが形式より重要であるかのような二価値論を繰り返してきた感があります。多少のfluency(流暢性)は高まったかもしれませんが，形式を軽視するあまり，accuracy(正確性)は低下してしまったのではないでしょうか。かといって，昔のような文法説明中心の授業を復活しましょうといっているわけではありません。通常の授業は，テキストがあって，テキストの内容を中心に授業課程を組んでおこなうものです。そこでは，意味を伝達する形式に対する理解と使えるようにするためのさまざまな練習活動があり，その成果をもってテキストの内容を理解し，得られた情報に対して自分の意見を述べたり，あるいは内容を別の人に伝えたり説明したりします。生徒たちは，伝達内容を正しく受信したり送信したりするために適切な形式を的確に使う力を身につけなければなりません。外国語の授業である英語の授業では，まさしくこのことを保証すべきではないかと

思います。形式（文法）あるいは意味（伝達内容）のどちらかに偏った授業はおこなうべきではないと思います。もちろん，priority（優先順位）は，意味（伝達内容）にあります。

　かつて大学で，ドイツのシュタイナー学園より英語教育の指導者を招聘し，学生を対象にした実践的な授業をしていただいたことがありました。もちろん，すべて英語によるものでした。最も印象に残っているのは，"Does he like singing?" という内容に関する教授の質問に対して，"Yes."と laconic answer で答えた学生に対して，ニコニコ笑いながら，"Yes, he does."と言い直し，これを学生に復唱させ，さらにクラス全員に復唱させていたことです。伝達内容を重視し相手の言語行為を認めながら，改めて full sentence で答えることをさりげなく要求していたのです。授業後のインタビューで，原理的にはH.E.Palmer の提唱した Oral Method の具体的手法と相通じるところがあることがわかりました。また，学生が自分の意見を述べようとするときに，伝達しようとする意味内容を事前に察知し，学生のことばが，"He's a little bit …" と詰まったところで，"…behind?"と相の手を入れ，談話を継続する支援の方法を見せてくれましたが，このやり方は意味の伝達を中心にした言語活動において，教師が必要において学習者の注意を文法などの言語形式に向けさせる
➡p.264
Focus on Form に似た Focus on Meaning と呼ぶべき指導法ではないかと思いました。

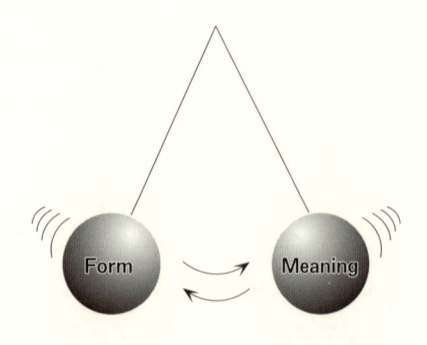

(2) インプットをアウトプットにつなげるためにはインテイクに変換する必要がある。そのためには4技能が統合するようなさまざまな活動をおこなう必要がある(確認)

1-3-3. 欲求階層説からの示唆の最後でインテイクについてふれましたが，ここで改めてその重要性について確認しておきましょう。言語習得理論において，インプット(input:入力)は，そのままではアウトプット(output:出力)につながりません。アウトプットにつなげるためには，インプットをいつでも必要なときに取りだして使えるインテイク(intake)に変換しなければなりません。インテイクとはインプットが学習者自身の言語体系のなかに取り込まれ，学習者の言語知識の一部になるプロセスあるいは取り込まれた言語知識のことをいいます。ですから，同じ入力をただ何度も与えるだけではインテイクにはならないし，出力につながらないのです。これを可能にするためには，可能な限り4技能の統合が起こるようなさまざまな言語活動を計画準備しおこなう必要があるのです。意味のある楽しい活動を生徒のために考え実践してください。

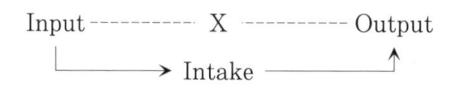

```
Input ---------- X ---------- Output
   └──────→ Intake ──────────↑
```

4技能の統合をめざしたさまざまな言語活動

(3) 授業と家庭学習の連動モデルを考える

2012(平成24)年の新学習指導要領の実施により中学校英語の授業時数は週4単位時間が標準となります。週5日制を維持した場合，月〜金曜日の5日間のうち4回英語の授業があることになります。授業時数が増えることは授業時数の確保による安定した授業運営が可能となり，教師にとっても学習者にとっても歓迎すべきことですが，いっぽうで家庭学習をまったくおこなわない生徒が増えている現状があり，今後学力差がさらに拡大していくのではないかという懸念が出てきています。塾に通える生徒と家庭の事情で塾に通えない生徒との差も心配の種です。外国語である英語を授業に出席するだけで習得するのは，

およそ不可能でしょう。むしろ，授業と家庭学習の連動による学習モデルを考え，改めて核となる授業は何をおこない，それを受けて家庭学習では主に何をすべきかを考えるべきではないかと思います。ただし，家庭学習がないと授業が成立しなくなるようなモデルは本末転倒です。授業で学んだ内容を確認し，言えるようになったものを書けるようにする程度のものにすべきです。それでも授業が4回，家庭学習が4回，合計8回の学習が可能となるわけですから教育効果は絶大です。大学を卒業し中学校の英語の教師になった方たちに，「生徒が家庭に戻り一人になったとき，最初にしてほしいことは何ですか？」という質問をすると，異口同音に，「その日に学んだ箇所を音読してほしいです」と答えます。子どもが一人になったときに自信をもって音読ができるような授業が大切であるということです。改めて，意味の連動につながる強勢のリズム（stress-timed rhythm）に基づく音読指導を授業でおこなっていただきたいと思います。意味のうえで重要な語は，強く・高く・ゆっくりと発音し，意味のうえであまり重要でない語は，弱く・低く・素早く発音する。こうすることで英語の強勢のリズムができあがります。慣れてきたら，強勢をおく語を推測させてから実際に音を聞かせると推測力が高まり，自分で未知の文章を音読したり，相手にわかりやすく話そうとする態度育成にも役立ちます。その成果を毎回授業の冒頭でローテーションを組んで発表させれば生徒の学習意欲も向上し責任をもって学習に参加するようになるでしょう。改めて授業で保証すべきものは何かを考えていただきたいと思います。

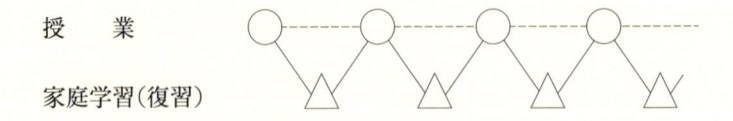

授業

家庭学習（復習）

(4) 「中学2年の壁」を無事乗り切る

1-2-2. 一貫制英語教育をおこなう際の留意点の(5)ですでに紹介した内容ですが，とくに中学生にとっては大きな問題なので改めて取り上げたいと思いま

す。筆者がかつて NIME(独立行政法人メディア教育開発センター)の共同研究委員をしているころ,「中2の壁」の問題が急浮上しました。せっかく入学した短大あるいは大学を,いわゆる学力が十分ではないために卒業できなかったり進級できなくなる学生の数が急増したことがあり社会問題化しました。その数は,数万人に上りました。その原因を調査したところ,低学力に悩む多くの学生諸君の学習曲線(英語,数学,国語)のピークが,中学2年生(とくに前半期)にあることがわかりました。とくに,英語と数学と国語の力が十分でないと他の教科の伸びもあまりよくないこともわかりました。また数十年も前のことですが,中学の教員になり2年目に担任のクラスをもてるようになったとき,教科の枠を超えて多くの先輩教員から,激励とともに留意事項として,「中学2年の壁を無事乗り切るんですよ。子どもが心身ともに大きく変わるときです。同時に思春期の不安が生活のいろいろな場面に出てくる時期です。クラブ活動など夢中になれる世界があることとやはり基本的学習の習慣が身についていることが大切だね」などの貴重な助言をいただきました。中学の教育現場では,すでに以前から中学2年の指導の大切さを知っていたのです。ここであえてお願いしたいことは,中学1年での学習事項を責任をもって指導するということです。重要な文法項目を拾っても,be 動詞,一般動詞,3人称単数現在形,助動詞,現在進行形,be going to〜,be 動詞過去形,一般動詞過去形,特別疑問文などたくさんあります。しかし,中学1年の学習事項を生徒が自信をもって使えたら,中学2年以降で困ることはほとんどないはずです。生徒のトラブルスポットを事前に把握しておくことはとても大切です。「自分が教えたら,わからないとは言わせない」と胸を張って教室に臨めるくらいの徹底した準備を学習者の立場に立っておこなってください。過信は不要ですが,自信は必要です。1日の授業が終えたら,わずかなメモでもよいから問題点と改善点をノートに書き込みます。学習に不安を覚え授業についていけそうもない生徒には,やはり声を掛け,どこかで時間を見つけて不安を除去してあげるべきでしょう。また,週に一度自分の授業をビデオ録画し,授業分析をすると格段と授業のレ

ベルは上がります。中学2年の夏の課題も基礎・基本の確認と定着をめざしたものだけではなく，思わず生徒が夢中になって取り組み，結果として夏休み中毎日わずかであっても英語と付き合っていたというような課題を考えてみてください。私は，かつて中学2年の生徒たちに1学期で学んだレッスンのすべてを毎日10回音読させ，平均所要時間をグラフに記入させました。そして，2学期の最終日に，音読の成果として感情を込めて読んだ録音テープを提出させました。平均所要時間については，初日5分であったものが40日目には30秒になっていました。また，テープ録音はBGMを付けたものも多く，子どもらしいセンスの光る作品に仕上がっていました。「中2の壁」は，生徒を信じる気持ちと教師の工夫と努力で乗り越えられるものです（現在はCDを使用）。

7-4. 中学校の授業の構成

中学校の授業はどのように構成されているか，教育実習にすぐ役立つ1つの例を紹介します。

授業の準備
- 教材教具の点検　　（①教科書 ②チョーク ③副教材 ④フラッシュカード ⑤絵等の視覚教具 ⑥テープレコーダ等の聴覚機器及び教材 ⑦プリント類 ⑧その他）
- 教材教具を誰がどのようにして運ぶか

教室に入るときの心構え
- 教室に入るときの表情
- 最初にどんなことばを発するか
- Casual conversation の内容は
- 服装・身なりは。

1. Greeting
   - どんな挨拶をするか
   - だれにするのか（全体から個へ）
2. Casual conversation

○ どのような会話をするか

　　○ Topics はどこから収集するか

3. Warm-up

　　○ どんな活動をおこなうための warm-up であるか

　　○ warm-up にはどんなものがあるか

　　○ 実際に自分でやってみて，その効果を肌で感じとる

　　　a. Warm up:　①　語彙を増やす

　　　　　　　　　　②　英語使用の設定の工夫

　　　b. Dictation を毎時間おこなう

4. Review

(1)　Review reading／Story-telling

　　○ reading の手順をふまえること

　　　① Pronunciation drill with flash cards

　　　② Model reading

　　　③ Choral reading

　　　④ Free or buzz reading／Read and look up

　　　⑤ Individual reading

　　○ 英語らしい音調で読むことができるためにはどんな指導をしなければならないか

　　○ ①〜⑤以外の reading の形態にはどんなものがあるか

(2)　Check of understanding

　　○ Review 教材の内容について英語で質問することの意義

　　○ 英問英答以外にどのような check of understanding の方法があるか

(3)　Short test

　　○ Short test をおこなうとしたら，そのねらいは何であるか。ねらいに合った test の形式はどのようなものが考えられるか。採点方法・記録・評価はどのようにするか。評定にはどのように結びつけるか

5. Presentation of the new materials
(1) Oral Introduction or Oral Interaction
   ○ どのような補助教材を用いるか
   ○ 所要時間はどれくらいが適当か
(2) Check of understanding
   ○ 英語で質問するのか。日本語で質問するのか
   ○ T or F で内容の理解度を check するのか
   ○ その他の方法はどのようなものか
   ○ check 方法に生徒は通じているか
   （初めての方法だとしたらどのように check の方法を説明するか）
   ※ 音声教材を聞かせるとしたら，どこの段階でどのように聞かせるか
6. Reading
(1) Pronunciation drill with flash cards
   ○ フラッシュカードよりよい方法または教具はあるか
(2) Model reading
   ○ 教科書準拠の音声教材に任せるのか
   ○ 教師が model reading をやるのか
   ○ 両方をおこなうのか
(3) Choral reading
   ○ reading speed はどうしたらよいのか
   ○ 生徒が英語らしい音調で音読できるためには，どのような点に配慮すべきか
(4) Free or buzz reading／Read and look up
   ○ まだ音読できない生徒にはどのような点に配慮したらよいか
   ○ 遊んでしまう生徒はいないか
   ※ read and look up は，どこでやればよいか
(5) Individual reading

○ Individual reading の大切さを再認識すること

　※　individual reading がない授業はどんな授業なのか

参　考

○ 音読(oral reading) と 黙読(silent reading)
○ 音読：①　内容を考えずに音読する
　　　　②　内容を理解できた上で音読する
　　　　③　内容を理解するために音読する
○ 音読をする際の　① sense group ② breath group ③ eye span の関係
○ 黙読　Sampling(抽出) → Predicting(予測) → Testing → Confirming
○ 読解のスタイル
　　①　精読(intensive reading)
　　②　多読(extensive reading)
○ 多読の指導計画の必要性
　　③　速読(rapid reading)　平均 280wpm／上限 900wpm
　　　　a. 文字の知覚力を高める
　　　　b. 文字の認知力を高める
　　　　c. eye span を広げる
　　　　d. 逆行読みを防ぐ
　　　　e. 予測力を高める(文脈を予測できる文法能力をつける)

7. Explanation of difficult points
　○ 日本語を使うときには，効果的な日本語を用いる
8. Consolidation and homework assignment
　○ Homework と授業との関連性
　○ 適切な所要時間を考慮する
9. Greeting

7-4-1. 授業を進めるうえでの注意事項

十分教材研究をして授業に臨むのは当然ですが，とくに，次のことを念頭におき授業を進めましょう。

1．4技能のバランスをとること。

   Listening → Speaking → Reading → Writing の指導順序を原則とする。

2．授業の進め方は一度決めたらやたらに変えないこと。

   生徒にも早く慣れさせ，次にどんなことをやるかがわかるようにしておくこと。

3．「全体から部分へ」を原則とする。

   英文の理解も「大意から細部へ」，練習も「クラス全体からグループを経て個人に」当ててゆく。

4．絵などを見せる時は，一度に全部出してしまわないで，一つひとつ出してゆくこと。

5．絵は下手なほどよいとする。

6．発問は全体を対象にしてから，1人を指名する。

7．「わかりましたか。」"Do you understand?" は禁句とする。

   実際にやらせてみて，理解したか否かを判断すること。

8．授業はできるだけ英語で進めること。日本語の効果的な使用を常に考えること。

9．いかにほめるかを常に念頭において授業を進めること。

10．Motivator としての教師の役割を忘れないこと。

7-4-2. 授業から学ぶ

教師は「よい授業」をできるだけ多く観ることによって，また，できるだけ多く「自分の授業」を人に観てもらうことによって成長します。生の授業を観る機会は限られていますが，いまや，ビデオで授業を観ることができます。観

た授業について意見の交換をすることが大切です。次の(1)～(4)はJ大学の3年生が，A先生の授業を観た感想です。

A先生の授業を観て

(1) Aさん

　A先生は女性であるということもありますが，今までビデオで紹介された授業の中で最も親近感をもって見ることができましたし，女性特有の心遣いの細やかさが印象的でした。男性教師ではあそこまで表情豊かに生徒に目を向けることができるでしょうか。参考に見てきた英語教師に共通してみられる，声の大きさ・テンションの高さ(生徒を引き込むパワフルさ)・生徒の間違いに対するフォロー・誉め・スピード感……はあえて触れないことにします。

　授業の一番最初にリズムにのってオリジナルの歌を生徒に歌わせていましたが，生徒の表情も楽しそうでしたし，授業の雰囲気づくりやフレーズを定着させるのによかったと思います。音響効果は特に聴力が必要とされる英語には非常に有効だとかんじました。また，本題への導入を生徒とのコミュニケーションから発展させるのはアットホームな印象を受け，生徒は授業に「参加している」という気持ちになるため，英語の授業に対する気負いはないと思います。私の中学の頃の英語の授業を振り返ってみると，文法事項はきっちりと割り切って覚えさせられたという気がします。これはコミュニケーション能力により力を入れようとする時代の変化によるものなのでしょうか。最近は大方の子どもが塾に通い，そこでは受験に合わせた文法や読解の習得がおこなわれるわけですし，せっかく大勢の人が集まっている学校という場をコミュニケーションの練習の場として活用しない手はないと思います。

(2) Bさん

　終始，先生の顔が笑顔で，生徒たちに「英語って楽しいんだよ！」と訴えかけているみたいだし，安心感を与えておられました。間違って答えた時にも，もう発表したくないと思わせないような雰囲気づくりに長けていたと思います。声が大きくて，発音をはっきりゆっくりしているので聞き取りやすい。何回も生徒に繰り返しいわせるようにしていました。またリズムに乗ってWhere did you～？　などをいわせるので，覚えやすいし，身につきやすいのではないかと感じました。タイムリーな話題を使って，今日勉強しようとする文法を学ばせていた。これは子どもの興味を引くのに良いと思います。また，ペアワーク(隣の人と)ではたぶん以前学習した所だと思いますが，Where were you yesterday? と聞くことによって，復習

もしっかり行っていると思いました。

(3) Cさん

　まず最初に気づいたのが先生が一生懸命に，全力で授業を進めているという点です。声が大きく，パワフルに，ジェスチャーもまじえ，外国人のように表情豊かに話していて，あの授業だったら生徒は全く眠くならないだろうなあと思いました。一生懸命やっているというのは生徒に確実に伝わるものだと思います。かといって堅苦しくならず，自由で楽しい雰囲気をつくり上げているのもすごいなあと思いました。先生に呼ばれて皆の前で発表した生徒が楽しそうにしているのもあの授業全体の持つ雰囲気のおかげだと思います。

　次に，具体的な授業の進め方が，従来のように教科書のテープをきいて，読んで，先生が文法事項を黒板に書いて，生徒が写すといったような進め方とは全く違い，2人の生徒に昨日の出来事をいわせて皆で2人がどこにいたのか，過去形を使って答えるというのは，まるでクイズのようで面白いと思いました。発表するほうも過去形を駆使して文章を作るだろうし，発表者以外の生徒にとっても楽しみながら過去形を使うことができると思います。

　また，先生は父の日のためにプレゼントを買うというのを自分ひとりで一気に話してしまうのではなく，生徒にいちいち英語の単語を当てさせて話をすすめていっているので，先生から生徒へという一方的な授業にならず，双方のコミュニケーションが成り立っていると思いました。また，話の流れの中で上手に"will"を取り入れていました。授業の最後で「今日のポイント」といって，黒板に2文を書いて現在形と未来形の違いを説明していたのもいいと思いました。ただ話をするだけでは会話力の上達のみで終わってしまうかもしれませんが，黒板を使って視覚に訴えることにより生徒は文法事項も理解できたことと思います。私もA先生のような授業を受けたかったです。

(4) Dさん

　A先生ご自身がとても生き生きとしていたことが，とても良かったと思います。声が大きく，体全体を使って，授業されていらした様子が印象的でした。一生懸命教えようとする姿勢は，私も（もし先生になれたなら）見習いたいと思いました。videoで拝見する限り，20代の若さではないと思われますが，年齢を感じさせないような，powerfulでスピーディな授業でした。先生の一生懸命な態度を，生徒はちゃんと見ていると思います。

中学校英語科学習指導案・「視聴覚機器を使って生徒の興味付けに重点をおいた教材劇化の試み」
授業者：長　勝彦（東京都江東区立第三亀戸中学校教諭）

1　日時・場所　Date and Place

   1984（昭和59）年2月17日（金）　1：25pm〜2：15pm（50min）

   江東区立第三亀戸中学校

2　学級　Class

   江東区立第三亀戸中学校　1年H組

3　本課の主たる目標　Main Aims of This Lesson

   Lesson15 Part1　使用教科書　*The New Crown English Series 1*（三省堂）

   ・Canを含む会話で，相手の言うことに対して適切に応答することができる。（復習）

   ・間違いを恐れず積極的に現在進行形の表現を使う。

   ・現在進行形の文の意味・構造を理解する。

4　本課の評価基準　（◎■は本時の評価基準）　Evaluation Criteria

		A コミュニケーションへの関心・意欲・態度	B 表現の能力	C 理解の能力	D 言語や文化についての知識・理解
復習の活動	聞く				
	話す		◎①Canを使った疑問文に対して適切に応答することができる		①文構造についての知識がある。(Canの文)
	読む		②正しいイントネーション用いて音読することができる。	①？？？について正しく読み取ることができる	
	書く		③ディクテーションができる		
新教材 Lesson15	聞く				
	話す	◎①間違いを恐れず積極的に英語を話している。	④現在進行形を正しく用いて話すことができる。		②文構造についての知識がある。(現在進行形など)
	読む	②教科書本文を間違いを恐れず音読している。		②？？？について正しく読みとることができる。	
	書く		⑤キーセンテンスが書ける		

5 本時の主たる目標　Main Aims of Today's Lesson

　復　習

　　目標：Canを使った疑問文に対して適切に応答することができる

　新教材Lesson15

　　目標：①間違いを恐れず積極的に現在進行形の表現を使う。

　　　　　②現在進行形を用いた文の意味構造を理解する。

6 本時の学習　Details of This Period's Plan

評価規準	指導過程	生徒の活動	教師の支援
		英語のビデオを楽しむ	休み時間に英語のビデオを流す
ウォームアップの活動　Warm-up			
	1 Song 'How many boys do you see?'	英語の歌を歌いながら、英語授業への準備をする。	カセットテープをかけ、生徒とともに歌い雰囲気を作る。
	2 Greetings	英語で挨拶をする。生徒から先生へ日付を英語で聞く。	英語で挨拶をし、生徒の質問に答える。
復習の活動　Review Work			
表現の能力 <適切な発話> B①Canを使った疑問文に対して適切に応答することができる。 (スキット)	3 Talk and Listen Cardを使ったスピーキング活動 Can you go to...?	(1) Talk and Listen Cardを教師の後に続いて発音練習をする。 (2) ペアになり会話練習を行う。 (3) 指定された生徒は、ビデオカメラの前で対話をする。他の生徒は対話風景を観察、評価する。 (4) 録画した対話を見ながら自己評価表に自己の評価および友達の評価を記入する。	(1) Talk and Listen Cardのモデルを読む。 (2) ビデオ撮りの準備をする。 (3) 評価規準を生徒に伝え、自信を持って取り組めるよう励ます。 (4) 録画したビデオを巻き戻し、再生する。
新教材の導入　Introduction of New Materials			
関心・意欲・態度 <取り組みの姿勢> A①間違いを恐れず積極的に現在進行形の文を使う。 (活動の観察)	4 Oral Introduction 1 / 現在進行形	(1) 身近な先生がスポーツをしているビデオを見ながら現在進行形の表現に慣れる。 (2) 教師の後に続いて表現を練習する。 (3) 全体で練習した後個人で発音する。 (4) 現在形と現在進行形を比較する。	(1) ビデオでスポーツをしている先生の姿を流しながら、現在進行形の表現を言う。 (2) 慣れてきたらモデルを示し、練習させる。 (3) 全体で練習した後個人を指名する。 全体→Double Repetition→個人 (4) 現在形との違いに気づかせるようにする
	5 Oral Introduction 2 / Lesson 15 (1) Oral Introduction (2) New Words(1) (3) Listening (4) Choral Reading(1) (5) Buzz Reading (1) (6) New Words(2) (7) Choral Reading(2) (8) Buzz Reading (2) 　　(☆読み) (9) Writing (10) まとめ	(1) 教師の英語やジェスチャーを見ながら意味を考える。 (2) カードを見ながら発音を練習する。 (3) 教師の英語を聞き、内容を理解する。 (4) 教師の後に続いて教科書の音読練習。Read and Look Upをする。 (5) 個人のペースで音読練習をする。 (6) カードを見ながら単語の発音練習。 (7) 教科書の音読 (8) ☆読み	(1) なぞなぞなどを用いて興味を惹き付けながら、内容を導入する。 (2) フラッシュカードを用いて、新出語句の発音モデルを示す。初めはじっくり見せ、慣れたらカードをフラッシュ。 (3) 教科書を音読しモデルを聞かせる。 (4) モデルを示し、発音練習をさせる。 (5) 音読が不十分な生徒を支援する。 (6) フラッシュカードを用いて、もう一度新出語句を練習させる。 (7) もう一度教科書を練習させる。 (8) 5回読んだら☆を1つ教科書に書くように指示する。

		(9) 教科書本文をノートに書く。1回書いたら、教科書のページの下に☆を1つ書く。 (10) 教科書のキーセンテンスにアンダーラインを引く。	(9) うまく書けない生徒を支援する。 (10) キーセンテンスにアンダーラインを引くように指示し、解説をする。
	6 Closing	今日の授業を振り返る。 英語で挨拶をする。	まとめと宿題等の指示をする。 英語で挨拶する。

※この指導案は1984年に江東区立第三亀戸中学校で行われた長勝彦先生の授業ビデオを元に,現在の指導案の書式に書き直したものです。ビデオを元に,当時の長先生のねらいを想像しながら書き起こしたので,実際の授業である長先生の意図とは違う解釈になっている可能性があります。この点をご理解の上ご活用下さい(復刻　大田区立御園中学校　山本崇雄　2005.4.28)

提供・浜島書店

【木村松雄・長　勝彦】

[学習課題]

1．1単元分の授業案を作成してみましょう。
2．1の授業に対して生徒が家庭でおこなう課題を具体的に考えてみましょう。
3．中学校で扱う文法項目をそれぞれのように導入すべきか具体的に考え,友人と意見交換してみましょう。

[参考文献]
白畑和彦他著『改訂版　英語教育用語辞典』大修館書店，2009年
文部科学省『中学校学習指導要領』2008年
東京書籍編集部編「中学校英語学習指導要領改訂のポイント」東京書籍，2008年
長勝彦「雪の日の授業をあなたに」(授業動画DVD)浜島書店，2010年

8　高等学校英語教育の展開

> **キーワード**
> コミュニケーション＊外国語指導助手（ALT）＊言語機能＊ティーム・ティーチング＊必履修教科・科目

　2013年度から施行される2009年版高等学校学習指導要領は，1998年版のそれよりも，英語を聞く・話す能力の養成に，よりウエートをおいているといえます。今回の『学習指導要領』改訂は，「聞くこと・話すこと」を中心としたコミュニケーション能力の養成をめざした高等学校の英語教育における変化を，即効的に求めている点が大きな特徴であるといえます。そのことは，2009年版学習指導要領の「第3款　英語に関する各科目に共通する内容等」に，以下のように記されていることから理解できます。

> 4　英語に関する各科目については，その特質にかんがみ，生徒が英語に触れる機会を充実するとともに，授業を実際のコミュニケーションの場面とするため，授業は英語で行うことを基本とする。その際，生徒の理解の程度に応じた英語を用いるよう十分配慮するものとする。

　ここには，「授業は英語で行うことを基本とする」というこれまでの学習指導要領においては見られない表現が使われています。つまり，従来の高等学校の英語教育が，読む・書く，あるいは英文を読みそれを日本語に訳すという授業に偏っていたことへの批判として，このような表現が用いられていると考えることができるでしょう。換言すれば，高等学校の英語教育が大きく変革することを，学習指導要領上で求められているということです。

したがって，日本の初等・中等教育が学習指導要領によって規定されている以上，好むと好まざるとにかかわらず，高等学校の英語教育を取り巻く環境が大きく変化せざるを得ないことは確かです。ただ，このような変化への布石は，以下にあげた3つのことがらに，すでに見いだされていたのです。

① 小学校における「総合的な学習の時間」をとおして，聞く・話す活動として英語を学んだことがある子どもたちが，すでに高等学校へ入学してきていること。
② 2002年度から施行されている中学校学習指導要領の内容が，それ以前の中学校学習指導要領以上に，「聞くこと・話すこと」を重視した内容に変化していたこと。
③ 2006年1月実施の大学入試センター試験から，リスニング・コンプリヘンション(listening comprehension)テストが導入されたこと。

以上のような状況をふまえ，高等学校における英語教育も，教育の継続性の観点から，小学校の「外国語活動」や中学校の英語教育と足なみをそろえることが必要となり，「聞くこと・話すこと」を中心とした英語教育へと抜本的に改革することにならざるを得なかったととらえることができるでしょう。

8-1.『学習指導要領』

8-1-1. 英語に関する教科

高等学校学習指導要領では，英語に関する教科を次の2種類に分類しています。
① 教科外国語に属する科目としての英語
② 専門教育に属する教科としての英語

一般に，普通科と呼ばれる高等学校での英語は，①を対象としていますので，高等学校の英語という場合には，①をさすことになります。②は，商業や工業，農業などを専門とする高等学校があるように，外国語を専門とする高等学校があり(外国語科を設置しています)，そこで教えられる英語をさしています。

2011年度施行の学習指導要領では，①の場合，外国語は「必履修教科・科目」のなかに位置づけられ，外国語科目として英語を指定した場合，「コミュニケーション英語Ⅰ」が規定されています。下の表は，高等学校における英語の内容を，標準履修単位数を含め，上記①と②を合わせてまとめたものです。

外国語(英語)の科目と標準単位数

教科	科目	標準単位数
外国語	コミュニケーション英語基礎 コミュニケーション英語Ⅰ コミュニケーション英語Ⅱ コミュニケーション英語Ⅲ 英語表現Ⅰ 英語表現Ⅱ 英語会話	2 3 4 4 2 4 2
英語	総合英語 英語理解 英語表現 異文化理解 時事英語	設置者の定める ところによる

一般的に，教科「外国語」として英語を学習する場合が大半である現状にかんがみ，以下では，「コミュニケーション英語基礎」「コミュニケーション英語Ⅰ・Ⅱ・Ⅲ」「英語表現Ⅰ・Ⅱ」「英語会話」の内容について，学習指導要領の観点から説明をすることにします。

8-1-2.「コミュニケーション英語基礎」

「コミュニケーション英語基礎」と「コミュニケーション英語」における内容的なちがいは，学習指導要領の目標に見いだせます(巻末資料を参照)。「コミュニケーション英語」のほうが，「コミュニケーション英語基礎」よりも，高い英語の能力を求めていることを読み取ることができると思います。「コミュニケーション英語基礎」は，学習指導要領にも記載されているように，「中学校における学習との接続」と「コミュニケーション英語Ⅰ」との橋渡しをする役

目を負っているといえます。したがって,「コミュニケーション英語基礎」では,「中学校における基礎的な学習内容を整理して指導し定着を図るものとする」と学習指導要領に記されています。ですから当然のことですが,「コミュニケーション英語基礎」は,「コミュニケーション英語Ⅰ」よりも前に履修することが求められています。

とくに中学校の学習内容にかかわっては,「言語の使用場面の例」および「言語の働きの例」をふまえたうえで,高等学校において「コミュニケーション英語基礎」をおこなうことが求められているといえます。もちろん,高等学校学習指導要領においても,「言語の使用場面の例」および「言語の働きの例」が示されていますし,その内容は中学校学習指導要領に記されている事項と重なり合う部分が多く見られますので,「言語の使用場面の例」と「言語の働きの例」については,「コミュニケーション英語基礎」に限らず,常に留意する必要があるといえるでしょう。

また,これまでの学習指導要領に見られた「文型」および「文法事項」の項目も残されており,文法的な内容と「言語の使用場面の例」および「言語の働きの例」との折り合いをどのようにつけるのかについては,今後も重要な課題になるといえます(なお,「文型」・「文法事項」と「言語の使用場面の例」・「言語の働きの例」との兼ね合いに関する理論的な考え方は,本章の8-2.で詳述します)。とくに,「授業は英語で行うことを基本とする」という文言にかんがみるとき,文法項目の指導を重視した授業展開が求められているのではないことは明らかです。

また,標準単位数からおわかりになるとおり,「コミュニケーション英語基礎」は,1週2時間を標準としています。

8-1-3.「コミュニケーション英語Ⅰ・Ⅱ・Ⅲ」

「コミュニケーション英語」に共通する考え方は,学習指導要領の「目標」に示されています。「コミュニケーション英語Ⅰ・Ⅱ・Ⅲ」いずれにも共通する文言として,「英語を通じて,積極的にコミュニケーションを図ろうとする

態度を育成するとともに，情報や考えなどを的確に理解したり適切に伝えたりする能力」が見いだされます。つまり，実生活において必要とされる英語力を養成することが求められているのです。したがって，学習指導要領の「内容」では，「概要や要点をとらえる」「結論をまとめる」「簡潔に書く」などの言葉が用いられています。

　また，「コミュニケーション英語」に対して誤解していただきたくない点は，これらの科目が「聞くこと・話すこと」だけをめざした科目ではないということです。このことは，学習指導要領の「内容」を読めばわかることですが，「事物に関する紹介や対話などを聞いて」，「説明や物語などを読んで」，「情報や考えなどについて，話し合ったり」，「まとまりのある文章を書く」(傍点は筆者による)という記述が見られることから，4技能を扱う科目であることが理解されるでしょう。そのような意味では，1998年版高等学校学習指導要領記載の科目であった「英語Ⅰ」や「英語Ⅱ」という科目と類似の性格を帯びているといえます。ただ，「英語Ⅰ」や「英語Ⅱ」は，往々にして英文解釈や英文読解の科目であるととらえられていた点に問題があったといえます。すなわち，多くの高等学校では，従来から「英語Ⅰ」や「英語Ⅱ」が訳読の授業として位置づけられ，それがおこなわれていたことにかんがみ，今回の学習指導要領改訂において，「コミュニケーション」という言葉を科目名に明記し，かつ「授業は英語で行うことを基本とする」という文言が加えられることになったととらえることが，妥当であるといえるでしょう。したがって，学習指導要領には「聞く・読む・話す・書く」の4技能すべてが盛り込まれていることにかんがみ，いずれか1つの技能に偏った指導をおこなうのではなく，4技能すべてに及ぶ指導が求められていることを念頭におくことが重要です。その意味で上記の点は，中学校学習指導要領の内容と相通ずる事項でもあります。中学校学習指導要領においては，「聞くこと・話すこと」に重点をおくことを求めつつも，4技能に領域を分けたうえで，それぞれの領域の目標を設定しています。したがって，高等学校になったからといって，英語の指導内容が，英文解釈や英文

読解に偏ってしまうことはあってはならないことなのです。

　「コミュニケーション英語」においても，「言語の使用場面」「言語の働き」もふまえることが求められています。また，語彙数に関しては，中学校で学習する1200語程度の単語に加えて，「コミュニケーション英語Ⅰ」では400語程度の新語を，「コミュニケーション英語Ⅱ」では「コミュニケーション英語Ⅰ」の新語に700語程度の新語を，「コミュニケーション英語Ⅲ」では「コミュニケーション英語Ⅱ」の新語に700語程度の新語を，それぞれ加えることと定めています。したがって，仮に「コミュニケーション英語Ⅲ」まで学習した場合，高等学校では合計（400語＋700語＋700語）で1800語程度を学習することになっています。

　標準単位数からわかるとおり，「コミュニケーション英語Ⅰ」は1週3時間を標準（1週2時間まで減ずることができるとされています）とする必修科目と規定し，「コミュニケーション英語Ⅱ」は1週4時間を，「コミュニケーション英語Ⅲ」についても1週4時間を標準授業時間数と規定しています。なお，「コミュニケーション英語Ⅰ」を履修したあとに「コミュニケーション英語Ⅱ」を，「コミュニケーション英語Ⅱ」を履修したあとに「コミュニケーション英語Ⅲ」を履修することになっています。

8-1-4.「英語表現Ⅰ・Ⅱ」

　「英語表現」に共通する考え方も，学習指導要領の「目標」に示されています。「英語表現」いずれにも共通する文言として，「英語を通じて，積極的にコミュニケーションを図ろうとする態度を育成するとともに，事実や意見などを多様な観点から考察し，論理の展開や表現の方法を工夫しながら伝える能力」が見いだされます。科目名からも明らかなように，事実に基づきその内容を「どのように表現するか」が問われており，論理的な表現方法や発表の仕方を工夫することが求められています。

　「英語表現」についても誤解していただきたくない点は，これらの科目も

「聞くこと・話すこと」だけをめざした科目ではないということです。このことは，学習指導要領の「内容」を読めばわかることですが，やはり「聞く・話す・読む・書く」という記述が見られることから，4技能すべてを扱う科目であることが理解されるでしょう。

また，標準単位数からわかるとおり，「英語表現Ⅰ」は1週2時間を標準とし，「英語表現Ⅱ」は1週4時間を標準授業時間数と規定しています。なお，「英語表現Ⅰ」を履修したあとに「英語表現Ⅱ」を履修することになっています。

8-1-5.「英語会話」

科目名から明らかなように「会話」ですので，「聞くこと・話すこと」にかかわる科目であることがわかります。外国人英語指導助手(Assistant Language Teacher/ALT)の活用を心がけたい科目であると同時に，学習指導要領の「内容 (1) エ」に「海外での生活に必要な基本的な表現を使って，会話する」と記載されていることから，海外に出かけたときに出会う可能性が高い場面を設定し活動をおこなうことが求められています。とくに，海外に修学旅行や研修等に出かけることがある学校の場合には，それと連関させることも考慮に入れることが必要でしょう。

8-2.「言語の使用場面・働き」と「文型・文法事項」の関係

学習指導要領で用いられている「言語の使用場面」，「言語の働き」，「文法事項」という言葉は，シラバス(syllabus)構成の原理の視点からそれぞれ，「場面中心のシラバス」(situational syllabus)，「概念・機能中心のシラバス」(notional-functional syllabus)，「文法中心のシラバス」(grammatical syllabus)という言葉に置き換えることができます。理論的には，それぞれのシラバスは独立したシラバスであり，これらが折衷されたシラバスは，基本的に存在していません。したがって，学習指導要領では，これら3種類のシラバスに盛り込まれる内容

のすべてが取り上げられていることになり，「言語の使用場面」「言語の働き」「文法事項」をどのように調和して授業で扱うかが課題になっているといえます。この点は，1998年度版学習指導要領から踏襲されていることがらです。

参考になる考え方の1つは，**コミュニカティヴ・アプローチ**(Communicative Approach)において，言語の機能(function)と文法事項(grammatical items)を折衷したシラバスが，Brumfit(1981, pp.46-51)により提唱されている点に見いだすことができるといえます。文法事項を中心とし，その周囲に言語の機能(働き)にかかわる要素を螺旋(spiral)状に絡めていく考え方です(図を参考にしてください)。

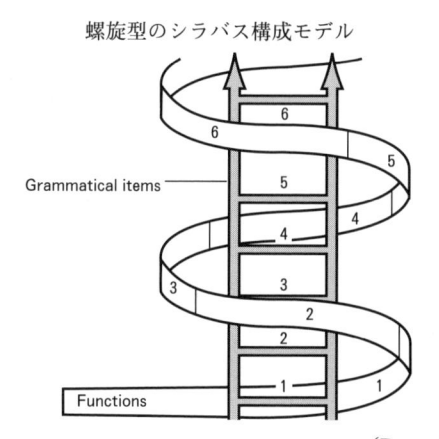

→p.263

螺旋型のシラバス構成モデル

(Brumfit, p.50 より引用)

学習指導要領では，言語の機能と文法事項に加え，場面も入れる必要がありますので，状況はより複雑です。場面・機能・文法事項をすべて織り混ぜることはむずかしいと考えられますので，場面と機能，場面と文法事項，機能と文法事項という3通りの組み合わせを考え，学習内容に応じてこれらのなかから相応しい組み合わせを取り上げることが，現実であるといえるでしょう。

8-3. 授業の展開

 以下では，高等学校における英語の授業のなかから，必履修科目に該当している「コミュニケーション英語Ⅰ」の授業の進め方や留意点と，高等学校の英語の授業展開の方法について説明します。

8-3-1.「コミュニケーション英語Ⅰ」

 本章8-1-3.においてすでに述べたように，「コミュニケーション英語」において求められている内容は，4技能にかかわることがらであって，決して「聞くこと・話すこと」に限定されているわけではありません。ただ，学習指導要領の「2 内容(1)」において述べられているように，「生徒が情報や考えなどを理解したり伝えたりすることを実践するように具体的な言語の使用場面を設定」することが求められています。また，「3 内容の取扱い」には，「多様な場面における言語活動を経験させながら，中学校や高等学校における学習内容を繰り返して指導し定着を図るよう配慮するものとする」という文言も見られます。これらのことをふまえると，中学校の英語教育のすぐ上に位置づけられる科目が，「コミュニケーション英語Ⅰ」であると理解されますので，高等学校入学後すぐの授業では，中学校で学習した内容の復習となる学習項目を取り上げることが，学習内容における中学校との接続の観点からは重要になるといえます。

 以上から考えて，「言語の使用場面」でまず取り上げることが望ましい項目は，たとえば「買い物，旅行，食事，電話」になるでしょう。これらの項目は，高等学校学習指導要領のみならず，2008年版中学校学習指導要領にも記載されており，中学校における学習の橋渡しとしては適切な内容であるといえます。これらの項目の復習を先におこない，徐々にこれらの場面に関係のある学習内容を膨らませ，新しい表現を導入することが適切な方法といえるでしょう。また，「言語の働き」に関する項目においても，中学校との接続を考慮に入れた

内容が記されています。中学校学習指導要領と高等学校学習指導要領の「言語の働きの例」には共通して,「aコミュニケーションを円滑にする,b気持ちを伝える,c情報を伝える,d考えや意図を伝える,e相手の行動を促す」が記されています。これらの項目に記された具体的な例には,同じことがらが重複しています。つまり,「コミュニケーション英語Ⅰ」では,「言語の働き」に関しても,中学校学習指導要領と重なる内容から始めることが望ましいといえるでしょう。

授業は,日本人教師が一人でおこなう方法と,日本人教師と外国人英語指導助手(Assistant Language Teacher/ALT)の二人でティーム・ティーチング(team teaching)でおこなう方法の2種類が考えられます。英語を聞く・話すことに焦点を当てた授業になる場合には,ティーム・ティーチングでおこなうことが望ましいでしょう。

たとえば,上述の「食事」の場面を考えた場合,レストランでの対話を場面として設定し,英語で書かれたメニューを用意し,ウエーターやウエートレス,客などの役割分担を学習者・教師がおこない,実際に注文を受け(あるいは出し),注文された食べ物や飲み物を出し(あるいは受け取り),その代金を受け取る(あるいは払う)という一連の活動をおこない,そのなかにALTが加わることで,より現実的に英語を聞く・話すという状況をつくり出すことができます。また,「レストラン」での場面には,学習指導要領に示された「言語の働き」の例として,「相づちを打つ」「聞き直す」「繰り返す」「言い換える」「依頼」「説明」などが含まれてくることになりますので,言語の使用場面と言語の機能を組み合わせて導入することも可能になるでしょう。さらに,上記の方法を採った場合,ロール・プレイ(role-play)による活動として位置づけることができ,学習指導要領の「第4款　各科目にわたる指導計画の作成と内容の取扱い2(4)」に記された「グループ・ワークなどを適宜取り入れ」ということへの対応にもなるでしょう。

➡p.266

また,「言語の使用場面b」に記された「生徒の身近な暮らしや社会での暮

らしに関わる場面」の「学校での学習や活動」を例として取り上げると，ティーム・ティーチングでおこなう授業であれば，ALT に自分たちの学校を紹介するビデオを英語で作成する活動が考えられます。日本人教師が一人でおこなう授業において，紹介する場所の選定，紹介する場所の撮影，紹介する内容を英語で文章化するなどの準備活動をグループ・ワークでおこない，紹介ビデオをグループごとに完成します。ティーム・ティーチングの授業の際に，そのビデオを ALT と作成に関与しなかったグループの生徒に見せます。見終ったあとで，その内容に関する質疑応答までおこなえば，「コミュニケーション英語」に求められている4技能を含んだ活動となり，学習指導要領の目標を達成するに足る十分な活動になりますし，ビデオ作成だけが目的化することにはならず，作成した内容に関する話し合いにまで発展させることができます。また，ALT のように，自分たちの学校を必ずしもよく知らない外国人に対して紹介するのであれば，紹介する意味だけでなく，英語を使う動機づけとしての意味も明確になり，コミュニケーション活動としての意義もはっきりするでしょう。日本人教師と ALT の役割分担を意識した授業構成を考えることにより，4技能のバランスをふまえた授業づくりが可能となるでしょう。

　ただ，一般的には上記のような授業だけをおこなうことはむずかしいといえます。それは，学校の授業では検定教科書が使われており，それをまったく無視することは現実的ではないと考えられるからです。したがって，検定教科書を使った授業と，検定教科書の内容を発展させた授業とを連関させ，日本人教師がおこなう授業では検定教科書の内容を中心に扱いながら ALT とのティーム・ティーチングの授業の際に困らない準備をおこない，ティーム・ティーチングの授業では「聞くこと・話すこと」に完全に絞った授業を展開するという方法が，相応しいといえるでしょう。

　では，日本人教師が一人でおこなう検定教科書を用いた授業は，一般的にどのようなスタイルになるのでしょうか。

8-3-2. 高等学校の授業展開

 すでに述べたように,高等学校の英語の授業は,教師が文型・文法事項を中心に,発音・語彙に関する説明をおこない,学習者は割り当てられた箇所の英文を音読し,それを日本語に訳す作業に限定されるわけではありません。高等学校の授業においても中学校の授業と同様に,4技能を偏りなく扱うことが必要となります。したがって,授業中における学習者の言語活動の量を十分に確保し,また言語活動を質的にも中学校の内容よりも高くできるかどうかがポイントになるといえます。したがって,これまで見てきましたように,高等学校の英語の学習内容が,基本的には中学校での学習内容の上に積み重ねられていることにかんがみ,授業の構成原理は中学校における授業のそれと大きなちがいはないといえます。ですから,以下に示した中学校における授業の展開方法の基本にそって,高等学校における英語の授業も展開することが望ましいでしょう。そうすることにより,授業展開という意味において,中学校と高等学校の接続や連携も容易に確立されることになります。

    英語の授業の展開
   ① Warm-up(ウオーミング・アップ)
      ↓
   ② Review(前の時間の復習)
      ↓
   ③ Presentation of the new material(s)(新しい教材の提示)
      ↓
   ④ Practice(言語材料の練習)
      ↓
   ⑤ Reading(教材の音読と内容理解)
      ↓
   ⑥ Consolidation(まとめと宿題の指示)

 ①〜⑥のそれぞれの段階で具体的に取り上げる事項は,以下のとおりです。

① Warm-up

英語での挨拶，身近なことがらに関する簡単な内容の英問英答，教師または学習者による簡単なスピーチなど，3〜5分程度でできる活動をおこない，これから英語を学ぶという雰囲気づくりをおこないます。

② Review

前時の学習内容を，復習します。通常は，教科書で前の時間に扱った箇所を復習することになります。まず，教科書付属のテープなどを用い，教科書本文の該当箇所を聞かせ，内容を確認させます(必要に応じて，テープを聞かせる回数や，教科書を開かせるか閉じさせるかなどを調整します)。つぎに，教科書本文の音読練習をクラス全体でおこない，発音の確認をおこないます。その後，教材の内容に応じて，True or False，英問英答，重要な文型・文法事項に関するパタン・プラクティス➡p.265(pattern practice)などの口頭練習をおこないます(教科書の内容がストーリー性を帯びている場合には，True or False や英問英答などが相応しいですし，重要な文型・文法事項が出ている場合には，それらが定着しているか否かを確認する練習をおこなう必要性があります)。また，ディクテーション(dictation)により，教科書のターゲット・センテンス➡p.266(target sentence)の書き取り(テスト)をおこなうことも効果的でしょう。前の時間に学習した教材内容と照らし合わせ，全体で5〜10分程度でできる活動を工夫します。

③ Presentation of the new material(s)

オーラル・イントロダクション➡p.265(oral introduction)や，オーラル・インターアクション➡p.265(oral interaction)により，できる限り既習の学習事項を用い，新しい教材の内容を導入・提示します。視覚的な補助として，イラスト，マンガ，絵，写真，実物(realia)などを適宜用い，学習者の理解を助ける工夫をします。日本語を用いないことが，重要です。高等学校では，一般的に予習を前提とした授業がおこなわれている場合が多いと考えられます。予習を前提とするか否かにより，オーラル・イントロダクションやオーラル・インターアクションの内容の難易度に，ちがいが生ずることになります。とくに，予習を前提としな

い場合には，細心の注意を払った展開が必要となります。オーラル・イントロダクションでは，新しい教材の内容提示が終わったあとで，内容に関する簡単な英問英答をおこないます。オーラル・インターアクションでは，学習者とのやり取りの過程をとおして，内容理解がなされているか否かを確認する英問英答をおこないます。つぎに，新しい教材に出てくる文法事項を説明します。文法事項の説明は，できる限り簡単に済ませたいものです。なぜならば，言語の能力は，教師の説明を聞くだけでは上達するはずもなく，学習者自らが言語を使った練習にできる限り多くの時間を費やすことにより身につくと考えられるからです。すでに説明しましたが，学習指導要領において「英語で授業を行うことを基本とする」とうたわれている以上，日本語を使って文法事項の説明に多くの時間を割くことは，本来の英語の授業の主旨に反することになりますので避けてください。学習者の練習時間をできる限り多く確保するためにも，必要最小限に絞った文法事項の説明を心がけてください。なお，文法事項の説明のために，図や表などを用い，視覚的に訴えかける方法を採ることは，効果的であるといえます。時間的には，10～15分程度で全体が終わるようにしたいものです。

④ Practice

新しい教材に出てくる文法事項を中心に，口頭練習で定着をはかります。練習の方法は，初めにパタン・プラクティスなどのドリル(drill)をおこない，文法事項の基礎を定着させ，次にペアー・ワーク(pair work)を用い，身についた文法事項の基礎を対話で使えるように応用し，最後に自分のことについてグループで対話をさせるインタビュー・ゲーム(interview game)やロール・プレイなどの発展学習をおこない，コミュニケーション活動につながるようにし，複数の人々とより創造的に言語を使う活動を導入します。ペアー・ワークやゲーム，ロール・プレイには，教師がワーク・シート(work sheet)を準備するなどし，活動が円滑に進むよう工夫することが必要です。また，ALTとのティーム・ティーチングによる授業の場合には，この段階に多くの時間をかけ，とく

にコミュニケーション活動を充実させることになります。なお，通常日本人教師が一人でおこなう授業では，時間は全部で10分程度が目安です。

⑤ Reading

新しい教材の本文(通常は教科書の本文に該当します)を，理解する過程です。まず，新出単語の発音練習と意味の確認をおこないます。フラッシュカード (flash card)を用いることも，1つの方法でしょう。また，新出単語の意味の確認は，教科書本文とは異なる例文を提示し，そのなかでおこなうことが望ましいでしょう。なぜならば，単語の意味は，文章のなかに入れられて初めて決められるからです。つぎに，教科書を閉じたまま，教科書本文をテープなどで聞かせます。この場合，内容的な聞くポイントを，あらかじめ質問として提示しておくことが大切です。日本語による質問でも構いませんし，英語による簡単な質問(yes/noで答えられる程度の質問)でもよいでしょう。いずれにしろ，内容理解の助けとなるようなポイントを含んだ質問を提示しておき，本文を聞き終わったあと，解答を合わせます。そのあとで，本文の内容について説明をします。一般的に高等学校の場合，本文の内容説明は，全文訳として扱われる傾向にあります。しかし，全文訳には多くの時間を必要とし，時間的に訳以外の活動を妨げる要因にもなります。また，常に全文を訳さなければ気が済まないという傾向を学習者に植えつけることや，訳すことはできたものの内容はとらえられていないという事態を生み出すなど，弊害が多くあります。したがって，本文のなかでとくに重要であると判断される部分に絞って訳をおこない，全文訳を避けることが必要です。この点は，上記④でも確認しましたが，学習指導要領の主旨にある「授業は英語で行うことを基本とする」をふまえれば，明らかなことです。ですから全文訳をやる代わりに，本文の内容に関するTrue or False，英問英答，要約文の穴埋めなどをおこない，本文全体の内容がとらえられていることを確認する活動を重視し工夫します。なお，学習者がどうしても教科書本文の全文訳に拘泥するなど極端な場合には，教師があらかじめプリントとして用意した教科書本文の全文訳を，授業の終わりに配布することも1

➡p.264

つの方法でしょう。全文訳を配布することで，学習者が言語活動に専念できる環境が準備されることになります。ただ，これもごく限られた場合にのみおこなうことであり，とにかく日本語に訳さなければ英語が理解できないという状況を学習者につくり出さないことが，英語教師には求められています。時間的には，全体で15分程度が目安となります。

⑥ Consolidation

ここでは，1時間の授業のまとめを中心におこないます。新出単語と教科書本文の発音練習，書くことをとおして新出の文法事項の定着を図るためのドリル的な練習など，1時間の授業の最も重要な内容を確認します。また，必要に応じて，宿題も出します。時間的には，5分程度でできる内容にします。

おわりに

高等学校の英語教育が，完全に音声中心に移行する時期にきていること，ならびに音声中心の英語教育をどのように展開していくかについて本格的に考えることが求められている状況を，理解していただけたことと思います。中学校における英語教育は，1998年版学習指導要領が2002年度から実施されて以降，音声中心へと変化を遂げていますし，小学校でも2002年度以降「総合的な学習の時間」で「英語活動」が音声を中心としておこなわれてきており，音声に慣れ親しんだ子どもたちが，すでに中学校を経て高等学校に進学してきています。とくに2011年度から小学校において「外国語活動」が導入され，5・6年生のすべての子どもたちが週1時間音声を主体とした「英語活動」の授業を受け，その子どもたちが高等学校1年生を迎える2015〜2016年度からは，音声による英語教育を日常的な状況として受け入れてきた子どもたちを相手に，高等学校の英語の授業がおこなわれることになります。ですから，大学受験を理由にした従来型の文法訳読式の授業では，学習者の要求には応えられない結果になっています。小学校，中学校で音声中心の英語教育がおこなわれている現状に呼応し，高等学校における英語教育も音声重視へと早急な変革の必要性に

迫られているといえます。

【木塚 雅貴】

> [学習課題]
> 1．高等学校の英語の教科書本文の訳は，どのように扱うことが求められているのでしょうか。
> 2．「コミュニケーション英語」の授業において，「聞く・話す」活動と「読む・書く」活動をどのように関連させて扱うことが求められていますか。
> 3．「コミュニケーション英語Ⅰ」の教科書を用いて，1時間の授業の指導案を作成してみましょう。

[参考文献]

Brumfit,C.J. Teaching the 'general' student. *In Communication in the Classroom* (Johnson,K. & Morrow,K. eds.). Harlow: Longman. 46-51. 1981.

9 英語科の評価

キーワード
判断，評価＊略式テストと形式の決まったテスト＊テストの信頼性，妥当性，実用性＊部分的測定法と統合的測定法＊客観的評価と主観的評価

　通常の授業のなかで，教師は特別に意識しなくても生徒たちの活動や反応を見ながら，その学習過程や結果についてさまざまな判断，評価(evaluation, assessment)をしています。つまり評価とは，活動や行動全般の観察を含めた「価値づけ」による判断です。なんのために(目的)，何を，どのようにして(方法)，どんな基準で評価するのかはさまざまで，よく考える必要があります。テストは評価のための方法の1つですが，テストだけがすべてではありません。

　小学校での英語の授業では，中学校や高等学校のようにテストをしたり成績をつけたりはしません。しかし，授業での個々の活動に対して生徒たちがどの程度わかっているのか，活動がどれくらいできているのかなどを教師は把握しないと効果的な指導はできません。よく生徒を観察し，判断することが大切です。

9-1. 評価の目標と方法

　新学習指導要領では，学習の目標は設定されていますが，それをどのように評価するのかは具体的に述べられていません。学習目標に照らし合わせたうえで，具体的に何がどの程度まで到達できたら「できた」と評価するのかは教師が決定することになります。

```
                ┌─────────────────────────────────────────────┐
                │ 観察（通常の授業のなかでおこなう）           │
                │  ・生徒の言語行動や活動                      │
                │  ・生徒の反応：質問に対する答え，指名に対する反応など │
                │  ・提出物：宿題，日誌など                    │
      評価 ←────┤                                             │
                └─────────────────────────────────────────────┘
                ┌─────────────────────────────────────────────┐
                │ テスト（基準に照らし合わせて測定）           │
                │  ・略式テスト(informal test)＝小テスト，クイズなど │
                │  ・形式の決まったテスト(formal test)＝学期試験，実力テストなど │
                └─────────────────────────────────────────────┘
```

9-1-1. なんのために評価するのか

　最初に考えるべきことは「なんのため」の評価か，つまり評価の目的です。評価は生徒のためにおこなうものですが，同時に教師自身のためにもおこなうものです。

　何が評価の目的なのかを考えるときに大切なのが授業との首尾一貫性です。授業で学習した成果を評価したいのに，授業でおこなっていることとまったくかけ離れた試験をしてしまったとしたら，なんのための評価かわからなくなってしまいます。たとえば，授業で口頭練習中心のコミュニケーション活動をおこなっているのなら，それを試すような試験をおこなわなくてはなりません。

9-1-2. 何を評価するのか

　評価によって何を知りたいのかがはっきりすれば，どのようなことができてほしいのか，つまり評価対象が明らかになってきます。授業の目標が達成できたかどうか知るためには，具体的な個々の課題や活動を設定し，そこで何ができればいいのかをはっきりさせたうえで授業計画をたてる必要があります。

9-1-3. いつ評価するのか

　教師は，授業での生徒の反応や活動を直観的に観察することは日々おこなっているはずです。また，授業で学習したことを確認したり，復習のための小テ

スト(informal test)は比較的頻繁におこなわれるべきでしょう。これに対して，あらかじめ計画したり準備したりする必要のある試験(formal test)は，中間試験，期末試験のようにある程度の期間をおいておこないます。

9-1-4. どうやって評価するのか

生徒が学習した結果，どのようなことが身についたのか(あるいはつかなかったのか)をどうやって判断するのか考えなくてはなりません。どのようにして試したらよいのか，最も適切な方法を検討しましょう。日頃の生徒の反応や授業の活動の観察から把握できることもありますが，客観的に特定の能力や技能を測定しようとすれば，なんらかのかたち，たとえばテストなどで試す必要があるでしょう。

9-2. 評価の基準

評価する場合，どういう基準でおこなうのか明らかにしておく必要があります。できるだけ客観的な基準を設け，生徒たちにもどういうことが評価されるのかあらかじめ伝えておかなくてはなりません。たとえば，スピーチを評価するような場合，まちがえてもいいからたくさん話したほうが評価が高いのか，それとも話す分量は少なくてもできるだけ誤りが少ないほうがいいのか，というようなことです。

評価の基準をはっきりさせておくことによって，評価対象となることができるようになるためには，授業で何をすればよいのかが明らかになるはずです。

9-3. 評価の方法とその種類

授業の通常の活動の観察以外で学習者の英語の力を評価するためには，通常ペーパー・テストのような試験を使う方法が一般的ですが，テストには筆記試験以外にインタビューや**タスク**(task：実際の作業)をさせるといった方法が考えられます。また，テストという形式以外の評価方法もあります。ここでは，
→p.266

まずテストについて述べ、そのあとでテスト以外の評価の方法を提示します。

9-3-1. テストについて

テストとは「ある特定の分野で個人の能力や知識を測定する方法」(Brown, 2001, p.384)のことで、必ずしも筆記試験、ペーパー・テストとは限りません。テストはその目的や内容、形式によって多種多様なものがあります。

日常的におこなわれる小テストのような略式のテスト(informal test)と、計画的におこなわれるある程度決まった形式をもったテスト(formal test)がありますが、以下では主に後者を見ていきます。

なお、教師は指導する場合、常になんらかのかたちで生徒たちの能力を評価していますが、学習や指導と、テスト(とくにformal test)とは区別して考えるべきです。授業では生徒たちはさまざまなことを自由に試し、練習することができます。その結果まちがいが生じるのはむしろ当然で、多いに歓迎すべきものですらあります。それに対してテストとは、生徒たちが身につけたことを披露する機会であり、ある一定の基準に基づいて評価されるものです。

(1) よいテストのための条件

よいテストに必要な条件として、次の3つがあげられます。

① テストの結果に信頼性(reliability)があるか？
　同じ程度の力の持ち主に対して、テストをいつ実施しても誰が採点しても、同じような結果が得られればそのテストは信頼性があると考えられます。
② テストの内容に妥当性(validity)があるか？
　テストで測りたい内容がちゃんと測定できるかどうかです。
③ テストの実施に実用性(practicality)があるか？
　テストをおこなうことが現実に可能かどうかです。実施時間や実施の容易さ、採点の手間、結果の解釈のしやすさなどを考えに入れなくてはな

りません。

　この①〜③すべての条件に厳密に従うのは大変ですが，テストを実施する場合には常に意識しておく必要があります。③のテストが実施可能かは大切な条件ですが，これを重視しすぎて本当に測りたい能力が測れないということがないように気をつけましょう。たとえば，採点がしやすくテストが短時間で終わるからといって，話す力をペーパー・テストのみで評価しようとしても，本当に知りたい能力を測っているとはいえません。また，採点する人が変わると点数が大幅に変わってしまうようなテストは結果の信頼性が低くなり，よいテストとはいえません。

　それ以外によいテストの条件としては，以下のようなことがあげられます。
- 指示がはっきりしていて，何をしたらよいのか明らか
- 生徒たちがテストの形式，方法に慣れている
- 自然な状況や文脈が与えられた材料が使われている（テストだからといって不自然だったり，無理な状況を入れるべきではありません）
- 試したいところ以外は生徒がわかる語彙や文法を使う
- まちがいを誘発しそうなひっかけ問題は入れない
- テストの結果がどういうことなのか，解釈が容易

(2)　テストの役割と意義

　テストが好きな生徒はまずいないでしょう。教師にとってもテスト作成や実施，採点は時間と労力をとられ，負担を強いられるものです。では，なぜテストをするのでしょうか。それはテストが生徒と教師双方にとって意味のあるものだからです。土屋・広野(2000)は，テストの教育的機能を次頁の図のように分類しています。

　生徒にとってテストは学習するための目標となり，テストがあることによって教材をより注意深く学習するようになります。自分ができなかったところがはっきりするので，自己診断，自己評価ができます。そこで，テストの結果や

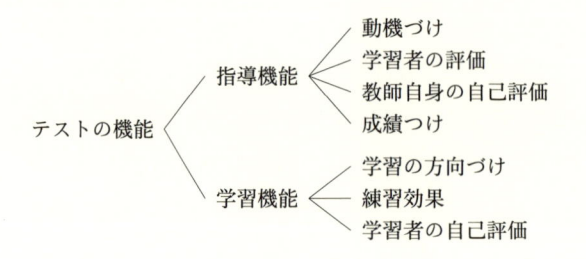

```
                    ┌─ 指導機能 ┬─ 動機づけ
                    │          ├─ 学習者の評価
                    │          ├─ 教師自身の自己評価
テストの機能 ─┤          └─ 成績つけ
                    │
                    └─ 学習機能 ┬─ 学習の方向づけ
                                ├─ 練習効果
                                └─ 学習者の自己評価
```

土屋・広野(2000, p.143)

　評価を適切な時期に生徒に返すことが大切です。点数だけでなく，コメントしたり注意すべき点を指導したりして，次への方向づけになるように配慮しましょう。それによって生徒に自信をもたせたり，やる気をだすきっかけとなることも可能です。

　教師にとっては，テストの結果は生徒の成績や評価の材料になるだけでなく，自分の指導が効果的だったかを振り返るための手がかりとなります(Madsen, 1983)。生徒がテストで望ましい結果を出せなかったとしたら，生徒だけではなく教師にとっても指導があまりうまくいかなかったと考えられます。また，テストで試そうとした知識や能力がうまく引き出せなかったという可能性もあります。テストの結果は今後の授業や指導をどのように進めていけばよいのかを考えるための貴重な材料になります。

(3)　テストの種類

　テストは何を測定するか，その目的によって分類されます。たとえば学期試験のように，一定期間授業で学んだことがどれくらい身についたかを測るテストは到達度テスト(achievement test)といいます。このテストでは，試される内容がその期間の間に授業で学んだことに限られます。

　これに対して，生徒の英語の全体的な力を試すテストは熟達度テスト(proficiency test)と呼ばれます。たとえば，実力テストや，英語検定試験，TOEIC，TOEFL のような総合的な英語力を見るテストがこれにあたります。

試験範囲はとくに限定されておらず,自分のもっている知識や能力をいかに十分発揮できるか,つまり応用力が試されるテストです。

クラス分けなどのように,生徒のレベルを分けるためにおこなわれるテストを配置テスト(placement test)といい,この場合はとくに生徒のレベルのちがいがはっきり出るように難易度を調節して作成する必要があります。

それ以外に,生徒の弱点を見つけるために細かい個々の要点にしぼってテストするものを診断テスト(diagnostic test)といい,生徒ができることとできないことを判断する材料となります。例としては,毎回の授業や,学習したポイントがわかっているかどうかを試すような小テストがあげられます。

(4) 測定法によるテストの分類

英語力といっても,そのなかにはさまざまな要素が含まれています。たとえば,英語を書く能力に限定したとしても,語彙や文法,スペリング,文体といった要素が考えられます。これをそれぞれの要素に分けてテストするのか,それとも全体をまとめて判断するのかで以下の2つに分けられます。

① 部分的測定法(discrete-point testing):言語の要素を個々の「部分に分けて」別々に測定する方法

たとえば技能別にして読解をテストする,別に文法の力を見るために構文のテストをする,というように個別に測るやり方です。

　長所:どこでつまづいているか明らかにできる,実施と採点が比較的簡単で,
　　　　採点の信頼性が高い,など
　短所:どこまで個別の部分にわけられるのか,実際には複数の要素を同時に
　　　　試している場合が多い,など

② 統合的測定法(integrative testing):言語をひとまとまりの「全体として」測定する方法

たとえば,ディクテーション(dictation:英語を聞いて書き取る)やクローズ・テスト(cloze test:まとまった文章から何番目かごとに単語を抜いて空欄にしておき,

語を推測して埋めさせる)のようにいくつかの技能を同時に使わせるテストや，インタビューをしたり，自由に英作文を書かせたりして全体的な出来を評価するようなやり方です。

　　長所：現実の場面で必要な能力に近いものを試せる，テスト自体が言語を使
　　　　う訓練となる，など
　　短所：採点によっては信頼性が低くなる，時間や手間がかかる場合があり，
　　　　実施がむずかしいことが多い，など

(和田他，1992)

　この2つの測定法は，まったく別々のものというよりは，むしろ連続した軸の両極で，程度のちがいととらえるべきでしょう。それぞれに長所と短所があるので理解したうえでバランスよく使いわけていく必要があります。

(5) テストの種類――音声中心か文字中心か

　便宜上音声を中心としたテストと文字(文章)を中心としたテストに分けて，代表的なものをあげておきます。もちろん音声と文字を両方使用することもできるし，音声中心のテストを文字(文章)中心のテストに変更したり，またその逆も可能です。

　なお，生徒のレベルやテストの目的など必要に応じて日本語を使ってもよいと思いますが，「訳させること」(とくに一語一語対応させた訳)には注意が必要です。英語から日本語に一語ずつ訳させた場合，解読作業のようになって，本当に意味や内容がわかったかは疑問が残ります。また，訳すことが学習手段ではなく目的となってしまっては本末転倒になるだけでなく，日本語にとらわれすぎる恐れがあります。生徒のなかにはテストの準備として英語はまったく見ずに日本語訳だけを丸暗記するということが実際にあるようです(それで点数がとれるテストがそもそも問題なのですが)。テストでは英語の力そのものを試せるように考えてください。

　① 音声を中心にしたテスト(発音，聞く，話す)

- 音の識別，聞き取り（perception, distinction）：語や文のレベルで音の識別ができるか試す
- 聞き取りによる内容理解（listening comprehension）：ある程度の長さの文章を聞いて内容がわかったかを問う。この場合，内容を尋ねる質問は英語でも日本語でもかまわない
- 説明，描写（explanation, description）：物や出来事を説明させたり，絵や漫画を見せて内容を言わせる。逆に，説明や描写を聞いて，絵や図などを再現させる（これは文字を使ったテストとしても可能）
- 質問に口頭で答える（question and answer）：これを発展させるとインタビューになる
- インタビュー（interview）：教師が生徒にインタビューする，生徒がインタビューする側になる，生徒同士でインタビューをする，という3つが考えられる。最後の生徒同士の場合，教師はそのやり取りを聞いて評価する
- ディスカッション（discussion）：テーマを与えて，議論させる。またはテーマも自分たちで選ばせて議論させる
- 役割練習（role play）：役割や状況を決めて会話させる
- 暗唱（recitation）：決まった内容を暗記し，それを暗唱する。発展させるとスピーチになる
- スピーチ（speech）：あらかじめ準備させるのか，即興で話すのか，テーマを与えるのか自由に選ばせるのか，またどの程度の長さにするのかによって，さまざまなバリエーションが考えられる。目の前でスピーチさせる以外に，録音してあとでそれを評価する方法もある（設備のある教室なら，生徒たちのスピーチを一斉に録音することも可能）

② 文字（文章）を中心にしたテスト（読む，書く）
- 語の理解，書き取り（word-level comprehension, writing）：語を見て意味がわかるかどうか，また書くことができるのか試す

- 文の理解，書き取り(sentence-level comprehension, writing)：単文を読んだり，書いたりできるかを試す
- 文章(パッセージ)の理解(reading comprehension)：まとまった内容の文章を読んで内容がわかるかを問う。パッセージ全体，または一部分について内容そのものの理解を尋ねたり，内容から推測して答えさせる
- 文章の要約(summary)：文章を読んで内容をまとめる。英語を読んで日本語でまとめれば読む力を，日本語を読んで英語でまとめれば書く力を試すことになる
- 作文，エッセイ(composition, essay writing)：決められたテーマや問題にそった文章を書く場合と，とくに制限をつけない自由作文がある

(6) 答え方の形式

テストの形式や問題によって答え方もさまざまですが，テストでよく使われる代表的なものをあげておきます。

- 真偽(true-false)：正しいかまちがっているかの二者択一
- 多肢選択(multiple choice)：選択肢から正解を選ぶ
- 組み合わせ(matching)：適切なもの同士を選んで組み合わせる
- 完成(completion)：抜けているところを埋めて完成させる
- 並べ替え(rearrangement)：順序を適切に並べ替える
- 変換(transformation)：形を適切に変化させる
- 質問—答え(question and answer)：質問に答える
- 自由(free)：自由に答える，自由記述する

(7) テストの結果と判定

① 採点と評価の客観性・主観性

テストの形式によって，採点や評価も異なります。誰が採点しても同じ結果になるテストは客観性が非常に高いといえます。正解が1つに限られた選択肢

式の問題であれば誰が採点しても(コンピュータでも)同じ得点になるので，完全な客観的評価(objective judgment)になります。これに対して採点者の主観が入る余地がある場合，結果は必ずしも同じとは限りません。たとえば決まった正解がない自由作文の評価は，採点者によって判断が変わり，主観的評価(subjective judgment)が強くなります。評価の客観性・主観性は程度の問題ですが，主観的な程度の強いテストの場合は評価の観点や採点基準をあらかじめ決めておいて，なるべく一定の基準にそった評価が出せるように気をつけることが大切です。

② 結果の判断

たとえ客観的なテストであったとしても，テストにはさまざまな要因が影響するので，結果が必ずしも生徒の能力そのものを反映するとは限りません。一例をあげると，生徒の心理状態や集中力の有無によって点数が変わることは珍しくありません。一度限りのテストで生徒の力を評価するのは実はむずかしく，一面的な見方だけでは判断を誤る可能性があります。生徒の傾向を理解するためには何度か繰り返して多様な方法でテストすることです。同時に生徒をいろいろな角度から観察し，総合的に評価するように心がけましょう。

(8) テスト作成と実施の具体的な手順

① テストの目標をはっきりさせる：何のためにテストするのか？

↓ ・目的，目標を明らかにすると実際にテストすることが決まってきます。

② 具体的な内容を考える：どのようなことをテストするのか？

・実際に試したいことは何なのか，考えて，内容を書き出してみたり，必要な材料を集めます。

③ 問題を作成する：問題は適切か？実際的か？信頼性は？妥当性は？

・どんな形式の問題にするか決定し，問題をつくります。

・生徒に馴染みのない問題形式やテスト方法の場合には例を示したり，あらかじめ授業で少し慣らしておきます。

- 試験時間にあわせて，問題の分量や難易度，範囲などを考慮します。
- レイアウトを考えて，解答方法に応じて，解答欄を作成します。
- 採点の方法，結果の解釈に問題はないか検討します。

④ テストを実施する：テストが問題なくおこなわれているか？
- やり方がわからないなど，不明な点はないか確認します。ミスプリントにも注意します。
- 時間配分は適切かなど，試験中の生徒の様子に気を配ります。

⑤ 採点，評価し，生徒に返却する：採点基準は適切か？どのような結果だったか？
- あらかじめ決めておいた基準にそって採点します。
- 必要に応じて，平均点や問題ごとの正答率などを計算して全体の傾向をつかむための資料とします。
- 生徒にテストの結果を返却するとともに，評価やコメントなどをします。

9-3-2. テスト以外の評価方法

総合的な能力を評価するための方法として**ポートフォリオ**(portfolio)というやり方があります。ポートフォリオとは「特定の分野における生徒たちの努力や進歩，到達を示す目的を持って集められた作品集」(Genesee & Upshur 1996：99 in Brown 2001：418)のことで，生徒一人ひとりが自分のファイルをつくり，必要な資料や記録をすべて集めて，それらを総合して評価する方法です。

ほかに，生徒による自己評価(self-assessment)があります。生徒は必ずしも客観的に判定できるとは限りませんが，生徒自身が自分の能力をどうとらえているのか知ることができます。吉田・長沼が開発した can-do 評価表を参考までにあげておきます。これは「私は〜ができる」「私は〜をする」というかたちの質問による自己評価で，たとえば，「教科書が理解できる」「英語で電子メールを書く」といった項目です。これにより，生徒の英語に対する姿勢や自信が

反映されるという調査結果が出ています。

　また，日誌(journal)による記録を評価対象にする方法もあります(Brown, 2001：418)。最初に日誌の目的や形式を生徒にわかるように説明します。生徒の日誌は適宜回収して教師がフィードバックを与えて返却し，これをくり返します。続けることによって生徒の英語の力だけではなく，長期にわたる学習の過程の記録にもなります。

9-4. コミュニケーション能力の評価

　学習指導要領では，英語の実践的な運用能力が求められており，授業がコミュニケーション重視でおこなわれるという方向性は今後も続いていくと考えられます。コミュニケーション中心の授業をおこなうのなら，評価の対象もコミュニケーション能力になるはずです。つまり実際の場面で，どの程度英語でコミュニケーションできるかが評価対象になります。しかし，コミュニケーション能力をどのように評価するのかは容易ではありません。

9-4-1. コミュニケーション能力とは

　最初に考えてほしいのですが，コミュニケーション能力(Communicative Competence)とはなんでしょうか。普通はコミュニケーションというと音声，とくに会話を中心に考えがちですが，音声によるものだけとは限りません。新学習指導要領では4技能を総合的に扱うという観点が強調されています。自分の意志を伝え相手のメッセージを理解し，適切に対処することがコミュニケーション能力の最も基本な部分であると考えられます。

　コミュニケーション能力は多面的で，そのすべての側面を一度に試して評価するのはなかなか困難です。そこで，どのようなことに焦点をあてて，何を試し，どう評価していくのかを考えなくてはなりません。

9-4-2. コミュニケーション能力の評価と基準

　会話や自由作文のように実際に言葉を使っておこなう技能(performance skills)を評価の対象とする場合，評価の仕方として，発音や文法というふうに個々の要素を項目に分けて評価する(analytic)方法と，全体的な出来を総合的に評価する(holistic)方法に分けられます。項目を分けて個々に点数をつける場合は，ある程度客観的な基準を設けて判断がしやすくなる反面，どのように項目を設定するかという問題や，項目が多くなると採点が煩雑になるという欠点があります。いっぽう，会話やスピーチ，作文などを，たとえば5段階評価で最低限意味が通じるなら3とする，のように全体的に見て出来を判断する場合，比較的短時間で評価ができます。しかし，採点者の主観に左右される部分が大きくなるので採点基準を一定に保つのがむずかしくなります。

9-4-3. テスト以外でのコミュニケーション能力の評価

　一度だけの限られたテストでコミュニケーション能力を判断・評価するのはむずかしいし，無理があります。テスト以外の方法での評価，たとえば前述したポートフォリオや日誌を利用すると総合的な能力を見ることができます。

　また，生徒たちが実際にどんなことをおこなったかに基づいて評価する方法(performance-based testing)があります(Brown, 2001)。たとえば生徒たちにテーマを決めさせて，1つのプロジェクトを計画・実施させ，その過程を順次評価していくやり方がこれにあたります。ほかに，答えの決まっていない問題に取り組ませたり，ディスカッションをおこなわせたりなど，多様なやり方が考えられます。生徒たちは活動をとおした実際の行動で評価されます。手間や時間はかかりますが，妥当性は高い，つまり測りたいこと(生徒たちが実際に行っていること)が測れるという利点があり，コミュニケーションを重視するのであれば，今後さらに注目されてもいい方法だと思います。

9-4-4. コミュニケーションしようとする態度の評価

　新学習指導要領において，小・中・高等学校で一貫して目標として掲げられていることとして「積極的にコミュニケーションを図ろうとする態度の育成」があります。コミュニケーションするときには，内容や形式ももちろんですが，相手と意思疎通しようという気持ちが大切です。相手の顔を見て話しているか，なんとか会話を続けようと努力しているか，といったコミュニケーションに取り組む姿勢も評価に取り入れる必要があるのではないでしょうか。実際に英検（実用英語技能検定）では，準1級〜3級の二次面接試験で「積極的にコミュニケーションを図ろうとする意欲や態度（Attitude）」が評価の一部として取り入れられています。

おわりに

　生徒たちにとって，教師の評価は非常に大きな影響をもっています。生徒の誤りに対しては必要に応じて適切に訂正・指導し，また結果に対しては評価しなくてはなりませんが，生徒たちの気持ち，とくにがんばったことや，努力したことに対しては常にポジティブに受けとるようにしましょう。

　テストを含めた評価は生徒と教師にとってお互いがさらに成長し，学習を促進するための材料となるもののはずです。生徒にとっては学習の助けになるように，教師にとってはよりよい授業を展開するために，評価を効果的に活用していきましょう。

【荒井 貴和】

学習課題
1. 評価とテストのちがいはなんですか。
2. 同じ一人の生徒の得点がテストによって大きくちがうとき，どのようなことが原因として考えられますか。
3. 採点者の主観を強く受けるテスト（インタビューやスピーチ，自由作文など）の評価の客観性を高めるには，どのようなことをすればよいでしょうか。

[参考文献]

Brown, H.D. *Teaching by Principles*. Longman, 2001.

Genesee & Upshur. *Classroom-Based Evaluation in Second Language Education*. Cambridge University Press, 1996.

Madsen, Harold S. *Techniques in Testing*. Oxford University Press, 1983.

「STEP 英検－日本英語検定協会－試験の内容」 http://www.eiken.or.jp/exam/index.html

土屋澄男・広野威志『新英語科教育法入門』 研究社, 2000 年

吉田研作・長沼君主「英語 can-do アンケート調査分析報告書」(調査協力：ベネッセコーポレーション)英語コミュニケーション能力テスト編集部 http://benesse.jp/berd/center/open/kokusai/report/2003/07/rep0716.html

和田稔他監修 笠島準一他編著『ECOLA 英語科教育実践講座 第 12 巻 コミュニケーション能力の評価』ニチブン, 1992 年

10 教育機器の活用方法（CALL）

> **キーワード**
> マルチメディア情報＊学習意欲の促進＊記憶の定着＊情報処理量＊著作権＊コースウェア＊LMS

　英語教育の場面で使用される，学習を促進させる教育機器といえば，どのようなものがあるでしょうか。従前から活用されているCDプレーヤーに加えて，21世紀に入り脚光を浴びるようになったパソコンや携帯電話などを思い浮かべる人もいるかもしれません。JACET教育問題研究会（2005）では，教育機器を聴覚機器，視覚機器，視聴覚機器に分類して以下のようなものをあげています。本章では，教育機器の使用における長所，短所について概説するとともに，いくつかの機器を取り上げてその活用方法を紹介します。

聴覚機器	カセットテープレコーダー，CDプレーヤー，MP3プレーヤー
視覚機器	絵，チャート，写真，スライド，OHP，黒板・白板，フラッシュカード，センテンスカード，電子黒板
視聴覚機器	ビデオレコーダー，テレビ，DVD，コンピュータ

10-1. マルチメディア情報の提供について

10-1-1. マルチメディア情報を提供する長所

　小学校，中学校，高等学校の学習指導要領には，コミュニケーション能力を養う，積極的にコミュニケーションを図ろうとする態度を育成する，といった表現が並んでいますが，そもそも「コミュニケーション能力」とはなんでしょうか。白畑他（2009）によると，「言語を正確に理解し，実際の状況の中で適切

に使用する能力」と定義されています。それでは，自分の伝えたいことを，相手に正確に理解してもらおうと思ったら，どのような工夫が必要でしょうか。正しい文法や適切な言い回しを使って発話しようとすることももちろん大切ですが，それ以外にも考慮すべきことがあります。心理学者のメラビアン(Mehrabian, A. 1971)は，「メッセージの7％が言語，38％が準言語(トーン，イントネーション，ピッチ，ストレス)，そして55％が顔の表情によって伝達される」(八代他，2001)と報告しています。この研究には特定の前提や研究目的があるため，コミュニケーション全般にこの結果があてはまるわけではありませんが，コミュニケーションには，言語そのものだけではなく，ジェスチャー，アイコンタクト，パラ言語，沈黙の時間などの非言語の要素も大きくかかわっていることが示唆されています。

たとえば，"Come on." という表現は，「さあ行こう」「その調子だ」「元気を出して」「いいかげんにしろよ」など，多様な意味をもっており，文字だけで提示されると，そのいずれの意味で使われているのか判然としない場合があります。これを，音声とともに提示すれば情報量は増しますし，さらに，手のひらを上に向けて手前に振るジェスチャーをしている映像を見せれば，異文化の情報を含む多くの情報を提供することになります。つまり，視覚や聴覚に訴えるマルチメディア情報を提供することで情報発信者は正確に言いたいことを伝えることができ，受信者は，複数のチャンネルを活用して豊富な情報を受け取ることで，話し手の言いたいことをより正確に受け取れる可能性が高くなるといえます。理想的には，実際に英語圏に行き異文化コミュニケーションを体験するに越したことはありませんが，次善の策として，本章の冒頭にあげたような教育機器を活用することで，学習者に豊富なマルチメディア情報を提供することができます。それにより，伝えたいことを明確に，わかりやすく伝えられることに加えて，学習者の興味を引き，学習意欲を促進できたり，学習者の記憶に学習内容を深く記銘させたりすることができるといった長所があげられます。

10-1-2. マルチメディア情報を提示する際の留意事項

　前項で，マルチメディア情報を使用することの長所について説明しましたが，学習者の英語の熟達度レベルによっては，マルチメディア情報を提供することが逆効果となることもあるので注意が必要です。たとえば，自動車の運転をしながら助手席の友人と話す状況を思い浮かべてみてください。初めて運転をする人は運転に注意を向けなければならないので，人と話すことなどできないでしょう。運転に慣れてくることで，徐々に複数の情報処理を並行しておこなうことができるようになっていくのです。これと同様に，洋画を鑑賞しているときに，俳優の表情を見ながら，英語音声を聞いて，さらに日本語の字幕スーパーを読む，といった活動のすべてを同時におこなおうとしてもむずかしいと感じる学習者が多いことも想像にかたくないと思います。これは，人間は一度に保持または処理できる情報量に限度があるため，当該学習者にとって処理できない量の情報を与えてしまうと消化不良を起こしてしまうからです。仮に視覚または聴覚だけの情報に絞ったとしても，一度に提示する情報量には配慮する必要があります。この情報量の限界に関して，心理学者のミラー(Miller,G., 1956)は「チャンク(chunk)」という概念を導入して説明しています。チャンクとはなんらかのまとまりをもつ情報のかたまりで，人間が一度に保持できる情報量は7±2個のチャンクまでである，としています。たとえば，電話をかけるとき，7桁の番号であれば電話帳を見て，番号を暗記してダイヤルする，という流れがスムーズにいくけれど，見慣れない市外局番も含めて10桁の番号を暗記しようとすると，むずかしく感じる人が増えます。これは数字1つがチャンクの構成要素に相当している例ですが，英語教育のコンテクストでは，数字を英単語などに置き換えて考えるとよいでしょう。チャンクとして認識できる情報量には個人差がありますし，熟達度が高くなるにつれて徐々に多くなっていくため，英単語1つがチャンクの構成要素である学習者もいれば，センテンスや談話を構成要素として処理できる学習者もいることになります。情報処理能力を高める(一度に処理できる量を増加させ処理速度を上げる)ことでマルチメディ

ア情報も並行処理できるようにするためには，学習者の熟達度レベルを考慮して情報を精選し，一度に提示する量や順序を決めることで，負荷過大にならないように配慮しましょう。視聴覚に訴えるマルチメディア情報は，あればあるだけ提供したくなるかもしれませんが，やみくもに提示すれば逆効果になり得ることは肝に銘じておきましょう。

10-2. 聴覚機器について

　2005年4月と2009年4月に，大学1年生を対象として聴覚機器に関するアンケート調査を実施した結果を以下の表とグラフに示します。表中の数値は，各プレーヤーを所有している学生の割合です（複数回答可）。著しく変化しているのは，MDプレーヤー所有者の割合が激減していることと，それに代わって携帯デジタルオーディオプレーヤーの所有者が2倍近くに増えていることです。次に棒グラフには，「音声教材が配布されるとしたら，どのメディアが望ましいか」という設問への回答結果を示します。

各プレーヤーを所有している学生の割合

	2005年(n=84)	2009年(n=82)
音声CDを再生できるプレーヤー	95%	84%
MDを再生できるプレーヤー	93%	48%
カセットテープを再生できるプレーヤー	46%	30%
携帯デジタルオーディオプレーヤー	37%	72%

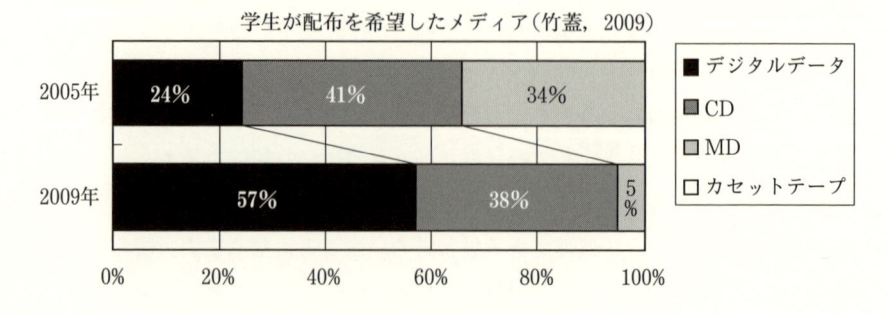

学生が配布を希望したメディア（竹蓋, 2009）

年	デジタルデータ	CD	MD	カセットテープ
2005年		24%	41%	34%
2009年	57%	38%		5%

2つの設問への回答結果を併せて観察すると，カセットテープレコーダーの所有者は少なくないものの，カセットテープで音声教材を配布されることを望む学生は2005年の時点ですでに皆無で，2009年には過半数の学生がデジタルデータでの教材配布を望んでいることがわかります。なお，このアンケート調査結果で重要なことは，機器ごとの所有者の割合などではなく，たった数年の間に，学習者の所有する機器や配布を希望するメディアは大きく変わるという事実です。機器は時代とともに常に進化していくものなので，目の前にいる学習者群の，その時々の状況を把握することが大切です。授業中に使用するメディアは各学校の設備や教師個人の嗜好により決まると思いますが，自習用の音声教材を配布するときには，学習者側の環境や嗜好なども加味して選定する必要があるでしょう。

10-2-1. カセットテープレコーダー

カセットテープの最大の特徴といえば，デジタルデータより耐久性に優れていることでしょう。デジタルデータは，ちょっとした衝撃で一瞬にして消えてしまうことがありますが，カセットテープの場合，何十年も前に録音されたものが，きちんと再生できることが珍しくありません。実際，筆者が2歳のときの声が録音されたテープは，埃まみれになって長いこと書籍の下に埋もれていましたが，今も問題なく再生することができます。

カセットテープレコーダーは，録音やダビングが容易にできるため，教師やALTの音読を録音して繰り返し聞かせたり，模範的な生徒のプレゼンテーションを録音してほかの生徒に聞かせたりするときなどに便利に使われます。これらは，その他の機器でも実現可能ですが，普通教室であっても機器さえあれば誰でも失敗せずに使えるため，とくにリスニング試験のときなど，やり直しが効かない場面では好んで使用されることがあります。

10-2-2. 携帯デジタルオーディオプレーヤー

　MP3 プレーヤーや iPod などの携帯デジタルオーディオプレーヤーには，以下のような特徴があります。もちろん多機能，高性能になれば高額になりますが，概して携帯デジタルオーディオプレーヤーの価格は下がる傾向にあり，近年，年代を問わず所有率は上がっているようです。

1．小型，軽量で持ち運びに便利である
2．容量が大きいため，大量のデータを入れられる
3．パソコンと接続が可能なため，音声編集が容易である
4．連続再生時間が長い
5．再生速度が変更できる
6．録音機能がついている
7．FM／AM ラジオが内蔵されている
8．静止画および動画の再生機能がついている

　携帯デジタルオーディオプレーヤーでは，ポッドキャストなどを利用して隙間時間に英語学習をすることも可能です。ポッドキャストとは，ダウンロードして視聴するラジオやテレビ番組のようなもので玉石混交ですが，高品質で無料の番組もあります。たとえば，iTunes や Alligator などのソフトウェアを利用すれば，番組が自動的に配信されるように登録しておくことができます。また，iTunes® U（http://www.apple.com/education/mobile-learning/）で公開されている海外の大学の講義や NHK の語学番組（http://www.nhk.or.jp/gogaku/）などをとおして学習させる場合には，データをプレーヤーにダウンロードして繰り返し番組を視聴させることができます。日本人にとって英語は外国語ですから，たった一度の学習で知識や技能を完全に定着させることはほぼ不可能です。ですから，このような機器を活用して繰り返し復習させることは肝要といえます。

10-3. 視覚機器について

10-3-1. フラッシュカード

　フラッシュカードは単語や短い語句が書かれたカードのことで，瞬間的に学習者に見せて意味を確認させたり，発音練習をさせたりする際に使われます。これの応用として，小さなカードの表側に英単語，裏側に日本語訳を書いて単語帳をつくって勉強したことがあるという人は多いのではないでしょうか。ただし，もともとのフラッシュカードの裏側には何も書きません。教師が授業で用いるフラッシュカードは，単語の導入や復習によく使われます。また，学習者が個人で用いる単語帳は短時間で作成できるうえ，学習時間と場所を選ばないため，隙間時間を活用して学習できるという利点があります。また，適切に使用すれば，文字を速く読めるようになるともいわれています。

　ただし，フラッシュカードを使用した単語学習には少なくとも2つの問題点があります。まず1つには定着率の問題です。上岡(1982)は，フラッシュカードによって単語を学習させたところ，学習語は20日後にほぼすべて忘却されてしまったと報告しています。このことから，記憶を定着させるためには，一度学習しただけでは十分ではなく，忘れてきたころに復習するという維持リハーサルをおこなう必要があることがわかります。

　もう1つの問題点としては，習得される語彙の質の問題があげられます。Nation(2001)は単語のもつ側面として次頁の表の9項目をあげており，さらに，それぞれの知識を受信と発信とに区分し，計18項目を各単語のもつ側面として定義しています。これらの知識を知っていればいるほど，その単語を受信面(リーディング，リスニング)でも，発信面(ライティング，スピーキング)でも使えることになります。

　ところが，フラッシュカードや単語帳による学習では，単語の綴りと日本語の意味(と，発音)を結びつけるに留まるため，仮にリハーサル学習をおこなって定着させられたとしても，コミュニケーションの場で使いこなすことができ

語 形 (Form)	音声	(spoken)
	綴り	(written)
	語の構成要素	(word parts)
意 味 (Meaning)	語形と意味	(form and meaning)
	概念と指示物	(concept and referents)
	連想	(associations)
使 用 (Use)	文法的機能	(grammatical functions)
	コロケーション	(collocations)
	使用時の制約	(constraints on use)

(Nation, P., 2001)

ないことがある,という問題点が指摘されることがあります。

　ただし,フラッシュカードや単語帳の使用を全面的に否定するわけではありません。このような特徴があることを念頭においたうえで使用すればよいのです。たとえば,授業中,新出語句の導入時にフラッシュカードを使用する場合は,それだけでその語句が定着することは期待せず,導入後も,当該語句の意味ネットワークを広げる活動をしたり,何度か繰り返してその語句を取り扱ったりする工夫をしましょう。また,学習者に対しては,綴りと日本語の意味以外の知識についてはほかの方法で学習する必要があることを伝えたうえで,作成方法や活用方法をアドバイスするとよいでしょう。

10-3-2. 電子黒板

　市販されている電子黒板には,プロジェクターで学習コンテンツを投影すると同時に電子ペンで書き込みができ,さらに黒板本体にスピーカーが内蔵されているものや,タッチ操作が可能なプラズマテレビとなっていて地上波デジタル放送が視聴できるものなど,それぞれに特徴があります。授業をおこなう教室が,コンピュータ教室でなく普通教室であっても,こうした電子黒板をうまく活用することで,文字,静止画,そして動画を見やすい大きさで提示して学

習者の深い理解を促したり，学習への意欲や関心を高めたりすることが可能となります。

10-4. 視聴覚機器について

10-4-1. ビデオ・DVD

　ビデオの活用法として，現在完了形の導入時に，お弁当を食べ始めてから食べ終わるまでの場面の動画を見せたあとに現在完了の文を発話させる，という例（稲岡，2007）が紹介されています。これは，文法解説や英文の日本語訳がテキストで提示されるだけの場合に比べて，はるかに効果的といえるでしょう。

　ただし，前述したように，学習者に提示する情報量が多すぎると，学習者が消化不良になり，教師が伝えたい事項が伝わらないことがあります。このような場合は，提示するビデオの長さを短くして情報量を減らしたり，マルチメディア情報の提示量や提示順序を工夫したりする必要が出てきます。たとえば，初回は音量を絞って映像だけを見せてビデオの全体像を把握させ，次に音声のみを繰り返し聞かせ，最後にマルチメディアで提示するという手順をふむ，などという方策が考えられます。

　中学校の学習指導要領には，中学3年間をとおした指導事項として「与えられたテーマについて簡単なスピーチをすること」が含まれています。さらに，「強勢，イントネーション，区切りなど基本的な英語の音声の特徴をとらえ，正しく発音すること」とも記されています。発音やイントネーションといった音韻面に留意しながら自分で考えた内容についてスピーチをすることは，慣れていなければ大学生であってもかなりハードルが高い課題といえるため，楽しみながら，効果的に進める工夫をする必要があるでしょう。そのための方策の1つとして，学習者がスピーチしている場面をビデオで撮影し，学習者自身に映像を確認させて，発音やイントネーション，アイコンタクトなどに関する問題点に自ら気づかせ，向上のための努力をさせる，といったことが考えられます。もちろん，学習者自身に気づかせることに加えて，ほかの学習者や教師が

一緒にビデオを見て，問題点を指摘したり，アドバイスをしたりすることで，一層高い効果が望めます。

10-4-2. コンピュータ

(1) インターネット上の情報を検索する

高度情報通信ネットワーク社会が加速度的に進展している現代において，今後，教育機関におけるハードウェアがますます充実していくことは想像にかたくありません。問題は，それをいかに使いこなして仕事の能率を高めるか，また効果的な授業に結びつけていくか，といったことでしょう。たとえば，インターネット上の情報を利用して授業での配布資料を作成する，といった機会が出てくると思いますが，その際には，無尽蔵に存在する情報のなかから自分の欲しいものを精選するとともに，それが信頼できる情報なのか，著作権はどうなっているのか，などを見極める必要があります。本章では，インターネットの無料検索エンジンであるGoogle™(http://www.google.co.jp/)を例にとり，インターネット上にある情報の検索方法を紹介します。

① すべてのキーワードを含む検索(AND検索)

AND検索とは，複数のキーワードをスペースでつないで入力することで，検索結果を絞り込むことで，入力したすべてのキーワードが含まれるWebサイトを検索できます。キーワードとして指定できる数は32個までですが，少なすぎるとあまりに多くのサイトがヒットしてしまい，多すぎると逆に目的の情報が検索されない可能性があるため，3～4個に絞るとよいでしょう。たとえば，「world health organization」と入力して検索すると，これらの単語すべてが含まれるWebサイトが検索されます。

② フレーズを含む検索(完全一致検索)

完全一致検索とは，複数の語からなるフレーズや文を1つのまとまりとして検索するときに使います。たとえば，ダブルコーテーションでくくって，「"For here or to go."」と入力して検索すると，forやhereなどの各単語が含まれるWebサイトではなく，この文がそのまま出てくるWebサイトが検

索されます。

③ いずれかのキーワードを含む検索(OR 検索)

OR 検索は，複数のキーワードのいずれかを含む情報を検索するときに使います。また，OR 検索を AND 検索と組み合わせることで，指定した複数のキーワードのいずれかと，AND キーワードが含まれる情報を検索することができます。たとえば，「climate change or dynamics」と入力して検索すると，climate change，または climate dynamics の情報が検索されます。

④ 公共機関の Web サイトを検索する

トップおよびセカンドレベルドメイン(右から 2 つのドメイン)を指定することで，特定のドメインの Web サイトを検索対象とすることができます。たとえば，go.jp は政府機関の Web サイトのドメイン名なので，「site：go.jp 英語 教育 統計」と入力して検索すると，政府機関のサイトのなかで，英語教育と統計というキーワードが含まれているページが検索されます。このほか，ed.jp は「小学校，中学校，高等学校など」，ac.jp は「大学，大学共同利用機関など」，or.jp は「非営利法人」などと決められています。

⑤ 検索先を絞り込む

Google のトップページの「サービス一覧」のなかから検索先を絞り込むことができます。たとえば，「Scholar」を選択すると学術資料や研究資料の本文が検索でき，タイトル，著作者名などの書誌データ，関連する記事などが表示されます。また，「ニュース」では，入力したキーワードが含まれるニュース記事が検索でき，キーワードが含まれるニュースが配信されたとき，自分のメールアドレス宛てに送信するように設定することもできます。

⑥ 著作権に留意して検索する

授業で使用する教材や配布資料を作成するときに，Web ページに載っている画像を利用できると便利ですが，画像には使用権や著作権があるので二次利用してよいかを確認する必要があります。Google の「画像検索オプション」では，クリエイティブ・コモンズ・ライセンスの利用条件に合わせた検索をお

こなうことができます。たとえば,「Wolfgang Mozart」で画像検索をすると,「ライセンスでフィルタリングされていない」画像は99万9000件もヒットしますが,「改変後の営利目的での再使用が許可された画像」に設定して検索すると203件にまで絞られます。インターネットで公開されているからといって, なんでも自由にダウンロードして再使用できるわけではありません。こうした条件設定について確認することで, 知的所有権法や著作権法に抵触しないように細心の注意を払いましょう。

(2) 既存のソフトウェアを使用したCALL授業の実践例

コンピュータは高性能化, 低廉化の一途をたどり, 教育機関でのコンピュータ設置率も上昇傾向にありますが, Computer Assisted Language Learning (CALL)には長所だけでなく短所もあります。短所としては, 機器による学習では人間的な部分に欠けるため, 学習者を動機づけることがむずかしい点でしょう。また, コンピュータが壊れたり, ネットワークに不具合が生じたりする場合もあるので, 完全に頼るのは危険といえます。いっぽう, 長所としては, 優れたコースウェア(言語素材のままではなく, ある指導理論に基づいて教材化されたもの)とコンピュータさえあれば, 時間と場所を選ばずに, かつ, 自分のペースで意欲の続く限り学習できることはその最大のものです。このような長所の多いCALLですが, 肝心の, 優れたコースウェアがないことが長い間嘆かれてきました。ところが近年では, リスニング力養成用ソフトウェアや, 任意の英文をコンピュータが合成した音声で読み上げるソフトウェア, 単語を効率的に習得できるソフトウェアなど, さまざまな教材が制作されてきており, 高い指導効果, 学習効果も報告されています。たとえば, 竹蓋幸生・水光(2005)では, 千葉大学教育学部の大学生を対象にした3年間(それぞれ後期のみ)にわたる実験的指導の結果, TOEFL®-PBTの公開テストのスコアで次頁の表に示したような顕著な上昇が見られたことが報告されています。この指導実践では, 約4カ月半にわたって,「三ラウンド・システムの指導理論」に基づいて制作

普通授業での指導実践の結果

	学習前	学習後	上昇量
到達点上位群(22名)	555	570	15
到達点中位群(21名)	514	538	24
到達点下位群(21名)	477	511	34
平　　　均(64名)	516	540	24

されたコースウェアを使用した指導がおこなわれ，TOEFL-PBTのスコアに毎年24点前後の上昇が見られました。さらに，この指導実践終了後に，学習者全員が「この学習により英語力がついたと思う」，そして，「この学習を継続したい」と表明している点は特筆すべき成果といえるでしょう。

　三ラウンド・システムの指導理論に基づいて制作されたコースウェアは，中学生から使用可能な初級レベルから大学生の上級レベルまで，計20種ほどあります。これらは，オーセンティックな素材を用いながらも，タスク間に有機的な関係をもたせて学習者が感じる困難さの度合いを低めるなどの方策を講じることにより，効果的に学習できることが検証されています。

(3) Learning Management Systemを利用する

　Learning Management System(LMS)は，学習の管理をするシステムで，学習者の学習履歴をサーバで一元管理したり，掲示板で学習者同士に意見交換をさせたり，教材を配信したりすることができます。WebCTやWebClassなど有償のシステムもありますが，Moodle，XOOPS，WebOCMなど，原則として無料で使用できる高機能のLMSもあります。これらのシステムを使用するためにコンピュータ教室で授業をおこなう必要はなく，たとえば学習者の自宅のパソコンからLMSにログインさせ，テストを受験させたり，課題を提出させたり，あるいは掲示板に意見を書き込ませたりして普通教室での授業の補助ツールとして活用することも可能です。こうしたデータはすべてサーバで一元管理されるため，たとえば，膨大なテスト結果から各学習者の弱点を分析し，

個々に合った教材や学習方法に関するアドバイスをするといった、きめ細かい指導も可能となります。このような LMS を優れたコースウェアと組み合わせて使用することにより、高い学習効果を期待することができるでしょう。

10-5. ICT を活用する際に留意すべきこと

ICT の活用に関して、ベネッセ教育研究開発センター(2006)は興味深い2つの調査結果を報告しています。1つは、「教師の ICT の有効活用への取り組み」と「学習者の読解力」の相関関係についてで、もう1つは、「ICT 活用の効用を出すための前提」についての調査結果です(計約1500名の校長と教諭、そして計約5700名の小学5年生と中学2年生が調査対象)。

前者の調査では、ICT を有効活用している、と回答した教師が担当する学習者の読解力スコアの関係を観察したところ、学年によって程度の差はあるものの両者間に相関関係が認められ、学習指導における ICT の活用は読解力向上に有効であると結論づけられています。また後者では、ICT の有効活用と、多彩な情報活用(新聞や雑誌記事等の幅広い素材の活用、自らの主張や考えの根拠をさまざまな資料から見いだす活動等)という2つの要因と、読解力の関係について調査されています。

多彩な情報活用の取り組み及び ICT 有効活用と読解力の関係(小学校5年生)

パターン	A	B	C	D
多彩な情報活用スコア	○	○	×	×
ICT 有効活用スコア	○	×	○	×
「読解力」スコア(偏差値)	52.3	51.7	48.9	48.6

※表中の「○」「×」は、教師の各取り組みに属する項目の合計スコアを基に、平均値以上が「○」、平均値未満が「×」とされています。

上記の表の結果を見ると、読解力スコアはパターン A がもっとも高く、B, C, D と順に低くなっていることがわかります。ここでパターン C に注目すると、ICT を活用していても、多彩な情報活用をしていない授業では読解力の偏差値が 50 未満となっています。このことから、ICT の活用が読解力向上に

有効となるためには，充実した情報活用の実践が前提となることがわかります。ただ，どの教育機器を使うか，というWhatにばかり注目するのではなく，その機器の特性を理解した上で，どのようにその特性を生かして使用するか，というHowの部分を吟味することが教育者として肝要といえます。

　Takefuta, et al.(2008)では，英語教育を成功させるための英語教育総合システムの要素として，学習環境以外に，学習者，教員，教材，カリキュラム，機器，時間，友人の7つをあげ，これらすべての要素が複雑に絡み合って構成されるダイナミックなシステムであるため，英語教育を成功させるためにはシステム的思考が欠かせない，と主張しています。本章では，これらの要素のなかの教育機器について取り上げました。前述のように，教育機関における機器の整備は進んでいますが，現実には，「コンピュータ教室は，主に情報教育関連の授業で使用されることが多く，英語科の授業ではなかなか使用できない」などといった声も聞かれます。施設や設備，教科書選定などに関しては，各地区や各学校の事情もありますし，希望どおりの環境を整えることは個人にはむずかしいかもしれません。そのような状況におかれたときには，英語教育の理想像は忘れずに，現実の環境のなかで最善を尽くす努力をすることが大切です。

【竹蓋　順子】

学習課題

1. 視聴覚機器を使用してマルチメディア情報を提供することの長所と，マルチメディア情報を提供する際の留意事項について，まとめましょう。
2. 中学生に教科書に出てくる単語を効果的に習得させようとしたとき，単語のもつ種々の側面を考慮したうえで，どの機器を用いて，どう指導するのがよいか，考えてみましょう。
3. 10-4-2.項にあげたLearning Management Systemの各システムについてGoogle™を使って検索し，それぞれの特徴をまとめましょう。

［参考文献］

稲岡章代「2.1 身近な話題を利用する文型・文法事項の指導(中3・1学期)」樋口忠彦他

編『すぐれた英語授業実践』大修館書店，2007年，52-60頁

上岡光雄「英単語は学習された後，どのように忘れられてゆくか」『英語教育』第31巻81号，大修館書店，1982年，42-47頁

JACET 教育問題研究会『新英語科教育の基礎と実践：授業力のさらなる向上を目指して』三修社，2005年

竹蓋幸生・水光雅則編『これからの大学英語教育－CALL を活かした指導システムの構築』岩波書店，2005年

ベネッセ教育研究開発センター「中間報告　学力向上のための基本調査2006」『平成19年度文部科学省委託事業　学力向上 ICT 活用指導ハンドブック』財団法人コンピュータ教育開発センター，2006年

八代京子他『異文化コミュニケーションワークブック』三修社，2001年

Miller, George, The Magical Number Seven, Plus or Minus Seven, *The Psychological Review*, Vol.63, No.2, 81-97, 1956.

Nation, Paul, *Learning Vocabulary in Another Language*, Cambridge Applied Linguistics, 2001.

Takefuta, Junko, Yukio Takefuta & Nobue Yonaha, "Evaluation of the Relative Contribution of Various Elements in the CALL System of Teaching English as a Foreign Language," *The 8th IEEE International Conference on Advanced Learning Technologies Proceedings*, 418-422, 2008.

11　代表的な教授法

キーワード
Grammar Translation Method＊Audio-Lingual Methods＊GDM 教授法＊Communicative Language Teaching＊Task-based syllabus

　英語に限らず，外国語の教授法（指導法，あるいは学習法といっても同じですが）の歴史は，大きく分けて次の3期になります。

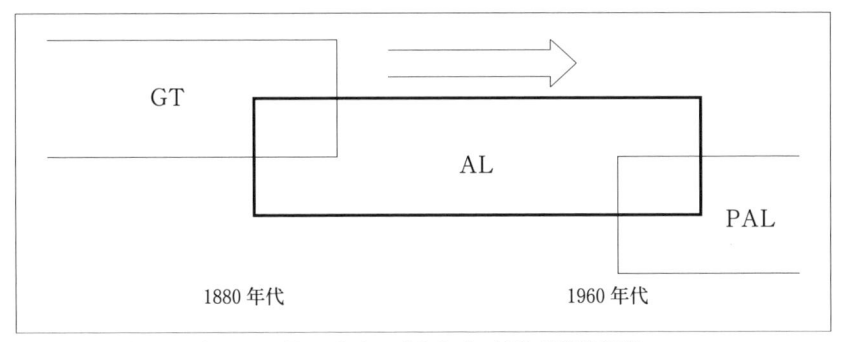

```
        GT
             ────────►
                AL
                          PAL
     1880 年代           1960 年代
```

　　　GT ＝ Grammar-Translation　Method　（文法・翻訳教授法）
　　　AL ＝ Audio-Lingual　Method　（オーディオ・リンガル教授法）
　　　PAL＝ Post-Audio-Lingual　Method　（AL 以後の新しい教授法）

　図では GT 法はもちろん，AL 法もすでにその歴史的使命を終えたかのように示されていますが，私たちの周囲を少しよく見ればすぐわかるように，AL 法はもちろんのこと，GT 法さえもまだまだ現役であることがわかります。しかし，教授法の流れが左から右へという方向に進んでいることは，誰も否定はできないでしょう。したがって，これらを時代区分ととって，第1期，第2期，第3期というふうに呼ぶこともできるでしょうし，これら3つを現在おこなわれている教授法の大まかな分類だと考えても結構です。

11−1. Grammar Translation Method（文法・翻訳教授法）

　日本では「訳読法」と呼ばれてきた，明治以来の伝統的教授法ですが，ただ「読んで訳す」というだけでは，方法意識はほとんど認められませんから，「教授法」と呼ぶには値しないという人もいます。「訳す」のはもっぱら教師のほうで，生徒はそれをただ聞いているだけ，あるいはノートに取るだけ，ということになると，現代の感覚では，果たしてそれで授業といえるのかさえ疑問になります。

　しかし，何もこれは日本だけではなく，ヨーロッパでもつい百年前までは，ギリシア・ラテンの古典語はもちろん現代語の学習でさえも GT 法でおこなわれていました。交通機関や通信機関が未発達で，国際交流が盛んでなかった時代の外国語学習者にとっては，書籍つまり活字を通してしか外国語に接する機会はなく，本から新知識を吸収するだけが外国語学習の目的でした。彼らはまず最初に文法を学ぶと，その規則を文章に当てはめながら書物の内容を「読んでは訳す」だけで，コミュニケーションなど思いもよりませんでした。

　明治初期の日本でも事情はまったく同じで，当時は「正則英語」「変則英語」という区別がしきりにいわれていました。「正則」というのは外国人教師について発音から正式に習う英語学習つまり AL 法のことで，「変則」は日本人教師による，極端な場合には音読すらしないで，日本語に訳して内容さえわかればよい，という教え方でした。

　大和田建樹という人は，福沢諭吉の慶応義塾での教え方を「ただ英字を知り，英書を読むにとどまりて，英語を話し英文を綴るを意とせざる変則教授法」と評しています（『明治文学史』1894）。これを今日のことばでいえば，リーディングばかりやっていてスピーキングやライティングはさっぱりやらなかったということでしょう。こう見てくると正則は変則よりはるかに優れた教授法のように思えますが，彼自身正則で英語を学んだ新渡戸稲造は「ただオウムのように意味も考えないで，次々に英文を読んでいた正則の学生たちに比べると，変則

生のほうが普通はるかに正確厳密に意味内容を把握していた」と記しています("The Use and Study of Foreign Languages in Japan")。正確な理解という点では,正則は必ずしも変則より優れていたとは限らなかったようです。

　知的訓練を目的とした戦前の旧制中学校や旧制高校の英語授業のほとんどは訳読中心でした。この訳読から発展した訓詁注釈という研究法は,やがて日本の英文学界で1つの学統を形成するほど発達しました。「直読直解法」とか「グループ・メソッド」といった訳読の技法も開発されました。受験英語の分野での重要構文中心の「英文解釈法」というのも訳読法を体系化したものといえます。大学や高校・予備校・学習塾などではいまだにこの訳読式が根強く残っています。その特徴を次にまとめておきましょう。

1．文字言語,書きことば中心。
2．リーディング(それも精読)中心。意味内容の把握と,如何に自然な日本語に訳すかが最大の関心事。
3．文法(8品詞・5文型)の学習から出発。
4．教室作業としては,訳すことと文法的分析プラス多少の音読。
5．授業用語はもっぱら日本語。
6．予習の中心は辞書(特に英和辞典)を引いて単語帳をつくること。
7．教室では教師主導。家庭での予習を前提とする。自学自習も可能。
8．多人数クラスでも実行可能。
9．学習者の側に,外国文化に対する強烈な関心があれば効果があがる。

　次にこの教授法に欠けているものは何か,を考えてみましょう。それには,上の各項目を裏返してみればいいわけです。

1．音声言語,話しことばが軽視されている。生きた英語が学べない。
2．リーディング以外の3技能,とりわけリスニングとスピーキングは無視されている。授業中,教師が英語を話すことは滅多にない。発信型ではない。コミュニケーションという視点もない。
3．文法学習は帰納的よりも演繹的。
4．速読とか大意や要点・概要をつかむ訓練が不足する。パラグラフ単位より,センテンス単位になり勝ち。

> 5．英英辞典の活用は敬遠される。
> 6．訳文の自然さが高く評価される。
> 7．授業は概して単調で，予習の結果をチェックしているにすぎない場合も。
> 8．1時間に1回も指名されない生徒もあって，授業の中での反復練習の機会はまず皆無。
> 9．教材の内容に興味がなければ，学習意欲は低下する。

これらの欠陥を克服しようとしたのが，次に出現した AL 法というわけです。

11−2. Audio-Lingual Methods（オーディオ・リンガル教授法）

 Audio は「耳の」，Lingual は「口の」という意味ですから，これは「耳口教授法」ということになります。この名称は最初に第2次世界大戦後にアメリカで生まれたある教授法の名前でしたが，今ではもっと広く 19 世紀後半以後に出現した教授法の総称，GT 法に取って代わった新しい教授法全体をひっくるめて呼ぶ名前として用いられるようになりました。したがって，Method が複数になっている（「教授法たち」）ことに注目してください。ここに含まれる教授法の数は 10 や 20 ではなく，今では名前だけしか伝わってはいないようなものまでも含めると優に百を越えるでしょう。英語教授法の歴史はつい最近まで AL 法の歴史だったといってもいいほどです。

 AL 法が生まれたのはヨーロッパにおいてですが，そんなに古いことではありません。19 世紀の後半になると交通機関が発達してより多くの人が外国に出かけたり，通信手段の発達で直接外国語に接する機会も多くなりました。そのような社会的変化にともなって，生きた外国語を教える学校も増えました。その初期のものは「ベルリッツ・メソッド」とか「グアン・メソッド」のように提唱者個人の名前で呼ばれていましたが，やがて 1882 年にドイツのフィーエトル（Wilhelm Viëtor, 1850−1918）という人が「言語教授は方向転換せざるべからず！」という画期的な論文を発表しました。彼がそう主張したのは音声学者の立場からでしたが，その他にも言語を体系と運用に分けたソシュールの言語

学や刺激と反応に基づく習慣形成理論などの新しい心理学を背景に革新的な教授法が生まれました。GT法はもはや時代おくれの「旧教授法」と呼ばれるようになりましたが，だからといってそれに取って代わった新教授法がすぐに広く認められたわけではなく，多くの学者や教育家が同じような主張を何度も繰り返した挙句に，ようやく第1次世界大戦後くらいになって次第に一般化したのです。

そのころ，イギリスからパーマーが日本にやって来て，英語教授研究所（現在の語学教育研究所）を創設して，オーラル・メソッドによる英語教育の改革運動を始めました。第2次世界大戦後にはアメリカからフリーズが来て，ELECを中心にオーラル・アプローチを普及しました。その間半世紀もの間，AL法こそは「外国語の正しい教授法」であるとされてきました。

ではここで，AL法全体に共通して見られる特徴をまとめてみましょう。

1. 音声言語，話しことば（つまり生きた英語）を優先。
2. リスニング→スピーキング→リーディング→ライティングの順序で学習する。
3. 音声・文型・文法などの言語構造の学習が中心。
4. 文法は帰納的に教える。
5. 学習作業の中心は，口頭による反復練習のドリル。（耳・口中心）
6. 模倣・反復・強化により言語習慣の形成をはかる。
7. 授業は原則として英語でおこなう。
8. 意味の理解は，日本語を介在させないで，絵や実物を通して直接おこなう。語彙の拡大よりも，まず発音・文型の完全学習を優先する。
9. 授業は教師主導型。予習は前提としない。
10. 既習事項との対比を重視し，前時の復習から始める。

次に，この数あるAL法の中でとりわけ日本でもよく知られている3つの教授法を，少し詳しく紹介することにしましょう。

11-3. パーマーのオーラル・メソッド

ハロルド・E・パーマー（Harold E. Palmer, 1877-1949）は大正11（1922）年に

文部省英語教授顧問として来日しました。当時わが国の英語教育の主流は訳読式で，音声を重視する教え方はごく限られた教師や学校がおこなっているにすぎませんでした。パーマーは翌12年に英語教授研究所を創設しました。これが今日の語学教育研究所の前身です。以後，昭和11（1936）年に帰国するまでの14年間，彼は講演・実地指導・著作活動などを通してオーラル・メソッドの普及に尽力しました。

　パーマーが日本に教えたことは，まず音声から入る，理解だけにとどめずに練習によって英語を自分のものにする，授業ではなるべく日本語は使わないようにする，といったことでした。それは，従来の文字から入る，訳せればそれでよい，英語よりも日本語のほうが多いといった訳読式の授業とは大違いでしたから，なかなか受け入れられませんでした。

　パーマーは英語学習を「了解」「融合」「総合活用」の3段階に分けました。了解は訳読でもできますが，できる限り実物や絵を用いて了解させようというところが違います。融合も日本語を介在させないで，英語とその意味が直接結びついて一体となるように反復練習することです。最終段階である総合活用は，それまでに習って身についたことから選び出して実際の場面に応用することです。これがうまくいけばそれこそ「実践的コミュニケーション能力」が身についたといえるでしょう。

　オーラル・メソッドに由来する指導技術としては，ストーリーの「オーラル・イントロダクション（口頭導入）」，英問英答，「置き換え（代入）」そして「転換」などがあります。

11-4. フリーズのオーラル・アプローチ

　オーラル・アプローチはミシガン大学のフリーズ（C. C. Fries, 1887-1967）が構造言語学と行動主義心理学の成果を背景につくり上げた外国語教授法です。昭和31（1956）年に日本英語教育研究委員会（ELEC，現在の英語教育協議会）の招きで来日し，その顧問になりました。以後たびたび日本を訪れ，講演・テキス

ト作りなどを通じてオーラル・アプローチの普及に努め、戦後の日本の英語教育、特に義務教育となった新制中学校の英語教育に多大の影響を与えました。音声重視・反復練習などはパーマーと共通していますが、特徴的なのは、次のような教材編成の原理です。

　1．外国語と学習者の母語とを比較分析して、その相違点(これが学習の困難点でもある)に考慮して教材を作る。

　2．言語材料が「連続する対立の小さな段階」(successive small steps of contrast)を経て学習できるように配列する。

　第2点は、新教材を既習教材と関連づけて、構造上の差異をできるだけ小さくして、学習上の抵抗を最小限にするということですが、この原理はその後の日本の英語教科書作りに大きな影響を与えました。

　オーラル・アプローチが紹介された当初は、オーラル・メソッドとの相違点にもっぱら注意が向けられましたが、今日では同じAL法の1つとして、共通点のほうが重視されるようになりました。実際、オーラル・メソッドの「言語習得の5習性」とオーラル・アプローチの「言語学習の5段階」を比べて見ると、5つのうち4つまでは、名前は違っても中身は同じと見ることができます。

(「5習性」の4番目は「5段階」では第1段階に含まれるという点が異なっています。)

　オーラル・アプローチに由来する指導技術としては、文型の口頭導入、コントラスト(対立)、ミム・

	5 習 性	5段階
1.	耳による観察	認知*
2.	口による模倣	模倣
3.	口馴らし	反復
4.	意味付け	変換
5.	類推による作文	選択

＊音声を正確に聞き取り、意味を理解する。

メム(模倣記憶練習)とパタン・プラクティス(文型練習)、「代入」「転換」「展開」それに「生徒同士の対話」(p−p dialog)などがあります。

11-5. GDM教授法

　あらゆる事柄をわずか850語の英語で表現できるというBasic Englishと

いうのを聞いたことがありますか。イギリスのオグデン(C. K. Ogden, 1889-1957)とリチャーズ(I. A. Richards, 1893-1979)という2人の学者が，意味の分析から考え出した，国際補助語としての簡易化された英語です。それを外国人のための英語教育に応用したのがGDM(Graded Direct Method)です。その特徴は次の3つです。

1. 教材が独自の順序で段階づけられている(graded)。
2. sen－sitによる母語を用いない授業(direct)。
3. 学習者の自発的な発表活動の養成。

1. の教材配列の順序というのはまったくGDM独特のもので，それをsequenceと呼んで厳重に守られています。教師の話す英語も教材のgradingに沿っていなければなりません。2. はできるだけ多くの視聴覚教材(線画というマッチの軸で作ったような絵の入った教材を見たことがあるでしょう)を活用して，意味(sense)と場面(situation)が日本語の媒介なしに直接結びつくように教えます。

授業中の生徒の発言はすべて場面に応じたもので，教師の英語を機械的に模倣したり，反復したりはしません。生徒が言えることは教師が先取りして言わないようにします。生徒の自発的な発表活動が授業の柱なのです。文法も生徒が自分でルールを発見するようにさせます。

GDMは段階づけへのこだわりが強く，指導法とテキストがセットになっているので，検定教科書を使った授業に部分的に取り入れることは困難でしょうが，生徒にその場その場に応じた自発的な発言を奨励するなど，「積極的にコミュニケーションを図ろうとする態度を育てる」のに，大いに学ぶべきところがありそうです。

最後に，AL法全体の問題点をまとめておきましょう。

1. 「話しことば」といっても文法の例文を音声化しただけで，「生きた英語」とはいえないのではないか。
2. 4技能を自然の順序でとはいっても，授業はリスニングとスピーキングに片寄

りがちで、ライティングなどは家庭学習にゆだねざるをえないのではないか。
3．言語構造中心なので、意味内容が軽視されがち。
4．文法を帰納的に教えるのは非能率的である。
5．口頭練習は忘れやすく、機械的なドリルは単調で退屈である。
6．言語の習得は模倣と反復の習慣形成だけだろうか。母語と外国語は同じ仕組みで覚えるものだろうか。
7．日本語を使用しないと、意味もわからずに、あるいは誤解したままで終わる生徒がいるかも。
8．オーラル・イントロダクションは教師の一方的な語りになりがち、学習者に不要な不安と緊張を与えるおそれも。
9．教室で学んだ言語構造の統合が自然な言語使用に結びつくか。

それより何より、今やAL法の理論的支柱とされてきた構造言語学は生成文法に、習慣形成理論は認知学習理論（模倣・反復より発見を重視）に取って代わられたので、AL法はその理論的後ろ盾を失ってしまいました。その後にどんな新しい教授法(Post-Audio-Lingual Methods)が生まれてきているか、それは次節以下のテーマです。

11-6. Communicative Language Teaching
（コミュニカティブ言語教授法）

目標言語をコミュニケーションの手段として使えるようにするために実際の場面を想定した言語活動を中心におこない、最終的にはコミュニケーション能力の育成を目標とする教授法の総称で、CLT あるいは、コミュニカティブ・アプローチ(communicative approach)とも呼ばれます。Hymes(1972)が提唱したコミュニケーション能力(commuicative competence)の規定概念が、CLT の発展に大きく影響を及ぼしました。また実際には Wilkins(1976)がヨーロッパ協議会(Council of Europe)に提出した報告書(1972)の骨子をまとめた *Notional Syllabuses* を出版し、その中で、伝達能力を育てる言語教育を推進するためには従来の文法・構造中心のシラバス（教授細目）ではない、ことばの機能あるいは伝達目的に着目した「概念／機能シラバス」が必要であることを謳ったと

ころからコミュニケーションを授業の中核に据えた指導法が多く発表されました。CLT の共通特徴を Barnett は6点にまとめています：(1)現実の言語使用(use)に力点を置いた機能的言語観。言語の構造よりもその構造を用いて何ができるかが注目される。このことは談話の重視にもつながる。(2)文法や場面ではなく，機能(function＝what we talk for)と，概念(notion＝what we talk about)を中心にしたシラバス構成。(3)学習者の認知力や分析力を重視した学習者中心の言語学習観。(4)学習者の needs－analysis を出発点とする。つまり言語構造の全体像を与えるよりも学習者が必要とする事項を教える。(5)学習者の needs に合致した授業設計。(6)言語学習を現実の言語使用(authentic use of language)に接近させる。CLTの言語活動に必要な諸要素は(1)Information gap：AとBとの間に情報の差があること。(2)Choice：話し手に何をどう言うかについての選択の自由があること。(3)Feedback：相手の反応を判断して自分の話し方を調整すること。具体的には，課題(task)に基づいて課題解決(problem-solving)を果たしながら，総合的なスキル(skills)の運用方法を身につけていくような，mechanical ではない，meaningful から commuinicative な活動をおこないます。問題点としては，学習効果を測定する評価方法が十分には確立されていないこと，授業が伝達中心になるため文法指導が軽視されがちになることが指摘されますが，前者は CBT 等の科学的測定方法の進展によって，また後者は構造の定着と強化を図る他の教授法と折衷することで相当な部分は補完されることが期待されます。むしろ大切なのは CLT の教授理念をもって BICS だけではなく CALP までも抱き込んだ包括的な伝達能力をいかに体系的に獲得できるかということでしょう。

11-7. Suggestopedia(サジェストペディア)

ブルガリアの精神科医ロザノフ(Lozanov, Georgi)により開発された教授法で，暗示学(suggestology)の原理を外国語教育に応用した方法です。

ロザノフは，学習の障害(緊張・不安・恐怖・ストレス・不適切な先入観や意識な

ど)を脱暗示によって取り除くことにより，飛躍的に学習が進むと主張する精神生理学的仮説に基づく法則を提示し，その法則から，以下に示すジェストペディアの基礎を成す3つの教授理論を導き出しました。

① 学習者に，集中的に精神安楽状態(学習への緊張・不安・恐怖・抵抗感・不適切な先入観を取り除き，学習に適切な精神状態)を与えること。

② 学習活動は，意識的・無意識的レベルの両方で，脳の活動の統合(脳の活動は分析・統合を繰り返しており，たとえば，文を単語に分割して教えることは，脳の活動に合致しておらず不自然であるため，文全体が表す意味やコミュニケーションの側面に学習者の主な注意を向けるよう促し，同時に発音・語彙・文法にも，少しの間注意を払わせるなど)をはかるようにすること。

③ 学習者の潜在能力(学習者が，無意識のレベルでもっている能力や使用されたことがない能力を暗示により引き出す)を開発すること。

上記①〜③に基づき，授業は，次に示す3段階として展開します。

Ⅰ．(pre-session)⇒15〜20分から成る新教材を提示する段階で，学習者はクラシック音楽を聞きながら，教師が教材本文を音読するのを聞いたり，単語の発音・意味や文法の簡単な説明を聞きます。

↓

Ⅱ．(session)⇒45分から成り，教師はクラシック音楽のリズムに合わせて教材本文を朗読し，学習者は，教師が読んだ文を再生したり，聞いた文を用いて，新しい文をつくることなどをおこなう段階です。

↓

Ⅲ．(post-session)⇒session終了後の休憩のあとに，クラシック音楽を聞きながらおこなわれる教材理解や定着をはかる段階で，学習者は，歌やゲーム，質疑応答，与えられたテーマでの会話，ロール・プレイなどをおこないます。

11-8. Community Language Learning
　　　（コミュニティー・ランゲージ・ラーニング）

　シカゴ Loyola 大学の心理学教授(カウンセリングの専門家)であったカーラン(Curran, Charles A.)により開発された教授法で,教授理論は,学習コミュニティーの形成による**カウンセリング心理学**(counseling psychology)の原理に基づいています。→p.263 カーランは,学習の場(教室)を1つの共同体(community)と考え,教師がカウンセラー(counselor),学習者がクライエント(client)となり,一体となって1つの課題を解決していく学習を志向しています。

　学習の過程は,以下に示す5つの段階から成り立っています。

Ⅰ. 胎児期(embryonic stage)⇒教師に完全に依存している段階で,教師がモデルを示さなければ,学習者は目標言語を話せない時期

　　　　↓

Ⅱ. 自己主張期(self-assertive stage)⇒目標言語の表現を聞きながら少しずつ文を覚え,単純な文を自分で使えるようになり始める時期

　　　　↓

Ⅲ. 自立存在期(separate existence stage)⇒教師の介入や援助を嫌うようになり,学習者自身の表現を使ってみたくなる時期

　　　　↓

Ⅳ. 役割逆転期(role reversal stage)⇒教師の援助で学習が促進されることを学習者が認識し,教師の援助を積極的に受け入れようとする時期

　　　　↓

Ⅴ. 独立成人期(independent adult stage)⇒学習者は教師から完全に独立して自由にコミュニケーションを取れるものの,修正や洗練の必要性がまだ残っている段階

上記の過程に基づく授業展開例の1つは，次に示すとおりです。

① 6～8人程度のグループの学習者が車座となり，各自が表現したいことを母国語で言い，教師が背後からそれを目標言語に訳し，学習者がそれを繰り返して言い，その箇所を録音します。
↓
② 学習者に，①での経験中に感じたことを母国語で話させます(reflection)。
↓
③ 学習者は，①で録音したテープを聞きます。
↓
④ 学習者は，テープを一文ごとに区切って聞き直し，その文の意味を思い出すことを求められます。
↓
⑤ テープ全体を聞き直しながら，必要に応じて教師はテープの文を板書したり，文型・文法などの説明を加え，学習者は板書を書き写します。

11-9. Task-based syllabus(タスク・ベースト・シラバス)

　この方法は，基本的にはコミュニカティヴ・ランゲージ・ティーチング(Communicative Language Teaching，以下CLTと略します)の流れのなかから生まれた方法であるととらえることができます。PrabhuによるThe Bangalore Projectに見られるprocedural syllabus(Prabhu,N.S., *Second Language Pedagogy*を参照)は，CLTの延長線上に位置づけられているだけでなく，タスク(task)を用いたシラバスとしても知られています。したがって，procedural syllabusは，タスク・ベースト・シラバスとも呼ばれ，両者がほぼ同様の内容を表しており，また両者はprocess-oriented syllabusのなかに一括して扱われることもあります(Nunan,D., *Syllabus Design*を参照)。

➡p.263

　タスク・ベースト・シラバスは，シラバスという言葉が用いられていること

から理解できるように，元来タスクを中心として構成されたシラバスをさしていました。現在では，一般にタスク・ベースト・シラバスに基づいておこなわれる英語教育の方法（教授法）をさすようになっていますので，本章では，教授法の1つとしてとらえ説明します。

　この方法のキーワードであるタスクとは，外国語教育においては，とくにコミュニケーション活動のためにおこなう課題，問題，活動，作業のことをさしています。たとえばCLTでは，鉄道の路線図・時刻表・料金表などを学習者に与え，それらを使い，時間的な早さや金額的な安さを指定したうえで，グループで英語を使い話し合いをしながら，ある地点から別の地点へ行くための方法を決める，という活動をおこなうことがあります。これは，まさにタスクを用いた方法であり，このように，タスクを用いて授業を進める方法が，タスク・ベースト・シラバスであると考えればよいでしょう。このほかにも，従来から用いられているタスクには，電話のやり取りをとおして情報を入手する活動，口頭での指示を聞き地図を描く活動など，目標言語(target language)を使い，ある課題を完成させることや問題を解決することを志向した活動はたくさんあります。通常，タスクの処理は，ペアー・ワークやグループ活動によりおこなわれ，学習者相互のインターアクション(interaction)が重視されます。また，学習者自身が目標言語を使いタスクに取り組むという観点から，学習者中心の(learner-centred)方法であるととらえられます。さらに，学習者のニーズ(needs)をあらかじめ特定し，それに基づくタスクの選定が行われシラバスが作成されることもあります。

　学習の過程でタスクを用いる根拠は，次の3点にあると考えられます。
① タスクを処理する過程で，コミュニケーションの目的を達成するために，学習者は，自らがもっている言語能力を最大限に利用しようと努力することになります。
② 到達目標が非言語的な事項に設定されているため，学習者はタスク完成に向け，自発的に多様な方法を利用し，そのことにより学習が促進され

る結果となります。
③ ペアーやグループをつくり，複数の学習者と協力してタスクを処理する場合，お互いが用いる目標言語を理解し，またお互いに目標言語を理解させようとする過程(意味のやり取り [negotiation of meaning])をとおして，目標言語を疑似体験的に使用する機会を学習者が得られるだけでなく，目標言語の形式面の　習得も促進されることになります。

しかし，タスクの利用には，次のような3点の課題も見いだされます。
1. 文法項目の難易度以上に，タスクのそれを決定することがむずかしいため，シラバスを作成する場合に，タスクの配列順序をどのように設定すればよいかを決めることがむずかしくなります。
2. タスクの処理が完成すれば，目標言語の形式面(音声・語彙・文法)は構わない，言い換えれば「通じさえすればなんでもよい」という発想を助長する危険性があります。
3. 言語の核(core)には，文法が存在していることは確かであり，タスクの処理過程にどのように文法学習を位置づけることが望ましいのかを明確にすることがむずかしくなります。

【伊村元道(11-1～5)，木村 松雄(11-6)，木塚 雅貴(11-7～9)】

学習課題
1. Communicative Language Teaching(CLT)とTask-based syllabusの類似点と相違点はどこにありますか。それらをまとめてみましょう。

[参考文献]
田﨑清忠編『現代英語教授法総覧』大修館書店，1995年
Nunan,D. *Syllabus Design*. Oxford University Press. 1988.
Prabhu,N.S. *Second Language Pedagogy*. Oxford University Press. 1987.

12　EGP から ESP へ

> **キーワード**
> EGP＊ESP＊ジャンル分析＊ニーズ分析＊ディスコース・コミュニティ

　本章では，今まで各章で述べてきたいわば English for General Purposes（一般目的のための英語（に関する研究および実践）以下，EGP）という視点でとらえてきた日本の教育機関における英語教育を，**English for Specific Purposes** ➡p.263（以下，ESP）という視点でとらえ直した場合どうなるのか，さらには EGP と ESP の接点をどう理解し，どのように生徒を導いていくことが可能なのかを述べていきます。

12-1. ESP とは

12-1-1. ESP の意味

　最初に，ESP とは何かということを理論面から迫っていきましょう。
　ESP の日本語訳としては「特定目的のための英語（に関する研究および実践）」，あるいは「専門英語教育（あるいは研究）」と呼ばれるのが一般的です。そして，この ESP は，EGPとよく比較されます。その際，「EGP もよくわからないのになぜ ESP を教育するのか」という声があります（野口，2009）。初等・中等教育，またそれ以上の高等教育までをも含むべきものを EGP，そして，それ以外の非常に特殊なものを ESP として区分していた傾向が日本にはあることは否定できません（Morizumi, 1994）。いずれにせよ，「ESP とは非常に特殊なものである」という認識が日本にはあり，少なくても「英語科教育法」で扱う範疇には入っていなかったというのが現実であるといえます。

野口(2009)は，ESP と EGP を以下のように整理しています。EGP は，個人の活動のための英語，個人的に本を読んだり，友人と会話をしたりするための英語としてとらえておき，いっぽう，ESP は，社会活動のための英語で，仕事のためにレポートを書いたり，会議で議論したり，学会でプレゼンテーションしたりするための英語としてとらえられます。

それでは，社会活動のための英語ともいわれる ESP の歴史を説明していきましょう。1960 年代にアフリカ大陸等の旧大英帝国連邦諸国において，言語教育の主流が文学であることに対する反動が次第に始まっていき，「学習者自信の目標や現実に即したコースを考案し，教授法を考える」という，より実用的な観点が主張されるようになってきたことに ESP は始まるとされています。当時の研究者たちは，もっぱら専門分野別に英語の文法などの言語的特徴を記述することに専心しており，ESP で非常に重要なはずの言語の使用については関心をもっていませんでした。工学系の代表的な単語や文章において，「工学系では受動態がよく使われる」といわれていましたが，このあと説明する「ジャンル」によって，実際には異なっていることがコーパス分析などの手法を取り入れられた現在では明らかになってきています。

とくに，このいわば ESP 創世期は理工系英語(English for Science and Technology，以下 EST)研究が中心であり，ESP は EST と同義語としてとらえられていました。大英帝国から独立したアフリカ諸国がまず着手したのは，土木や建築といった工学系の分野の英語を自国民にマスターさせることであり，どうやって独立国をつくり上げていくかがポイントであったと，当時，英国からその指導にあたっていた Bloor(2000)は回顧しています。おもしろいことに，日本が明治維新で西欧文明を吸収した際にまず翻訳されたのは，工学系の分野であったと柳父(1982)は述べています。

こうしたかなり特化した理工系の EST が日本に紹介され，ESP とは理工系英語そのものであり，その理工系の専門分野別の単語や文法構造のみの研究そしてその教育に特化しているという理解が広がっていきました。野口(2009)は，

このように ESP は非常に狭く特化してしまったために，日本の英語教育には適用できないという共通認識が英語教育界でできてしまったのではないのかと指摘しています。また，「なぜ，日本で ESP が広がらなかったのか」は，寺内(2000)が Morizumi(1994)などの見解を詳しくまとめているのでそちらをご覧ください。

12-1-2. ESP のとらえ方

(1) ジャンルの概念

1960 年代に始まったとされる ESP ですが，英語教育にたずさわる私たちはどのようにとらえていくべきなのかを述べていきましょう。日本国内ではあまり認知されていなかった ESP は，海外では応用言語学の一領域として発展してきました(寺内，2010b)。そして現代の ESP は，1990 年に John Swales が唱えた「ジャンル分析」という観点に立っているかどうかが基本だといえます。

学問的背景や職業などのニーズをもつことにより同質性が認められ，その専門領域において学問上・職業上の目的を果たす集団を「ディスコース・コミュ
➡p.263
ニティ」といい，日本語では「専門家集団」と呼びます(寺内，2000)。そして，そのコミュニティのなかでは，「講演」「学術論文」「スピーチ」「宣伝」などのさまざまなコミュニケーションのイベントがおこなわれています。

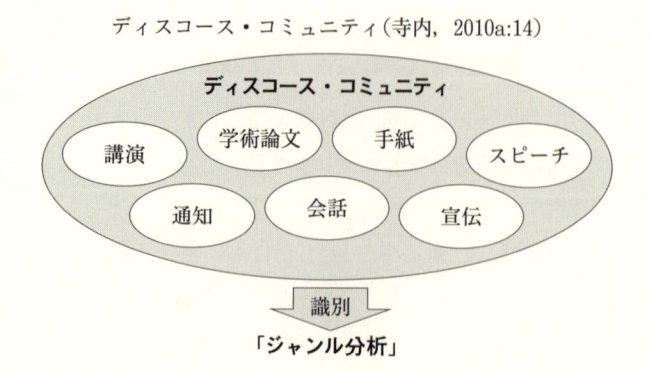

ディスコース・コミュニティ(寺内，2010a:14)

ディスコース・コミュニティ
- 講演
- 学術論文
- 手紙
- スピーチ
- 通知
- 会話
- 宣伝

↓識別

「ジャンル分析」

このコミュニケーションのイベントが「ジャンル」です。そして，こうしたある目的をもった一連の発話が「テクスト」であり，書き言葉と話し言葉を含みます。その「テクスト」をジャンルによって分析する方法を「ジャンル分析」 ➡p.264
といいます。このディスコース・コミュニティのメンバーは，こうしたコミュニケーションを繰り返しおこなうことにより，そこで使用される言語がパターン化されていきます。このパターンで構成されたイベントが「ジャンル」であると Swales(1990)は定義しているのです。

このパターンを野口(2009:5)は以下のように説明しています。

Language is composed of patterns.
（言語はパターンで構成されている）

Sound patterns form words.→Pronunciation
（音のパターンが単語となる→発音）

Word patterns form phrases and clauses.→Collocation
（単語のパターンが句や節となる→連語）

Phrase and clause patterns form sentences.→Grammar
（句や節のパターンが文章となる→文法）

Sentence patterns form texts.→Paragraph structure
（文章パターンがテクストとなる→パラグラフの構成）

Text patterns form genres.→Text structure
（テクストのパターンがジャンルとなる→文章の構成）

この最後のジャンルというのが，その前のパターン化されたテクストであるというのです。このジャンルという視点を学習者にもたせることが ESP にとっては非常に重要になります。日本の英語教育ではパラグラフの構成までは扱われていましたが，テクストの構成のレベルまではほとんど扱われていなかったと野口(2009)は ESP と日本の英語教育との関連を述べています。

(2)　ESP の種類

つぎに，ESP の種類の図を見てください。ESP はその使われ方により，

ESP の種類(寺内, 2010b:8)

```
特定目的の英語（ESP）
├── 職業目的の英語（EOP）
│    ├── English for professional purposes
│    │    ├── English for medical purposes
│    │    └── English for business purposes
│    └── English for vocational purposes
│         ├── pre-vocational English
│         └── vocational English
└── 学術目的の英語（EAP）
     ├── 一般学術目的の英語（EGAP）
     └── 特定学術目的の英語（ESAP）
```

English for Occupational Purposes(職業上の目的のための英語,以下 EOP)と English for Academic Purposes(学術的な目的のための英語,以下 EAP)とに分類することができるというのが一般的な見解です。EOP は,医者,弁護士,エンジニアなどの職業専門家の English for Professional Purposes(以下,EPP)と店員や電話のオペレーターなどの一般の職業人のための English for Vocational Purposes(以下 EVP)に,EAP は大学や研究機関でおこなわれるものであり,English for General Academic Purposes(一般学術目的のための英語,以下 EGAP)と English for Specific Academic Purposes(特定学術目的のための英語,以下 ESAP)に再区分されます。

以上をまとめるとこうなります。ESP の大きな特徴は,学習者が実際に英語を使用する場面であるディスコース・コミュニティのニーズをとらえ,そのニーズから逆算するかたちで英語教育をおこなう点にあります。したがって,学界などアカデミックな世界への人材を輩出するという視点では EAP が必要であり,産業界への人材を輩出するという視点に立てば EOP が必要となることになります。これは大学だけではなく中等教育が修了する段階で考えることも可能ですし,初等教育においても ESP の方向性を示唆することは可能となります(具体例は寺内他編,2010b を参照のこと)。

では,その ESP を実践するうえで,日本で従来からおこなわれてきたとされる EGP といかに連動することができるのかを次節で考えていきましょう。

12-2. EGP と ESP の接点

　EGP から ESP への連動という点において，ESP は決して特殊なものではなく，言語というものがコミュニケーションために存在するという基本に立ってものごとを考えていくことが重要であることを指摘してきました。本節ではEGP に ESP をいかに取り込むことが可能なのかを「ジャンル」「**ニーズ分析**」→p.265
「語彙力」という3つの視点から整理していきたいと思います。

12-2-1. ジャンルという視点

　第4章4-1. で，「「コミュニケーション英語Ⅱ」はさらに多様で具体的なジャンルをあげ，それぞれの目的に応じた読み方を求めています」という記述があります。「説明，評論，物語，随筆などについて，速読したり精読したりするなど目的に応じた読み方をする」というのです。まさに，ESP の「ジャンル」という概念にもとづいたものと読み代えることが可能です。大事なポイントは読むことにおいても，基本となるのは，評論と物語とではそのコミュニケーションの目的が異なるということです。目的がちがうのですから，当然そのコミュニケーションのスタイルは変わってきます。このことを意識させることができるかどうかが ESP のポイントであるといえます。

　同様に，第4章4-3-2. で「検定教科書は語彙数や分量などさまざまな制約のため簡略化されているのです。かえって読みにくい場合があるのです」，さらに，「検定教科書は入念に作られていますが，難点として第1にインプット量が少なく，第2に簡略化されているために文や談話の流れが時に不自然なことがあげられます」という指摘があります。これらは検定教科書そのものを否定しているのではありませんが，学習者向けではない真性の英語（authentic English）が掲載されていないのが検定教科書の実情をあらわしているといえます。つまり，語彙の制限などが設けられている検定教科書では，ESP のいうジャンルらしきものは扱うことは可能ですか，そのものを入れることは不可能

なのです。

　たとえば,ある人の英語によるスピーチが語彙や文法などを変えて「英語Ⅰ」の検定教科書に出ているものがあるとします。ESPの視点からいえば,これは当然「スピーチ」というジャンルに入るものです。しかし,「英語Ⅰ」というリーディングの教科書にあるので,生徒はこれをリーディングというスキルの対象としてとらえてしまう可能性があります。しかし,スピーチという「ジャンル」におけるコミュニケーション・イベントであるということを認識させることを最終的な学習目的にすることができれば,まさに中等教育においてもESPは十分成立することが可能になるのではないでしょうか。

　もう1つ例をあげてみます。下の英文は,取り扱っている内容は同じなのですが,ジャンルがちがうものです。左はロイターと書かれていることからわかるように,新聞記事です。右は学術雑誌に掲載されているものです。タイトルから情報の発信の仕方,使われる言語までちがいがあることが明らかです。こうしたジャンルのちがいによりテクストのパターンが異なってくるということを認識させるということが非常に重要なのです。

Two texts: similar subjects, different genres　野口(2008)

- **Eyes lock on different letters when reading**
- YORK (Reuters) - When we read our eyes lock on to different letters in the same word instead of scanning a page smoothly from left to right as previously thought, researchers said on Monday.
- Using sophisticated eye tracking equipment, the team looked at letters within a word and found that people combined parts of a word that were on average two letters apart, said Simon Liversedge, a cognitive psychologist at the University of Southampton.

- **Lexical and Sublexical Influences on Eye Movements During Reading**
  Simon P. Liversedge and Hazel I. Blythe, University of Southampton (March 2007)
- In this paper, we briefly review some recent studies that have clearly demonstrated the importance of lexical factors on eye movements during reading. We introduce the reader to eye-movement recording and explain its importance within the field of experimental psychology as a tool with which we can examine the psychological processes underlying reading. We then provide a summary of (mainly) eye-movement experiments in three areas: reading disappearing text, reading text with transposed letters, and morphological processing of compound words. Throughout the paper our central claim is that processes associated with lexical identification exert a strong and quite immediate effect on eye-movement behaviour during reading.

こうしたコミュニケーションのイベントを整理するために，野口（2002）はPAILの4つの視点が重要であるといいます。① Purpose（目的）「どんな目的で書かれているか」，② Audience（読み手）「誰のために書かれているか」，③ Information（情報）「どんな情報が含まれているか」，④ Language（言語）「使用言語上の特徴は何か」の4つの単語の頭文字をとったものをPAIL分析といいます。このPAILの視点でみると，上の例では，I（情報）は一緒なのですが，P（目的）とA（読み手）がちがうために，当然L（言語）が異なってくるということがわかるかと思います。

12-2-2. ニーズ分析という視点

12-1-2.(1)ジャンルの概念のなかで，「学問的背景や職業などのニーズをもつことにより同質性が認められ，その専門領域において学問上・職業上の目的を果たす集団をディスコース・コミュニティ」であるという定義を示しました。ESPにおいてこのディスコース・コミュニティというのは非常に重要であることは何度も繰り返しました。そして，EGPとの接点という点で，ここに出てきている「ニーズ」というのもESPにおいては大切な要素であることを示していきましょう。

　本章で何度も登場する「ジャンル分析」という概念ですが，実はこのジャンル分析に非常に大きな影響を及ぼしたのが，Munby（1978）が提唱した「ニーズ分析」であるといえます。「ニーズ分析」とは，学習者が将来どのような目的や状況で外国語を使うようになるのかを予測し，それをもとにどのような言語能力を伸ばす必要があるのか（ニーズ）を分析することをいいます。このニーズ分析の登場によって，先述の言語構造や言語そのものの特徴を対象としていたESP教育ならびに研究が大きく変化しました。すなわちESPは，「言語の使用される場面や状況をも考慮に入れて」準備されなければならないことになりました。具体的には，ESPのコース・デザインをおこなうためには，まず学習者が将来所属する可能性のあるディスコース・コミュニティのニーズを分

析して，それにあったジャンルを選択し，学習者に合った教材を作成し，教授法を施すことになったのです。ここで大事なポイントがあります。それまで英語教育の分野で一般的におこなわれてきたのは，学習者対象のアンケート調査にもとづくニーズ分析で，これらの分析結果は社会のニーズを反映したものではなかったということです。

それでは，ESPにおいて重要な社会のニーズというのは一体どういうものなのかを考えていきましょう。なお，これからの記述は，清水(2010)を参考にしてまとめたので詳細はオリジナルをご覧ください。

West(1994)は，外国語教育の分野においてもさまざまなニーズ調査・分析がおこなわれてきたといいます。しかし，そのなかでHutchinson & Waters(1987,55-58)が，ニーズの3つの意味をあげて整理しています。①Necessities：学習者が近い将来における環境で効果的に機能するために必要なこと，②Lacks：Necessitiesと実際のギャップ，③Wants：学習者側から求めているもの，というニーズのとらえ方をきちんと整理しておく必要があるというのです。とくに，コース設計者の観点から客観的にとらえた場合と，学習者が主観的にとらえた場合でも意味合いがちがうことは非常に重要です。すなわち，「会話をしたい」とか「英字新聞を読みたい」という学習者のニーズはWantsという分類に入るものであり，実際に彼らが入る可能性のあるディスコース・コミュニティが必要とするNecessitiesではないということです。すなわち，まだディスコース・コミュニティでどのような英語が必要とされているかがわからない学習者に「何をしたいのか」という質問をしても，それだけでは正確なニーズは得られないのです。

また，ESPのコース・デザインをおこなうには，まずはきちんとしたニーズが何かを出発点とすることが必要です。カリキュラムデザインでもシラバスデザインでも，まずはディスコース・コミュニティが必要とするニーズ(Necessities)を把握することがESPの一番大きな特徴といえます。

そして，Brown(1995,37-38)は，そのニーズ分析をおこなう者を以下の4つ

のカテゴリーに分類しています。①「目標集団」当該プログラムで学ぶ学習者で、ときには教師や管理者を含む、②「分析結果に関係する人々」教師やプログラムの管理者、官僚、③「ニーズ分析の実施に関与する分析者」、④「目標集団に関する情報源となる集団」将来、学習者が属する職場の雇い主や専門教育にたずさわる専門家。この4つ目の集団が非常に重要で、彼らのもつ情報を有効に使いながら ESP コース・デザインをしていくことが必要なのです。

いずれにしてもニーズというのをきちんと分析したうえで ESP というのは成立していくものであることを認識してください。

12-2-3. 語彙力という視点

ESP は、ただ専門語彙だけを学ぶのではないことはもう理解していただけたと思います。「ジャンル」という観点をもっていれば中等教育、あるいは初等教育からも ESP を導入することは可能であるともいえます。しかし、EGP から ESP へというときにどうしても避けて通れないのが語彙の問題です。第4章 4-2-2. でも指摘されていますが、日本の中等教育までの学習語彙に限りがあることは否定できません。とくに、専門語彙ではなく準専門語彙(Sub-technical または Semi-technical 語彙と呼ばれる)教育は非常に重要なのです。

(1) 助動詞を例とした基本学習

これは、助動詞などの学習などもあてはまります。具体的な例をあげて考えていきましょう。ある「英文契約書」に出てきたものです。「売主は事前の通知なくして製品の specifications を変更することができる」というのを英語にした場合に( )のなかにはどういう助動詞が入るのでしょうか。

The Seller (   ), without prior notice to the Buyer, change the specifications of the Product.

解答は、may になります。法律上の「することができる」は「してもいいけど、しなくてもいい」の意味となりますから、この場合は may が解答であり、「可能」をあらわす can ではありません。ついでに、その否定の「しない

ものとする」「してはならない」をあらわす禁止のときには，may not ではなく shall not を使用するのです。

では，もう1つです。(　)のなかに助動詞を入れてください。

(弁護士の使命)第1条

2．弁護士は，前項の使命に基き，誠実にその職務を行い，社会秩序の維持及び法律制度の改善に努力しなければならない。

2. A lawyer (　　), in accordance with the mission as mentioned in the preceding paragraph, perform sincerely his duties in his efforts to maintain social order and improve legal systems.

法律文では，「しなければならない」ときに must や should は使えません。「しなさい」という命令を含むときの「するものとする」「しないものとする」「してはならない」というのは立法者の意思をいっているので，shall や shall not を使うのが原則なのです。

どちらも中等教育で学習する助動詞 may や shall が実際のディスコース・コミュニティで使われている例です。もちろん，こうした使い分けを中等教育においてきちんと指導する必要があるというわけではありません。しかし，こうした例があるということは，教師としては知っている必要があるのではないでしょうか。

(2) 準専門語彙の学習

もう1つちがった例をあげてみましょう。以下の英文の下線部を訳してみてください。ジャンルは，表題から推察できるようにある判例の一部です(早川，1962)。

GERMOLUS v. SAUSSER

Supreme Court of Minnesota,1901.83 Minn.141,85 N.W.946.

………

<u>The trial court gave to the jury, with others, the instructions following:</u>

………

解答は,「事実審裁判所が陪審に与えた説示のなかに次のようなものがあった」となります。ここで非常にむずかしいのは, instructions という単語です。instruction は『リーダース英和辞典』によれば,「n.教授, 教育, 訓練; 教え, 教訓; [pl]訓令, 指令, 指図, 指示, 教示: [pl] 使用説明書(=～book); [pl]((法))事件の依頼(状),(事件の)説明:((米法))(陪審への)説示;((電算))命令」とあります。

この最後のほうにやっと出てくる「(陪審への)説示」がその該当する意味となります。一般的には「指示」あるいは「使用説明書」という語義では理解されているでしょうが, この「説示」というのはかなり高度であるといえます。「説示」とは, 陪審員が評決を出す前に, 陪審員に対して裁判官が当該案件の法律的なポイントを示すことをいいます。実は, こうした一般的な意味ではなく専門的な意味で使用される「準専門語彙」というのは, ある意味では厄介な存在であるといえます。なぜなら, 本当に専門的な語彙というのはそれ以外の意味をもたないので覚えてしまえば, あるいは, 使い方をマスターしてしまえばそれほどむずかしいわけではないからなのです。

ここで EGP から ESP への接点ということでいえば, 単語のもつ多義性について中等教育の段階で意識させることが非常に重要であるということになると思われます。辞書の使い方など教授法のレベルで工夫していくことが可能となります。

ESP につなげるための方策をあげましたが, それ以外に, 中等教育までの学習語彙数(「学習指導要領」で示された習得するべき語彙数約3000語)の限界という問題があることは否定できるものではありません。第4章 4-2-2. で指摘されているように, 語彙をいかに習得していくのかということがはっきりと指示されていないことが問題なのかもしれません。数え方にちがいはありますが, 中国, 韓国, 日本の中等教育終了時, つまり, 高等学校終了時の習得語彙数は約3000語と変わるものではないそうです(小池, 2010)。

以上, EGP と ESP という観点から見てみましたが, 今回の「学習指導要領」

の改訂は，語彙の数という面では一歩進んだといえるのかもしれません。

おわりに

　本章では，EGPからESPへという視点で，ESPは決して特殊なものではなく，言語というものがコミュニケーションために存在するということを基本にしてものごとを考えていくことが重要であることを指摘しました。そして，ディスコース・コミュニティにおいて効果的なコミュニケーションをおこなうために，言語のパターンを使用しているのです。そして，繰り返されたパターンが「ジャンル」をつくり出しています。

　こう考えてみれば，今までEGPという範疇でくくられていたものもESPの視点，すなわち，ジャンルの視点でとらえ直すことが可能ではないでしょうか。

　ESPは，特殊なものでは決してありません。ジャンルを意識したコミュニケーションの1つのアプローチだと考えることも可能です。少しだけ目線や視点を変えるだけで，ESPというものが見えてくることを期待しています。挑戦してみてください。

【寺内　一】

> 学習課題

1．教科書から1課を選び，ESPという観点から補助教材を作成しなさい。
2．1の課題の言語分析をおこない，その特徴を把握しなさい。

[参考文献]
Bloor, M. 寺内一訳「世界のESP」深山晶子編『ESPの理論と実践』三修社，2000年，33-38頁
Brown, J. D. *The Elements of Language Curriculum*. MA: Heinle & Heinle. 1995.
Dudley-Evans, T. and St. John. *Developments in English for Specific Purposes*. CUP. 1998.
早川武夫『法律英語の常識』新日本評論社，1962年

Hutchinson & Waters. *English for Specific Purposes*. CUP. 1987.
小池生夫「ビジネスパーソンに役立つ欧州・アジア・日本の英語教育研究」小池生夫監・寺内一編『企業が求める英語力』朝日出版社, 2010年, 5-29頁
Munby, J. *Syllabus Design*. CUP. 1978.
Morizumi, M. On correlation between LGP and lSP in Japan. In Kho, R..(Ed.) *The Practice of LSP: Perspectives, Progmatics and Projects*. Singapore: SEAMEO Regional Language Centre. pp.143-156. 1994.
野口ジュディー「ESPの理論」『EGPへのESPアプローチ導入の試み』大学英語教育学会第41回年次大会シンポジウム(2002年9月10日青山学院大学), 2002年
Noguchi, J. 「ESPからEGPへ―専門英語の手法で一般英語も上達！」大阪大学工学部ESPシンポジウム『大学英語教育のフロンティア―専門英語教育課程からの挑戦―』発表資料, 2008年
野口ジュディー「ESPのすすめ―応用言語学から見たESPの概念と必要性」福井希一・野口ジュディー・渡辺紀子編著『ESP的バイリンガルを目指して』大阪大学出版会, 2009年, 1-17頁
清水裕子「ニーズ分析」寺内一・山内ひさ子・野口ジュディー・笹島茂編『21世紀のESP―新しいESP理論と実践』大修館書店, 2010年, 17-25頁
Swales, J.M. *Genre Analysis: English in Academic and Research Settings*. CUP. 1990.
寺内一「ESPを知る」深山晶子編『ESPの理論と実践』三修社, 2000年, 9-32頁
寺内一「21世紀のESP：新しいESP理論と実践」森住衛・岡田伸夫・神保尚武・寺内一編『大学英語教育学―その方向性と諸分野』大修館書店, 2010年a, 139-151頁
寺内一「ESPの定義と歴史」寺内一・山内ひさ子・野口ジュディー・笹島茂編『21世紀のESP―新しいEPS理論と実践』大修館書店, 2010年b, 1-16頁
West. E. Needs Analysis in Language Teaching. *Language Teaching*, 27, 1-19. 1984.
柳父章『翻訳語成立事情』岩波書店, 1982年

資料1　SELHiに見る実践

　文部科学省は，2002～2007年度までに，高等学校や中等教育学校での先進的な英語教育を推進し，その成果の普及を図るためとして，再指定も含めて，延べ169校を「スーパー・イングリッシュ・ランゲージ・ハイスクール(SELHi)」に指定しました。各校は，3年の指定期間でさまざまな実績を残しました。そのなかには，自己表現活動やディベートの指導方法の開発に取り組んだ学校や，Can-Do リストや独自評価規準の作成に苦心した学校などがあります。

　「平成21年度学校基本調査速報」によれば，高等学校進学率は97.9％となっています。つまり，学校現場には非常に優秀な生徒もいれば，中学校での学習内容がほとんど身についていない生徒もいるということです。初期のSELHiは，英語力の高い生徒が集まる学校が指定されていましたが，後期にはそうではない学校も指定されるようになりました。ここでは，全国でも有数の進学校と，多くの運動部が全国レベルで活躍する高校の事例を紹介します。ただし，いずれもほかのSELHi校とはちがい，特別な指導技術や評価方法の開発を重視したものでも，容易にまねのできないような達人技を駆使したものでもなく，だれもが工夫次第で実践できるようなものをめざした学校です。これは，「環境」を整えることに主眼をおき，研究開発に取り組んだ公立高校の実践例です。

事例1　高松第一高等学校(旧制高松一中を前身とする市立の進学校)
(1) 目　的
　学力の高い生徒が，環境を整えることで英語力をどこまで向上できるのかを

確認するため,1年目の綿密な計画策定のあと,「国際英語コース」と呼ばれるクラスの2003年度入学生に協力してもらい,2年間取り組みました。研究に先立ち,フォーダー(Foder, J.)やチョムスキー(Chomsky, N.)の発表以来,多くの分野で一般的となっている「心のモジュール性」に着目し,言語使用を直接つかさどる心的モジュール群と,言語使用を援助・促進するモジュール群が存在するものと仮定しました。そして,それらを相互に活性化することで,英語習得の促進が期待できると考えたのです。さらに,大学入試が知識量を問うものから,実際の言語使用をも重視するものへと質的に変化してきていましたので,このモジュール群の活性化に基づく英語学習は,受験にも対応できるものとの観点からも実践研究を進めました。

(2) 方　法

言語使用を直接つかさどる心的モジュール群を活性化するため,英語が学習のための手段となり,他者(人やテキスト)との意味交渉を中心に英語を大量に扱わなければならないような環境構築をめざしました。まず,英語授業は,日本人教諭とアメリカ人講師との team teaching により,そのなかのやりとりや文法事項の説明も含めて,そのほとんどすべてを英語で指導することとしました。つぎに,生徒同士も容易にコミュニケーションが図れて学び合いが起こるようにするため,小グループ単位のディスカッションが中心となるように授業を構成しました。一方で,ドリル等の習慣形成的訓練はほとんどおこないませんでした。また,地元の大学と連携して,英語授業の1単位と「総合的な学習の時間」の1単位を割いて,1年次には数学と化学,2年次には数学と理科を英語で指導することにあてました。これは,当時の公立高校としては,あまり例が見られなかった content-based instruction(CBI)を通年導入したものです。

さて,その理系科目の指導では,数学や理科の通常授業で学習した内容を,英語圏で出版された教科書を教材として,実験も含めて英語で扱うことを試みました。これは,bilingual education の考え方(Krashen, 1996)を参考にした

ものでした。科目設定の段階では，理系科目のほうが，数式や図表，具体物が豊富な分，人文系や社会科学系の科目よりも，抽象的な言語使用の負荷を減らせると考えたのです。とりわけ，青年期にある生徒がすでにもっている日本語のリソースは，最大限活用することをめざしました。

　たとえ，英語の質や量が検定教科書を超えるようなものではあっても，いったん日本語で獲得した知識が内容スキーマとなり，英語の理解を援助してくれます。また，情意面に注目しますと，英語以外の授業で，楽しんだり苦しんだりしながら学んだことや学んでいることを扱うという点で，検定教科書中の題材よりもはるかに生徒への心理的距離が近く，関心を引くことができます。それに，理系科目が得意な生徒は，英語を使って，たとえば生物の学習内容についての理解を確認することもできます。逆に，理系科目が苦手な生徒は，生物の授業を日本語の通常授業とあわせて2回受けることになり，むずかしいと感じる箇所を繰り返し学ぶこともできるのです。ときには，CBIが日本語の通常授業を先取りして，その導入となり，生物授業の理解を助けることもありました。

　この実践が可能になったのは，英語教員，理系科目の教員，そして大学から招へいした英語を話す研究者から成る指導者チームが，お互いの献身的努力と協力により，理想的に機能したことにあります。見方を変えれば，この実践は英語を核として，複数教科を合科的に連携させた例とも考えられるでしょう。

　いっぽう，言語使用を援助・促進するモジュール群の活性化には，英語を使って行動させることを試みました。たとえば，教室に同年代の留学生を受け入れたり，英語によるプロジェクト課題を課したりしました。さらには，夏期休業中には大学やその他の団体と連携してcontent-basedの集中講座を開講するなどしました。これらの実践をとおして，生徒が英語を使って新しい知識を獲得したり，何かをまとめて発表したりするなどの場面設定を工夫しました。動機づけを目的として，スピーキングテストやディスカッションテストも取り入れました。

(3) 結　果

　木村松雄氏作成の「英語学習意識調査」と「英語学習方略調査」，そしてベネッセコーポレーションの「GTEC」の結果から，それぞれ変化を確認することができました。まず，意識面では，「話す力」よりも「書く力」を伸ばすことに関心が移っていきました。方略使用では，「英語を読むとき一語一語調べない」ようになりました。英語力は，次の図のようにspeaking能力以外は飛躍的に向上しました。ベネッセコーポレーションの「進研模試」からは，いわゆる受験用英語学力も，従来以上に向上していたことがわかりました。

　CBIの副次的効果としては，予想どおり，扱った理系科目の通常授業の理

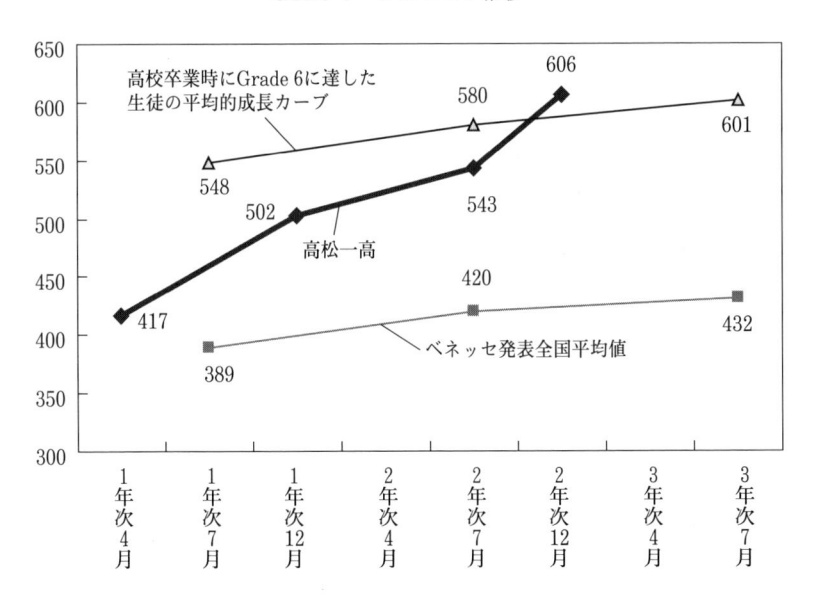

GTEC トータルスコア推移

高校卒業時にGrade 6に達した生徒の平均的成長カーブ: 548, 580, 601
高松一高: 417, 502, 543, 606
ベネッセ発表全国平均値: 389, 420, 432

（1年次4月, 1年次7月, 1年次12月, 2年次4月, 2年次7月, 2年次12月, 3年次4月, 3年次7月）

（SELHiフォーラム資料等より作成）

解にも好影響を与えていたことが，理科担当の教諭から報告されました。とくに，理系科目に興味のある生徒には効果が大きかったようです。

そして，生徒の自由記述式アンケートによると，ほぼ全員がなんらかの好ましい変化を自覚し，自信をもつようになったことがわかりました。詳細は高松第一高等学校のホームページ(www.taka-ichi.h.ed.jp)から，「SELHi 関連」のリンク先を参照してみてください。

事例2　香川中央高等学校(部活動が盛んな県立の学校)
　(1)　目　的
　まじめに学習に取り組んでいるのに，それが結果につながらない生徒は，どこの学校にも見られます。また，多用な入試方法により，十分な学力の担保なしに高校に進学してくる生徒もいることでしょう。香川中央高等学校では，英語学習に意欲を失いつつある生徒が，自信を取り戻し，自律的学習者として変容できるようになるには，何が必要かを追求しました。

　(2)　方　法
　英語を苦手とする生徒を，2グループに分けました。中学校初期の段階でのつまずきが見られるリメディアルグループと，それ以外のグループです。
　新入生には，アルファベットを正確に書けない生徒もいれば，be動詞が主語の人称や時制によって変化することが身についていない生徒もいます。彼らの多くは中学校1年次につまずいて，そのまま高校生になった人たちです。それでも，学習履歴を調べてみますと，はじめから英語嫌いではなかったことが多いようです。理解が遅かったり指導者側に時間的余裕がなかったりしたため，中学校では十分に手当てしてもらえないままに，英語学習から離れてしまっていたこともわかりました。そこで，そのような生徒には，授業担当に関係なく教員をチューターとして一人ひとりに割り当て，授業時間外で個別指導を試みました。教員一人につき，生徒が3〜4人となるように対象人数を絞り込みました。内容は，中学英語の総復習です。つまずいている箇所を発見し，そこま

で戻ってやり直しを求めます。中学校検定教科書と問題集，さらには家庭用ゲーム機なども使って根気強く指導しました。それ以外の生徒に対しては，授業にちょっとした工夫を取り入れました。

　まず，input, output, accuracy, fluency の観点から該当時間の目標を設定したものを記入させる「学習記録シート」を作成して活用しました。また，生徒間の能力差を強みととらえ，生徒同士の学び合いを最大限に生かすため，cooperative learning の視点を取り入れた授業の組み立てを工夫していきました。さらに，「できた」経験を積ませる意味で，絵本のような読み物からはじまる graded readers を授業中に読ませる時間もねん出しました。できるだけ small steps による活動を多く取り入れて指導することをめざしました。

　実は，辞書にある日本語の定義を理解できない生徒も多数見られました。そこで，各教科の学習に必要な日本語能力を養うためとして，全教科に呼びかけて，日本語によるコミュニケーション能力指導を学校全体の課題として共有することとし，cooperative learning を全教科に紹介しました。これは，L1 能力が L2 能力に，正の転移をももたらすことを期待してのことでした。

(3) 結　果

　リメディアルグループの生徒は，はじめは呼び出し方式に抵抗を示していましたが，中学英語の復習が軌道に乗ってくると，しだいに自分から進んで指導を受けにくるようになりました。ここは，生徒からの，「できないよりは，できるようになりたい」との思いが伝わってくる時間となりました。

　いっぽう，生徒全体に目を向けますと，中田賀之氏(兵庫教育大学)作成の「英語学習ニーズ分析」をもとにした「英語学習意識調査」の結果から，学習意識(内発的動機や自信など)の高まりを確認することはできました。ところが，「GTEC」の結果からは，従来以上の英語力向上を確認するには至りませんでした。一般的には学習意識を高めることができれば，あるいは動機づけに成功すれば，学習成果が上がるとされています。しかし，そうはならない現実に直面したのです。この原因を解明するために，*Metacognitive Awareness*

Inventory (Schraw & Dennison, 1994)を生徒向けに翻訳し，5件法の「メタ認知意識調査」として実施しました。すると，英語力が高い生徒に比べて，そうではない生徒は，明らかにメタ認知能力の値が低かったのです。

メタ認知能力は，自分自身の思考や行動を客観的に分析(モニター)して，学習などにかかわる既存知識(メタ認知的知識)に基づき，評価を下したり次の行動を計画したりする力であり，学習ストラテジーの適切な選択に必要とされる能力です。さらに，詳細に英語力，英語学習意識，メタ認知能力の関係を調べてみますと，次の図のような因果関係を突き止めました。

英語学習コンテクスト仮説モデル

英語学習に対する意識とメタ認知能力は，同じレベルで英語学習に影響を与えるのではなく，意識がメタ認知能力を活性化させ，それが英語学習を促進させるというものです。英語が苦手な生徒は，意識が高まっても，それを受け止められるだけのメタ認知能力に欠けるため，意識向上を英語学習に生かすことができないということになります。このモデルは，「まじめにやっているのにできない」状態をもうまく説明することができます。さらには，そのような生徒は丸暗記方略のみを多用するという別の調査結果も，適切なストラテジー使用を決定づける能力に欠けるという視点から，解釈することができます。

このメタ認知能力は領域固有のものと，一般的なものとがありますので，前者は英語の授業で，後者は学校のあらゆる機会をとおして指導し，英語に限らずすべての教科の学習に転移できる体制を築きました。英語の授業では，生徒

が最初に該当時間の自己目標を定める時間と，終了間際に授業を振り返る時間を確保するようにしました．また，「メタ認知トレーニング」なるものを考案し，学校全体で取り組んだり，各教科領域での指導も呼びかけたりしました．

　ただ，この取り組みは，メタ認知能力の変化を正確に測ることと，その変化を促す決定的要因を特定化することがむずかしいため，まだ結果を検証できていません．まだわからないことも多いのですが，それでも，学校現場でのメタ認知能力開発は，これからの低学力生徒の学習支援における1つの流れになることはまちがいないものと思われます．皆さんにも，皆さん自身の創意工夫を生かした実践に取り組まれ，その効果を吟味されることをお勧めします．

　そして，忘れてはならないことは，この実践研究をとおして，英語科が1つの collaborative team として，実践研究にあたれるようになったことです．概して，SELHi では，全体に高い質を保ち，一般化を図るため，誰が指導しても同じような授業となることを期待されていました．しかし，香川中央高等学校では，指導理念の共有化を図りはしましたものの，各自が実践を試行錯誤できるような体制を取りました．その工夫を共有化し，ちがいを強みとすることで，さらによりよい指導方法を追求することができる集団へと変化したのです．

まとめにかえて

　いずれの実践においても，「英語の指導は，『英語』の授業で」という発想から脱却しました．高松第一高等学校では，英語と理系科目の連携がありました．いっぽう，香川中央高等学校は，すべての教科を通じて，基礎となる日本語能力とメタ認知能力の開発をめざしました．このように，これからの英語教育では，校内他教科との連携も重要なポイントになるのものと確信しています．

　毎日同じようなことを繰り返して年月を重ねていくことと，つねに改善を求めながら変化を重ねていくこととでは，かける時間は同じであっても，結果はまったくちがってくるはずです．高等学校の英語教師は，実践家と研究者，そ

の両方の視点をもっていたいものです。

【宮本 智明】

[参考文献]

Krashen, S. The case against bilingual education. In Alatis, J.E., Straehle, C.A., Ronkin, M., and Gallenberger, B. (Eds.), *Georgetown University Round Table on Languages and Linguistics 1996: Linguistics, Language Acquisition, and Language Variation: Current Trends and Future Prospects*. Washington, DC: Georgetown University Press. 1996.

Schraw, G. & Dennison, R.S. Assessing metacognitive awareness. *Contemporary Educational Psychology*, 19, 460-475. 1994.

丸野俊一編『現代のエスプリ 497：内なる目としてのメタ認知：自分を自分で振り返る』至文堂，2008 年

高松第一高等学校「高松一高が SELHi を通して目指すもの」『教育委員会月報』657, 54-57. 2004 年

高松第一高等学校「事例 6　高松第一高等学校」『教育委員会月報』671, 33-34. 2005 年

Miyamoto, T. Metacognition over learning attitudes in EFL learning. In A. M. Stoke (Ed.), *JALT2009 Conference Proceedings*. Tokyo: JALT. 2010.

資料2 　教え方のヒント　Q&A

～～～～～～～～～～～～～～～～～～～～～～～～～～～～～～～～～～～～

● 早い段階からメタ認知能力を育成したいが…

　とくに小学生の場合には，自らで学習を管理するPLAN（計画）・DO（実行）・SEE（評価）の流れを個人でつくるのはむずかしく，周囲の大人による足場がけを必要とすることが多いでしょう。PLANにおける協働作業の手はじめとして，授業進行表の作成に一緒に参加させる方法があります。もともと計画された進行表に誘導するための，いわばクローズドな質問も，子どもたちにとってオープンな質問になるように問いかけることで，みんなの提案を採用していくかたちがつくれ，部分的にでもPLANへのコミットが成立します。実際に，授業の進行が遅れて時間内に単元が終わらなくなってしまいそうだといった場面でも，先生のではなく，みんなで決めた計画の問題と受け止めて一人ひとりが協力して行動してくれることが期待できます。そのうち勘のよい子は，先生の画策する進行表の枠組みを予測しはじめますが，そうした先読みは，これから自らで学習PLANをつくる力の第一歩としてとらえられます。

● 個人学習をどのようにしたらよいかわからない子には…

　PLANの段階において学習の道筋が立てられても，実際どのようにして学習に取り組んでいくか，とくに個人学習になるとDOの段階で戸惑う子も多いかもしれません。試行錯誤して自分なりの学習方法を見つけていくことを期待したいところですが，友だちの実践例を含めいくつかモデルを具体的に示すことも自律的な学習への足場がけとして有益です。学習方法は多種多様ですが，実際に個人学習の習慣があまり定着していない子たちに受け入れやすいものには，授業活動と直接にリンクしているという共通点が見られます。たとえば，

英語の授業で広く使用されているフラッシュカードを自分の単語カードに書き写してみるなどは，授業での活動を個人でも再現できるため取り組みやすい学習方法の1つです。

● 個人学習の進捗状況がわかりづらい場合には…

中学校・高校において英語は教科である以上，定期テストなどによって点数をつけますが，個人学習ではPLANした学習がどのようにDOされているかをSEEするために記録をつけます。小学生にはゲーム感覚で遊びの要素を取り入れた記録表が好まれますが，中学生・高校生の場合は自分の学習の進捗が確認できるものであればシンプルな達成表でも事足りることが多いでしょう。実際に，以下の表は補習授業において文法項目の学習を終えたかどうかをOKのマークで記しただけの単純なシートですが，使ってみると自分の努力の跡を目で確認するだけでも学習に励みが出るとの声が多くありました。また，成績

や能力差を示すためのものではないため、グループをつくりそれぞれの個人シートを一枚の紙に連ね、むずかしい単元について内容だけでなく、どのように取り組んだかなどの要領を教え合う子たちもいました。機械的な記録表も、使い方によっては問題を見つけ、その解決の糸口を協働作業のなかで見つけていこうとする行動を促すツールにもなりえます。

● ノートをうまく書けない子には…

ノートは授業内容を思い起こすための大切なツールです。にもかかわらず、板書を走り書きするだけで、自分でも開く気も起こらないといった子も少なくないようです。ただ、そういった子は「字が汚い」とか「もっときれいに書きなさい」といった注意はされながら、では実際にどのようにすればよいかを具体的に教えてもらった経験がないだけなのかもしれません。そんなときは、い

ノート例

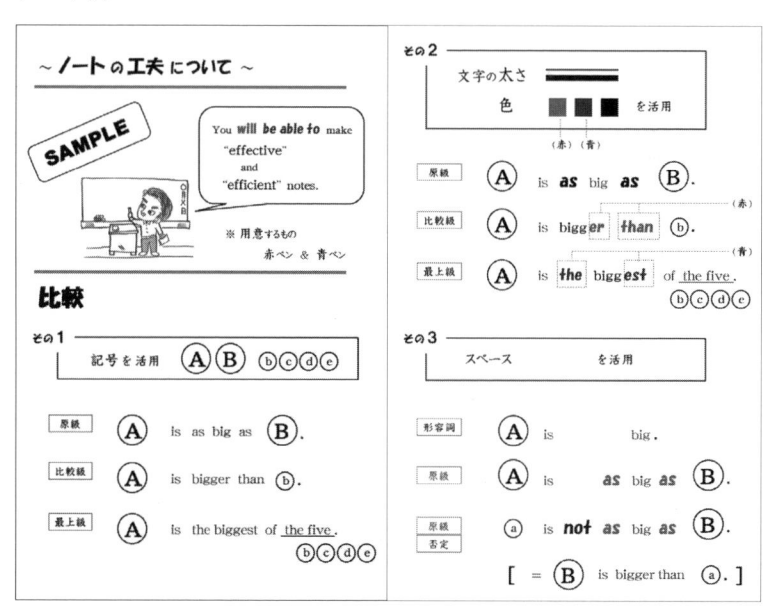

くつかの見本や友だちのノートを見せ合いながらクラスで一緒にポイントを探る機会をもうけることも有効です。とくに先輩たちのノートは興味を引く資料となるので，普段から了解を得て集めておくと重宝します。ここで気をつけたいことは，単に絵心のある先生や友だちの自慢大会で終わらせないように，シンプルで見やすく，誰でも簡単に共有できるという機能性を重視することです。子どもたちにとって実際にまねてみたいという点で評価の高いノートは，1ページにたくさん書き込みすぎていない，いくつも色ペンを使いすぎないなど，簡潔さに工夫が見られます。

● ノートをうまく書こうとしすぎてしまう子には…

　子どもたちのノートにはさまざまな個性が見られ，先生の板書よりも素敵なノートを書いている子もたくさんいます。しかし，なかには挿絵や色づかいにこだわりすぎて時間がかかり，大切な情報を見落としてしまうといった子も（とくに女子に多く）いるようです。きれいに書きたいという気持ちを無視して無理に急かしてしまうと，せっかくの意欲に水を差してしまいかねません。そこできれいに仕上げたいという気持ちの強い子が多い場合には，裏紙などを配布し，授業中は必要な情報を素早く書き取ることに集中してもらい，自宅でそれをノートに写すように決めてしまうのも1つの手です。最初のうちは面倒に感じても，直接板書からより授業メモから書き写すほうが完成度の高いノートが仕上がり満足する子も多いはずです。興味をもって取り組むため，質の高い個人学習が期待できます。

● 単語を覚えるのが苦手な子には…

　単語を覚えるのは大変な作業ですが，クラスのなかで先生・友だちと一緒にフラッシュカードを使った活動には楽しく参加できる子は多いのではないでしょうか。であれば，そのクラス活動用のツールをグループ学習さらには個人学習に応用できるモノに加工してみましょう。デジタルで作成するのには多少のパ

ソコンの知識が必要ですが，一度フォーマットさえ完成させてしまえば，それをコピーしたシートに入力する文字を変えていくだけで同様のツールが容易に作成できて便利です。フラッシュカードを縮小したオリジナル単語カードは，厚紙やリングを用意する手間もかかりますが，単なる暗記ではなく，友だち同士であるいは個人でもクラスでの活動を再現することができ，教室外での学習を支援します。さらに，市販の単語カードを使い，必要に応じて自らで作成するようになれば，個人学習の習慣をつくるきっかけとなることが期待できます。

市販の名刺カード印刷用紙などを利用すると手間が省けますが，教室用に購入するにはとても高価です。以下にマイクロソフト・エクセルで手製のカードを作成する場合の作業例と見本をご紹介しますので参考にしてみてください。

「ページ設定」
余白　＝　「ヘッダー・フッター・上・下・左・右」の数値を0に設定
セル　＝　横「列A～L」の「幅」8／縦「1～30」の「高さ」30に設定
罫線　＝　「外枠」をA1～F30（全体），A1～L30（半分）に引き，続いてA1～L3，A7～L9，A13～L15，A19～L21，A25～L27まで引く

※　穴あけ目印　A2，A5 …にひらがなで「数字（①）」を入れて「右揃え」

裏面　＝　シートをコピー・ペーストし，「数字（①）」を消す
　　　　文字は表面と左右対称に入力していく

● ざわついてスムーズに授業を開始しづらいクラスには…

休み時間が終わっても，子どもたちが友だち同士で話に夢中になっているときは先生が登場しただけではすぐに授業時間との切り替えがスムーズにいかないこともあるでしょう。そこで，3分間のリスニング活動による導入をおすすめします。内容はすべて英語という難解なものよりは，子どもたちの興味に合わせ，NHK「基礎英語」等のラジオ番組の音声素材の一部を再生する用意をします。多少ざわついていても，大声で開始の合図をするより音声を流しはじめ，先生が机の間を歩いてまわるだけで，みんなが聞こえるように一旦私語を

単語カードの例

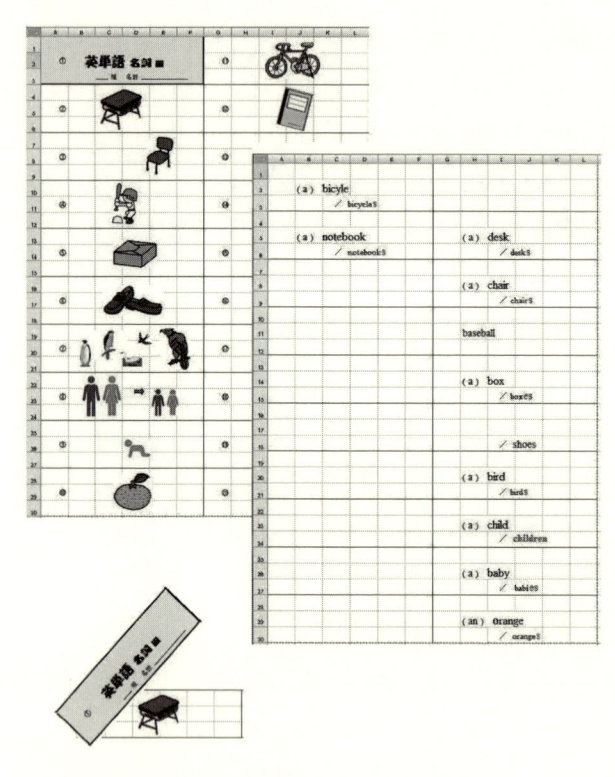

※ 表面と裏面とは 左右対称になっている点に注意
※ 印刷する前に 裏面の枠を消しておくと線のズレが気にならなくなります

遠慮してもらう状況はつくりやすくなります。それでも自分たちの話に夢中になっている子たちに対しては，そばで直接注意をするより，集中して聞いている子たちを間に挟んで軽く呼びかけるようにすると友だちの姿が目に映るので，その落ち着いた雰囲気に引き込みやすくなります。内容について補足説明やコメントを交わすなどしてクラスで1つのものを共有したあとは，スムーズに授業に入る気持ちができあがります。

● 習熟度に大きな差がある子どもたちのクラスには…

　クラスのなかには英語が得意な子もいれば，そうでない子もいます。グループやペアの活動では友だち同士で教え合うことが有機的に学びにつなげられますが，文法の問題演習など説明が長くなりがちな授業においては習熟度の差が大きいとどの程度の解説をしたらよいか迷いどころです。たとえば10分で10

問について解説をする場合，1問につき1分を目安に時間配分をしがちですが，うち2問だけをむずかしいと感じた子からすれば，その2問についての2分の説明では不足で，逆に残りの8分は不要ということになるからです。このように，まんべんなく解説するのがむずかしい状況には，あらかじめ伝えようとするポイントを一口メモとして書き出してハンドアウトにまとめておく（クラス全体で確認したいポイントは適宜空欄にしておく）ことも1つの有効な対策です。得意な子は自分がむずかしいと感じる箇所だけを，苦手な子はあとでじっくりと読んでもらうことで，授業内での説明の過不足を減じるメリットがあります。

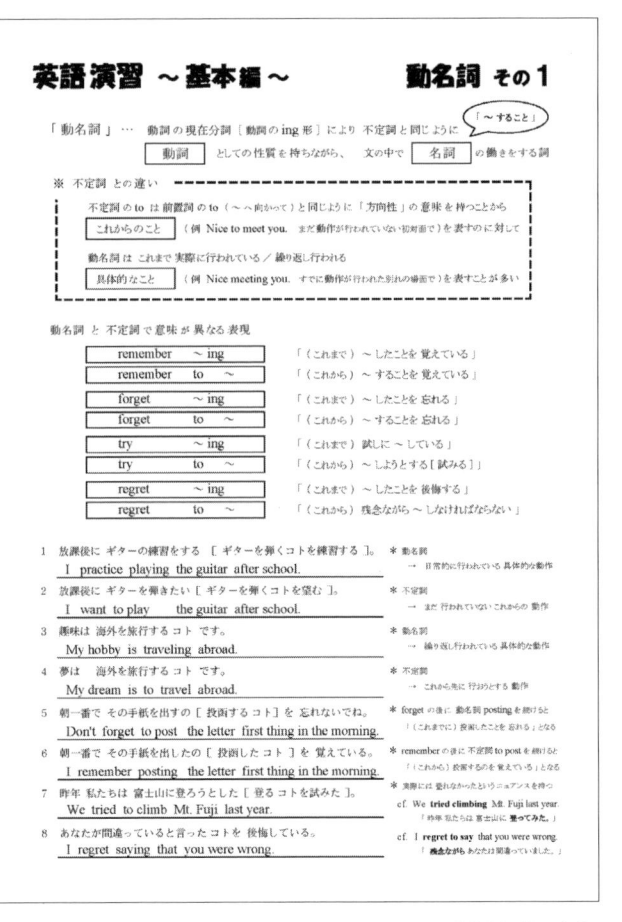

ハンドアウト例

英語演習 ～基本編～　　動名詞 その1

「動名詞」… 動詞の現在分詞［動詞のing形］により 不定詞と同じように「～すること」
　　　　　　　動詞　としての性質を持ちながら， 文の中で 名詞 の働きをする詞

※ 不定詞との違い

不定詞の to は前置詞の to（～へ向かって）と同じように「方向性」の意味を持つことから
　これからのこと　（例 Nice to meet you. まだ動作が行われていない初対面で）を表すのに対して

動名詞は これまで実際に行われている／繰り返し行われる
　具体的なこと　（例 Nice meeting you. すでに動作が行われた別れの場面で）を表すことが多い

動名詞 と 不定詞で意味が異なる表現

remember ～ing	「（これまで）～したことを覚えている」
remember to ～	「（これから）～することを覚えている」
forget ～ing	「（これまで）～したことを忘れる」
forget to ～	「（これから）～することを忘れる」
try ～ing	「（これまで）試しに～している」
try to ～	「（これから）～しようとする［試みる］」
regret ～ing	「（これまで）～したことを後悔する」
regret to ～	「（これから）残念ながら～しなければならない」

1　放課後に ギターの練習をする ［ギターを弾くコトを練習する］。　※動名詞
　　I practice playing the guitar after school.　　→ 日常的に行われている具体的な動作

2　放課後に ギターを弾きたい ［ギターを弾くコトを望む］。　※不定詞
　　I want to play the guitar after school.　　→ まだ行われていないこれからの動作

3　趣味は 海外を旅行するコト です。　※動名詞
　　My hobby is traveling abroad.　　→ 繰り返し行われている具体的な動作

4　夢は 海外を旅行するコト です。　※不定詞
　　My dream is to travel abroad.　　→ これからの先に行おうとする動作

5　朝一番で その手紙を出すコト［投函するコト］を 忘れないでね。　※forget の後に 動名詞 posting をつけると
　　Don't forget to post the letter first thing in the morning.　　「（これまでに）投函したことを忘れる」

6　朝一番で その手紙を出したコト［投函したコト］を 覚えている。　※remember の後に不定詞 to post を使えると
　　I remember posting the letter first thing in the morning.　　「（これから）投函するのを覚えている」となる

7　昨年 私たちは 富士山に登ろうとした［登るコトを試みた］。　※実際には 登れなかったというニュアンスを持つ
　　We tried to climb Mt. Fuji last year.　　cf. We tried climbing Mt. Fuji last year.
　　　　　　　　　　　　　　　　　　　　　　　　「昨年 私たちは 富士山に登ってみた。」

8　あなたが間違っていると言ったコトを 後悔している。　cf. I regret to say that you were wrong.
　　I regret saying that you were wrong.　　「残念ながら あなたは間違っていました。」

【北村 孝一郎】

資料3 小学校学習指導要領 （平成20年3月28日，文部科学省公示）

第4章　外国語活動

第1　目標

外国語を通じて，言語や文化について体験的に理解を深め，積極的にコミュニケーションを図ろうとする態度の育成を図り，外国語の音声や基本的な表現に慣れ親しませながら，コミュニケーション能力の素地を養う。

第2　内容

〔第5学年及び第6学年〕

1　外国語を用いて積極的にコミュニケーションを図ることができるよう，次の事項について指導する。
　(1)　外国語を用いてコミュニケーションを図る楽しさを体験すること。
　(2)　積極的に外国語を聞いたり，話したりすること。
　(3)　言語を用いてコミュニケーションを図ることの大切さを知ること。
2　日本と外国の言語や文化について，体験的理解を深めることができるよう，次の事項について指導する。

　(1)　外国語の音声やリズムなどに慣れ親しむとともに，日本語との違いを知り，言葉の面白さや豊かさに気付くこと。

　(2)　日本と外国との生活，習慣，行事などの違いを知り，多様なものの見方や考え方があることに気付くこと。

　(3)　異なる文化をもつ人々との交流等を体験し，文化等に対する理解を深めること。

第3　指導計画の作成と内容の取扱い

1　指導計画の作成に当たっては，次の事項に配慮するものとする。
　(1)　外国語活動においては，英語を取り扱うことを原則とすること。
　(2)　各学校においては，児童や地域の実態に応じて，学年ごとの目標を適切に定め，2学年間を通して外国語活動の目標の実現を図るようにすること。

　(3)　第2の内容のうち，主として言語や文化に関する2の内容の指導については，主としてコミュニケーションに関する1の内容との関連を図るようにすること。その際，言語や文化については体験的な理解を図ることとし，指導内容が必要以上に細部にわたったり，形式的になったりしないようにすること。

　(4)　指導内容や活動については，児童の興味・関心にあったものとし，国語科，音楽科，図画工作科などの他教科等で児童が学習したことを活用するなどの工夫により，指導の効果を高めるようにすること。
　(5)　指導計画の作成や授業の実施については，学級担任の教師又は外国語活動を担当する教師が行うこととし，授業の実施に当たっては，ネイティブ・スピーカーの活用に努めるとともに，

The Course of Study for Elementary Schools

Chapter 4 Foreign Language Activities

I. Overall Objectives

Through foreign languages, to deepen understanding of language and culture by means of direct experience, foster the development of an attitude of active communication, and develop the foundation of communicative ability while becoming used to the sounds and basic expressions of foreign languages.

II. Content
[Grades 5 and 6]
1 Instruction related to the following items will be undertaken so that pupils will be able to engage actively in communication using foreign languages.
   (1) Experiencing the fun of communication using a foreign language.
   (2) Actively listening and speaking in a foreign language.
   (3) Learning the importance of communication using language.
2 Instruction related to the following items will be undertaken so that pupils will be able to deepen their understanding through direct experience of the language and culture of Japan and foreign countries.
   (1) While becoming accustomed to the sounds and rhythms of foreign languages, pupils will learn the differences between Japanese and other languages and become aware of how interesting and rich languages are.
   (2) Pupils will learn the differences between Japan and foreign countries regarding day to day life, customs, events, and so on, and become aware of ways of looking at and thinking about various things.
   (3) Pupils will experience exchanges and so on with people of different cultures and deepen their understanding related to culture and so on.

III. Lesson Plan Design and Handling of the Content
1 Consideration will be given to the following items in designing lesson plans.
   (1) As a general principle, English will be used in foreign language activities.
   (2) Foreign language objectives over two years will be achieved by deciding appropriate goals each year based on the conditions of the community and the pupils in each school.
   (3) Regarding the content stated in Section II, in the instruction related mainly to language and culture in Subsection II-2, such instruction will be associated with the content mainly related to communication in Subsection II-1. At that time, understanding through experience of language and culture should be undertaken, and unnecessary emphasis on complex details or formalities should be avoided.
   (4) Instruction content and activities will relate to pupils' interests, and by making use of what pupils have learned in Japanese, music, and art class, etc., the effectiveness of the instruction will be enhanced.
   (5) Regarding the design of the lesson plan and the implementation of the class, along with the teacher in charge of the grade and the teacher in charge of foreign language

地域の実態に応じて，外国語に堪能な地域の人々の協力を得るなど，指導体制を充実すること。

(6) 音声を取り扱う場合には，CD，DVD などの視聴覚教材を積極的に活用すること。その際，使用する視聴覚教材は，児童，学校及び地域の実態を考慮して適切なものとすること。

(7) 第1章総則の第1の2及び第3章道徳の第1に示す道徳教育の目標に基づき，道徳の時間などとの関連を考慮しながら，第3章道徳の第2に示す内容について，外国語活動の特質に応じて適切な指導をすること。

2 第2の内容の取扱いについては，次の事項に配慮するものとする。

(1) 2学年間を通じ指導に当たっては，次のような点に配慮するものとする。

ア 外国語でのコミュニケーションを体験させる際には，児童の発達の段階を考慮した表現を用い，児童にとって身近なコミュニケーションの場面を設定すること。

イ 外国語でのコミュニケーションを体験させる際には，音声面を中心とし，アルファベットなどの文字や単語の取扱いについては，児童の学習負担に配慮しつつ，音声によるコミュニケーションを補助するものとして用いること。

ウ 言葉によらないコミュニケーションの手段もコミュニケーションを支えるものであることを踏まえ，ジェスチャーなどを取り上げ，その役割を理解させるようにすること。

エ 外国語活動を通して，外国語や外国の文化のみならず，国語や我が国の文化についても併せて理解を深めることができるようにすること。

オ 外国語でのコミュニケーションを体験させるに当たり，主として次に示すようなコミュニケーションの場面やコミュニケーションの働きを取り上げるようにすること。
〔コミュニケーションの場面の例〕
(ｱ) 特有の表現がよく使われる場面
・あいさつ　・自己紹介　・買物
・食事　・道案内　など
(ｲ) 児童の身近な暮らしにかかわる場面
・家庭での生活　・学校での学習や活動
・地域の行事　・子どもの遊び　など
〔コミュニケーションの働きの例〕
(ｱ) 相手との関係を円滑にする
(ｲ) 気持ちを伝える
(ｳ) 事実を伝える
(ｴ) 考えや意図を伝える
(ｵ) 相手の行動を促す

(2) 児童の学習段階を考慮して各学年の指導に当たっては，次のような点に配慮するものとする。

activities, in the implementation of the class the instructional system will be enhanced by making use of a native speaker, and, depending on the situation of the community, through the cooperation of members of the community who are gifted in foreign languages.

(6) When handling speaking and listening, CDs, DVDs and other AV materials should be actively employed. At this time, consideration should be given in selecting materials appropriate to the pupils and the community.

(7) Based on the objectives of moral education indicated in Subsections I-2 of Chapter 1 "General Provisions" and in Section I of Chapter 3 "Moral Education", taking into consideration the link to moral education, appropriate instruction in the content of Section II of Chapter 3 should be undertaken in accordance with the special characteristics of foreign language activities.

2 Regarding the handling of the content of Section II, consideration will be given to the following items.

(1) Regarding the instruction over two years, consideration will be given to the following points.

    A. In experiencing communication in a foreign language, expressions will be used with regard to the stage of the pupils' development and communicative situations familiar to the children will be set.

    B. In experiencing communication in a foreign language, spoken communication will be central, and regarding the handling of the alphabet and other written language and vocabulary, consideration will be given to the children's academic burden and serve as a support to oral communication.

    C. Based on the notion that non-verbal communication can support communication, gestures, etc. will also be introduced and their function made clear.

    D. Through foreign language activities, not only will understanding of foreign language and foreign culture be deepened, but also that of Japanese language and culture.

    E. In experiencing communication in a foreign language, the following communicative situations and communicative functions will be mainly introduced.

    [Examples communicative situations]
      (a) Situations that frequently use special expressions
        - Greetings - Self-introductions - Shopping
        - Dining   - Giving street directions   Etc.
      (b) Situations related to pupils' daily life
        - Daily life at home   - Study and activities at school
        - Community events   - Playing   Etc.
    [Examples of communicative functions]
      (a) Facilitating smooth relationships with others
      (b) Expressing one's feelings
      (c) Conveying facts
      (d) Conveying thoughts and intentions
      (e) Spurring another to action

(2) Regarding the instruction in each academic year, consideration will be given to the following points, taking into account the pupils' academic level.

ア　第5学年における活動
　　　　外国語を初めて学習することに配慮し，児童に身近で基本的な表現を使いながら，外国語に慣れ親しむ活動や児童の日常生活や学校生活にかかわる活動を中心に，友達とのかかわりを大切にした体験的なコミュニケーション活動を行うようにすること。

　　イ　第6学年における活動
　　　　第5学年の学習を基礎として，友達とのかかわりを大切にしながら，児童の日常生活や学校生活に加え，国際理解にかかわる交流等を含んだ体験的なコミュニケーション活動を行うようにすること。

中学校学習指導要領　第2章（平成20年3月28日，文部科学省公示）

第9節　外国語

第1　目　標
　外国語を通じて，言語や文化に対する理解を深め，積極的にコミュニケーションを図ろうとする態度の育成を図り，聞くこと，話すこと，読むこと，書くことなどのコミュニケーション能力の基礎を養う。

第2　各言語の目標及び内容等
英語
1　目　標
(1) 初歩的な英語を聞いて話し手の意向などを理解できるようにする。
(2) 初歩的な英語を用いて自分の考えなどを話すことができるようにする。
(3) 英語を読むことに慣れ親しみ，初歩的な英語を読んで書き手の意向などを理解できるようにする。
(4) 英語で書くことに慣れ親しみ，初歩的な英語を用いて自分の考えなどを書くことができるようにする。

2　内　容
(1) 言語活動
　英語を理解し，英語で表現できる実践的な運用能力を養うため，次の言語活動を3学年間を通して行わせる。

　　ア　聞くこと
　　　　主として次の事項について指導する。
　　　(ｱ) 強勢，イントネーション，区切りなど基本的な英語の音声の特徴をとらえ，正しく聞き取ること。
　　　(ｲ) 自然な口調で話されたり読まれたりする英語を聞いて，情報を正確に聞き取ること。

A. Activities in the fifth grade

Giving consideration to the fact that it is the first year of study of a foreign language, while using expressions that are basic and familiar to pupils, activities related to daily life and school life will be central, to become accustomed to foreign language and activities, and direct experiences of communicative activities that place importance on the relationship with friends will be undertaken.

B. Activities in the sixth grade

Using the study in the fifth grade as a foundation, while placing importance on relationships with friends, as well as the pupils' daily life and school life, direct experiences of communicative activities that include exchanges related to international understanding and so on will be undertaken.

The Course of Study for Junior High Schools

Chapter 9 Foreign Languages

I. Overall Objectives

Through foreign languages, to deepen the understanding of language and culture, aiming for an attitude of active communication and fostering the foundation of communicative competence in listening, speaking, reading, and writing.

II. Objectives and Contents for Each Language

English

1 Overall Objectives

(1) Listening to elementary English and understanding the speaker's intentions, etc.
(2) Becoming able to speak one's thoughts, etc. using basic English,
(3) Becoming accustomed to reading English, reading elementary English and understanding the writer's intentions and so on.
(4) Becoming accustomed to and familiar with writing English, by using basic English, becoming able to write one's thoughts, etc.

2 Contents

(1) Language activities

In order to foster in students a practical working competency in understanding English and the expressing themselves in English, the following language activities will be undertaken over three years.

A. Listening

Instruction will be undertaken mainly in the following items.

(a) Grasping the basic characteristics of English speech such as stress, intonation, and pausing, as well as catching correctly what is said.

(b) Listening to English that is spoken or read at a natural tone and getting information correctly.

(ウ) 質問や依頼などを聞いて適切に応じること。
(エ) 話し手に聞き返すなどして内容を確認しながら理解すること。

(オ) まとまりのある英語を聞いて，概要や要点を適切に聞き取ること。

イ 話すこと
　主として次の事項について指導する。
(ア) 強勢，イントネーション，区切りなど基本的な英語の音声の特徴をとらえ，正しく発音すること。
(イ) 自分の考えや気持ち，事実などを聞き手に正しく伝えること。

(ウ) 聞いたり読んだりしたことなどについて，問答したり意見を述べ合ったりなどすること。

(エ) つなぎ言葉を用いるなどのいろいろな工夫をして話を続けること。
(オ) 与えられたテーマについて簡単なスピーチをすること。
ウ 読むこと
　主として次の事項について指導する。
(ア) 文字や符号を識別し，正しく読むこと。
(イ) 書かれた内容を考えながら黙読したり，その内容が表現されるように音読すること。

(ウ) 物語のあらすじや説明文の大切な部分などを正確に読み取ること。

(エ) 伝言や手紙などの文章から書き手の意向を理解し，適切に応じること。

(オ) 話の内容や書き手の意見などに対して感想を述べたり賛否やその理由を示したりなどすることができるよう，書かれた内容や考え方などをとらえること。

エ 書くこと
　主として次の事項について指導する。
(ア) 文字や符号を識別し，語と語の区切りなどに注意して正しく書くこと。

(イ) 語と語のつながりなどに注意して正しく文を書くこと。
(ウ) 聞いたり読んだりしたことについてメモをとったり，感想，賛否やその理由を書いたりなどすること。
(エ) 身近な場面における出来事や体験したことなどについて，自分の考えや気持ちなどを書くこと。
(オ) 自分の考えや気持ちなどが読み手に正しく伝わるように，文と文のつながりなどに注意して文章を書くこと。
(2) 言語活動の取扱い
ア 3学年間を通じ指導に当たっては，次のような点に配慮するものとする。

(ア) 実際に言語を使用して互いの考えや気持ちを伝え合うなどの活動を行うとともに，(3)に示す言語材料について理解したり練習したりする活動を行うようにすること。

(イ) 実際に言語を使用して互いの考えや気持ちを伝え合うなどの活動においては，具体的な

(c) Responding appropriately to questions, requests, and so on.
(d) Understanding while confirming the content by asking questions of the speaker, etc.
(e) Listening to a complete talk in English and getting the overview and main points appropriately.
B. Speaking
Instruction will be undertaken mainly in the following items.
(a) Grasping the basic characteristics of English speech such as stress, intonation, and pausing, as well as pronouncing English correctly.
(b) Correctly conveying to a listener one's thoughts and feelings as well as facts, etc.
(c) Holding a dialogue or exchanging opinions about something that has been listened to or read.
(d) Continuing to speak by using a variety of means, such as connecting phrases.
(e) Making a simple speech on a given theme.
C. Reading
Instruction will be undertaken mainly in the following items.
(a) Distinguishing between different letters and symbols, and reading correctly.
(b) Silently reading while thinking about the written contents and reading aloud in a way that expresses the content.
(c) Correctly getting the plot of a story or the important points of an explanatory passage.
(d) Understanding the intention of the writer of a message, letter, etc., and responding appropriately.
(e) Grasping the contents or way of thought of a piece of writing so that the students are able to give their impressions, showing agreement or disagreement and the reason why, in response to the contents or the writer's opinion.
D. Writing
Instruction will be undertaken mainly in the following items.
(a) Writing correctly, distinguishing between different letters and symbols, and paying attention to things like the spacing between words.
(b) Writing correctly, paying attention to things like the connection between words.
(c) Taking notes on things that have been listened to or read, and writing one's impressions, showing agreement or disagreement, and the reason why.
(d) Writing one's thoughts and feelings about events and experiences in familiar situations.
(e) Writing compositions, paying attention to the connection between sentences so that one's thoughts and feelings are correctly conveyed to the reader.
(2) Handling language activities
A. Over the three years of instruction, consideration will be given to the following points.
(a) Along with undertaking activities in which students convey their feelings and thoughts to each other by actually using language, activities to understand and practice the language materials specified in (3) will be undertaken.
(b) In activities in which students convey their feelings and thoughts to each other

場面や状況に合った適切な表現を自ら考えて言語活動ができるようにすること。

(ウ) 言語活動を行うに当たり，主として次に示すような言語の使用場面や言語の働きを取り上げるようにすること。
〔言語の使用場面の例〕
a 特有の表現がよく使われる場面
・あいさつ ・自己紹介 ・電話での応答
・買物 ・道案内 ・旅行
・食事 など
b 生徒の身近な暮らしにかかわる場面
・家庭での生活 ・学校での学習や活動
・地域の行事 など
〔言語の働きの例〕
a コミュニケーションを円滑にする
・呼び掛ける ・相づちをうつ ・聞き直す
・繰り返す など
b 気持ちを伝える
・礼を言う ・苦情を言う ・褒める
・謝る など
c 情報を伝える
・説明する ・報告する ・発表する
・描写する など
d 考えや意図を伝える
・申し出る ・約束する ・意見を言う
・賛成する ・反対する ・承諾する
・断る など
e 相手の行動を促す
・質問する ・依頼する ・招待する など

イ 生徒の学習段階を考慮して各学年の指導に当たっては，次のような点に配慮するものとする。
(ア) 第1学年における言語活動
小学校における外国語活動を通じて音声面を中心としたコミュニケーションに対する積極的な態度などの一定の素地が育成されることを踏まえ，身近な言語の使用場面や言語の働きに配慮した言語活動を行わせること。その際，自分の気持ちや身の回りの出来事などの中から簡単な表現を用いてコミュニケーションを図れるような話題を取り上げること。

(イ) 第2学年における言語活動
第1学年の学習を基礎として，言語の使用場面や言語の働きを更に広げた言語活動を行わせること。その際，第1学年における学習内容を繰り返して指導し定着を図るとともに，事実関係を伝えたり，物事について判断したりした内容などの中からコミュニケーションを図れるような話題を取り上げること。

(ウ) 第3学年における言語活動

by actually using language, enabling students to think of expressions by themselves that are appropriate to the specific scene and situation in the language activities.
(c) In undertaking language activities, the following language situations and language functions will be mainly introduced.
[Examples of language-use situations]
a Situations that frequently use special expressions
 - Greetings - Self-introductions - Talking on the telephone
 - Shopping - Giving street directions - Travel
 - Dining Etc.
b Situations related to students' daily life
 - Daily life at home - Study and activities at school
 - Community events Etc.
[Examples of language functions]
a Facilitating smooth communication
 - Calling out to someone - Back-channeling - Asking something again
 - Repeating Etc.
b Conveying feelings
 - Thanking - Complaining - Praising
 - Apologizing Etc.
c Conveying information
 - Explaining - Reporting - Presenting
 - Describing Etc.
d Conveying thoughts and intentions
 - Suggesting - Promising - Saying opinions
 - Agreeing - Disagreeing - Consenting
 - Declineing Etc.
e Spurring another to action
 - Questioning - Requesting - Inviting Etc.

B. Regarding the instruction over two years, consideration will be given to the following points.
(a) Language activities in the first year
  Building on the development of a base of a positive attitude toward mainly oral communication through foreign language activities in elementary school, language activities will be undertaken giving consideration to situations using familiar words and language functions. At this time, topics will be introduced that foster communication using simple expressions related to the student's feelings and events around the student.
(b) Language activities in the second year
  Using the study of the first year as a base, language activities that further broaden the scope of language-use situations and language functions will be undertaken. At this time, along with repeating the study contents of the first year so that they take root, topics will be introduced for communication related to conveying facts, judging events, etc.
(c) Language activities in the third year

第2学年までの学習を基礎として，言語の使用場面や言語の働きを一層広げた言語活動
　を行わせること。その際，第1学年及び第2学年における学習内容を繰り返して指導し
　定着を図るとともに，様々な考えや意見などの中からコミュニケーションが図れるよう
　な話題を取り上げること。

(3) 言語材料
　　(1)の言語活動は，以下に示す言語材料の中から，1の目標を達成するのにふさわしいものを
　適宜用いて行わせる。
　ア　音　声
　　(ｱ)　現代の標準的な発音
　　(ｲ)　語と語の連結による音変化
　　(ｳ)　語，句，文における基本的な強勢
　　(ｴ)　文における基本的なイントネーション
　　(ｵ)　文における基本的な区切り
　イ　文字及び符号
　　(ｱ)　アルファベットの活字体の大文字及び小文字
　　(ｲ)　終止符，疑問符，コンマ，引用符，感嘆符など基本的な符号

　ウ　語，連語及び慣用表現
　　(ｱ)　1200語程度の語
　　(ｲ)　in front of, a lot of, get up, look for などの連語
　　(ｳ)　excuse me, I see, I'm sorry, thank you, you're welcome, for example などの
　　　　慣用表現
　エ　文法事項
　　(ｱ)　文
　　　a　単文，重文及び複文
　　　b　肯定及び否定の平叙文
　　　c　肯定及び否定の命令文
　　　d　疑問文のうち，動詞で始まるもの，助動詞（can, do, may など）で始まるもの，or
　　　　を含むもの及び疑問詞（how, what, when, where, which, who, whose, why）
　　　　で始まるもの
　　(ｲ)　文構造
　　　a　［主語＋動詞］
　　　b　［主語＋動詞＋補語］のうち，
　　　　(a)　主語＋be 動詞＋ { 名詞 / 代名詞 / 形容詞 }
　　　　(b)　主語＋be 動詞以外の動詞＋ { 名詞 / 形容詞 }
　　　c　［主語＋動詞＋目的語］のうち，

Using the study until the second year as a base, language activities will be undertaken that even further broaden the scope of language-use situations and language functions. At this time, along with repeating the study contents of the first year and second year so that they take root, topics will be introduced for communication related to thoughts, opinions, etc.

(3) Language materials

To achieve the objectives of Subsection 1, in the language activities of (1) appropriate items should be undertaken from among the language materials indicated below.

A. Phonetics
  (a) Contemporary, standard pronunciation
  (b) The change of sound according to the linking of words
  (c) Basic stress of words, phrases, and sentences
  (d) Basic intonation of sentences
  (e) Basic places to break the sentence into parts

B. Letters and punctuation
  (a) The alphabet in print form, uppercase and lowercase
  (b) Basic punctuation such as periods, question marks, commas, quotation marks, and exclamation points

C. Words, collocations, and common expressions
  (a) A vocabulary of about 1,200 words
  (b) Collocations such as "in front of", "a lot of", "get up", and "look for"
  (c) Common expressions such as "excuse me", "I see", "I'm sorry", "thank you", "you're welcome", and "for example"

D. Grammatical items
  (a) Sentences
     i. Simple sentences, compound sentences, and complex sentences
     ii. Affirmative and negative declarative sentences
     iii. Affirmative and negative imperative sentences
     iv. Interrogative sentences beginning with verbs, auxiliary verbs ("can", "do", "may", etc.), those including "or", and those beginning with interrogatives ("how", "what", "when", "where", "which", "who", "whose", "why")
  (b) Sentence structures
     i. [subject + verb]
     ii. In [subject + verb + complement] structures,
       a Subject + "be" verb + $\begin{Bmatrix} \text{noun} \\ \text{pronoun} \\ \text{adjective} \end{Bmatrix}$
       b Subject + verb other than "be" verb + $\begin{Bmatrix} \text{noun} \\ \text{adjective} \end{Bmatrix}$
     iii. In [subject + verb + object] structures,

(a) 主語＋動詞＋ $\begin{cases} 名詞 \\ 代名詞 \\ 動名詞 \\ to\ 不定詞 \\ how\ （など）to\ 不定詞 \\ that\ で始まる節 \end{cases}$

(b) 主語＋動詞＋ what などで始まる節
d ［主語＋動詞＋間接目的語＋直接目的語］のうち，
　(a) 主語＋動詞＋間接目的語＋ $\begin{cases} 名詞 \\ 代名詞 \end{cases}$
　(b) 主語＋動詞＋間接目的語＋how（など）to 不定詞
e ［主語＋動詞＋目的語＋補語］のうち，
　(a) 主語＋動詞＋目的語＋ $\begin{cases} 名詞 \\ 形容詞 \end{cases}$
f　その他
　(a) There＋be 動詞＋～
　(b) It＋be 動詞＋～(＋ for ～)＋to 不定詞
　(c) 主語＋tell, want など＋目的語＋to 不定詞
(ウ) 代名詞
　a　人称，指示，疑問，数量を表すもの
　b　関係代名詞のうち，主格の that, which, who 及び目的格の that, which の制限的用法
(エ) 動詞の時制など
　現在形，過去形，現在進行形，過去進行形，現在完了形及び助動詞などを用いた未来表現
(オ) 形容詞及び副詞の比較変化
(カ) to 不定詞
(キ) 動名詞
(ク) 現在分詞及び過去分詞の形容詞としての用法
(ケ) 受け身
(4) 言語材料の取扱い
ア　発音と綴りとを関連付けて指導すること。
イ　文法については，コミュニケーションを支えるものであることを踏まえ，言語活動と効果的に関連付けて指導すること。
ウ　(3)のエの文法事項の取扱いについては，用語や用法の区別などの指導が中心とならないよう配慮し，実際に活用できるように指導すること。
　また，語順や修飾関係などにおける日本語との違いに留意して指導すること。
エ　英語の特質を理解させるために，関連のある文法事項はまとまりをもって整理するなど，効果的な指導ができるよう工夫すること。

a Subject + verb + $\begin{Bmatrix} \text{noun} \\ \text{pronoun} \\ \text{gerund} \\ \text{"to" infinitive} \\ \text{"how" (etc.) "to" infinitive} \\ \text{clauses beginning with "that"} \end{Bmatrix}$

   b Subject + verb + clauses beginning with "what"
  iv. In [subject + verb + indirect object] structures,
      a Subject + verb + indirect object + $\begin{Bmatrix} \text{noun} \\ \text{ronoun} \end{Bmatrix}$
      b Subject + verb + indirect object + "how" (etc.) "to" infinitive
   v. In [subject + verb + object + complement] structures,
      a Subject + verb + object + $\begin{Bmatrix} \text{noun} \\ \text{adjective} \end{Bmatrix}$
  vi. Other structures
      a "There" + "be" verb +〜
      b "It" + "be" verb +〜 (+ for〜) + "to" infinitive
      c Subject + "tell", "want", etc. + object + "to" infinitive
(c) Pronouns
    i. pronouns expressing person and quantity, and demonstrative pronouns and interrogative pronouns
    ii. Among relative pronouns, the nominative pronouns "that", "which", "who", and the restrictive use of the objective pronouns "that" and "which"
(d) Verb tense, etc.
    Present, past, present progressive, past progressive, present perfect, and future using auxiliary verbs
(e) Comparative forms of adjectives and adverbs
(f) "to" infinitive
(g) Gerunds
(h) Use of the present participle and past participle as adjectives
(i) Passive voice
(4) Handling language materials
  A. Instruction will be undertaken that relates pronunciation to spelling.
  B. Regarding grammar, instruction will be undertaken that effectively relates grammar to language activities, based on the notion that grammar supports communication.
  C. Regarding the handling of the grammatical items in (3)-D, instruction will be given regarding actual use, and consideration will be given to not focus too much on the fine distinctions between terms and uses. Instruction will also be given paying attention to the differences between English and Japanese in syntax, modifiers, etc.
  D. In order to get the students to understand the special characteristics of English, methods will be used to arrange and summarize related grammatical items so that effective instruction can be undertaken.

3 指導計画の作成と内容の取扱い

(1) 指導計画の作成に当たっては,次の事項に配慮するものとする。

ア 各学校においては,生徒や地域の実態に応じて,学年ごとの目標を適切に定め,3学年間を通して英語の目標の実現を図るようにすること。

イ 2の(3)の言語材料については,学習段階に応じて平易なものから難しいものへと段階的に指導すること。

ウ 音声指導に当たっては,日本語との違いに留意しながら,発音練習などを通して2の(3)のアに示された言語材料を継続して指導すること。
また,音声指導の補助として,必要に応じて発音表記を用いて指導することもできること。

エ 文字指導に当たっては,生徒の学習負担に配慮し筆記体を指導することもできること。

オ 語,連語及び慣用表現については,運用度の高いものを用い,活用することを通して定着を図るようにすること。

カ 辞書の使い方に慣れ,活用できるようにすること。

キ 生徒の実態や教材の内容などに応じて,コンピュータや情報通信ネットワーク,教育機器などを有効活用したり,ネイティブ・スピーカーなどの協力を得たりなどすること。
また,ペアワーク,グループワークなどの学習形態を適宜工夫すること。

(2) 教材は,聞くこと,話すこと,読むこと,書くことなどのコミュニケーション能力を総合的に育成するため,実際の言語の使用場面や言語の働きに十分配慮したものを取り上げるものとする。その際,英語を使用している人々を中心とする世界の人々及び日本人の日常生活,風俗習慣,物語,地理,歴史,伝統文化や自然科学などに関するものの中から,生徒の発達の段階及び興味・関心に即して適切な題材を変化をもたせて取り上げるものとし,次の観点に配慮する必要がある。

ア 多様なものの見方や考え方を理解し,公正な判断力を養い豊かな心情を育てるのに役立つこと。

イ 外国や我が国の生活や文化についての理解を深めるとともに,言語や文化に対する関心を高め,これらを尊重する態度を育てるのに役立つこと。

ウ 広い視野から国際理解を深め,国際社会に生きる日本人としての自覚を高めるとともに,国際協調の精神を養うのに役立つこと。

その他の外国語
その他の外国語については,英語の目標及び内容等に準じて行うものとする。

3 Design of lesson plans and handling of content
  (1) Consideration will be given to the following items in designing the lesson plans.
   A. Achieving English language objectives over three years by deciding appropriate goals each year based on the conditions of the community and the students in each school.
   B. Regarding the language materials in 2-(3), instruction should be undertaken in response to the students' stage of study, moving gradually from easier materials to more difficult ones.
   C. Regarding phonetic instruction, continuous instruction should be undertaken regarding the language materials indicated in 2-(3)-A, through pronunciation practice, etc., while paying attention to the differences between English and Japanese. As a teaching aid for phonetics instruction, instruction can be also be given using pronunciation symbols as needed.
   D. Regarding instructions in letters, instruction in cursive writing may also be undertaken, giving consideration to the students' academic load.
   E. Regarding words, collocations, and common expressions, consideration should be given to getting these to take root through use of high-frequency items.
   F. Instruction will be undertaken to familiarize students with how to use dictionaries, and make use of them.
   G. Responding to the students' situation and the contents of the learning materials, effective use of educational equipment, computers, information networks, etc. will be made, as well as gaining the help of native speakers. In addition, suitable modes of study, such as pair work and group work will be devised.
  (2) In order to comprehensively foster communicative competence in listening, speaking, reading, writing, etc., materials will be introduced that give sufficient consideration to situations of real language use and language functions. At this time, appropriate materials will be introduced that correspond to the stage of the students' development and their interests from among the daily lives, customs, stories, geography, history, traditional culture, and natural sciences of people in the world using English, as well as those of Japanese people. Consideration is needed regarded the following perspectives.
   A. Materials that aid in understanding the way of looking and thinking about a variety of things, nurturing a judgment ability that is fair and developing a rich sensibility.
   B. Materials that heighten interest in language and culture and develop an attitude of respect for them, along with deepening understanding of both foreign countries and Japan.
   C. Materials that foster a spirit of international harmony along with deepening international understanding from a broad perspective, and heightening a sense of being a Japanese person living in international society.

Other foreign languages
  Regarding other foreign languages, objectives and content will follow those for English.

第3 指導計画の作成と内容の取扱い
1 小学校における外国語活動との関連に留意して,指導計画を適切に作成するものとする。

2 外国語科においては,英語を履修させることを原則とする。
3 第1章総則の第1の2及び第3章道徳の第1に示す道徳教育の目標に基づき,道徳の時間などとの関連を考慮しながら,第3章道徳の第2に示す内容について,外国語科の特質に応じて適切な指導をすること。

高等学校学習指導要領 第2章(平成21年3月9日,文部科学省公示)

第8節 外国語

第1款 目標
外国語を通じて,言語や文化に対する理解を深め,積極的にコミュニケーションを図ろうとする態度の育成を図り,情報や考えなどを的確に理解したり適切に伝えたりするコミュニケーション能力を養う。

第2款 各科目
第1 コミュニケーション英語基礎
1 目標
　英語を通じて,積極的にコミュニケーションを図ろうとする態度を育成するとともに,聞くこと,話すこと,読むこと,書くことなどの基礎的な能力を養う。
2 内容
(1) 1の目標に基づき,中学校学習指導要領第2章第9節の第2の2の(1)に示す言語活動を参照しつつ,適切な言語活動を英語で行う。

(2) (1)に示す言語活動を効果的に行うために,それぞれの生徒の中学校における学習内容の定着の程度等を踏まえた上で,中学校学習指導要領第2章第9節の第2の2の(2)のアに示す事項を参照しつつ,適切に指導するよう配慮するものとする。

3 内容の取扱い
　中学校における学習との接続と「コミュニケーション英語Ⅰ」における学習への円滑な移行のため,主に身近な場面における言語活動を経験させながら,中学校における基礎的な学習内容を整理して指導し定着を図るものとする。

第2 コミュニケーション英語Ⅰ
1 目標

III. Handling of Lesson Plan Design and Content
  1 Lesson plans should be designed appropriately, paying attention to their relation to the foreign language activities conducted in elementary school,
  2 In principle, in foreign language courses English will be studied.
  3 Based on the objectives of moral education indicated in Subsection I-2 of Chapter 1 "General Provisions" and in Section I of Chapter 3 "Moral Education", taking into consideration the link to moral education, appropriate instruction in the content specified in Section II of Chapter 3 should be undertaken in accordance with the special characteristics of foreign language activities.

The Course of Study for High Schools

Chapter 8 Foreign Languages

Overall Objectives
Through foreign languages, to deepen the understanding of language and culture, foster an attitude of engaging in communication positively, and develop the communicative competence to accurately understand and appropriately convey information and ideas.

Each Course
I. Communication English Foundation
  1 Objective
    Through English, along with fostering an attitude of active communication, to develop basic competence in listening, speaking, reading, writing, etc.
  2 Contents
    (1) Based on the objective in 1, while referring to the language activities specified in II-2-(1) of Chapter 9 the junior high guidelines, appropriate language activities will be undertaken in English.
    (2) In order to effectively undertake the language activities specified in (1), consideration will be given to appropriate instruction based on the degree that the contents of study have taken root in the junior high school of each student, while referring to the items specified in II-2-(2)-A of Chapter 9 of the junior high guidelines.
  3 Handling of content
    In order to connect with the study in junior high and make a smooth transition to the study in Communication English I, while giving the students experience in language activities related to mainly familiar situations, instruction will focus on arrangement of the basic study contents of junior high the arrangement and allowing these to take root.

II. Communication English I
  1 Objective

英語を通じて，積極的にコミュニケーションを図ろうとする態度を育成するとともに，情報や考えなどを的確に理解したり適切に伝えたりする基礎的な能力を養う。

2 内容

(1) 生徒が情報や考えなどを理解したり伝えたりすることを実践するように具体的な言語の使用場面を設定して，次のような言語活動を英語で行う。

　ア　事物に関する紹介や対話などを聞いて，情報や考えなどを理解したり，概要や要点をとらえたりする。
　イ　説明や物語などを読んで，情報や考えなどを理解したり，概要や要点をとらえたりする。また，聞き手に伝わるように音読する。
　ウ　聞いたり読んだりしたこと，学んだことや経験したことに基づき，情報や考えなどについて，話し合ったり意見の交換をしたりする。
　エ　聞いたり読んだりしたこと，学んだことや経験したことに基づき，情報や考えなどについて，簡潔に書く。

(2) (1)に示す言語活動を効果的に行うために，次のような事項について指導するよう配慮するものとする。

　ア　リズムやイントネーションなどの英語の音声的な特徴，話す速度，声の大きさなどに注意しながら聞いたり話したりすること。
　イ　内容の要点を示す語句や文，つながりを示す語句などに注意しながら読んだり書いたりすること。
　ウ　事実と意見などを区別して，理解したり伝えたりすること。

3 内容の取扱い

(1) 中学校におけるコミュニケーション能力の基礎を養うための総合的な指導を踏まえ，聞いたことや読んだことを踏まえた上で話したり書いたりする言語活動を適切に取り入れながら，四つの領域の言語活動を有機的に関連付けつつ総合的に指導するものとする。

(2) 生徒の実態に応じて，多様な場面における言語活動を経験させながら，中学校や高等学校における学習内容を繰り返して指導し定着を図るよう配慮するものとする。

第3　コミュニケーション英語Ⅱ

1 目標

英語を通じて，積極的にコミュニケーションを図ろうとする態度を育成するとともに，情報や考えなどを的確に理解したり適切に伝えたりする能力を伸ばす。

2 内容

(1) 生徒が情報や考えなどを理解したり伝えたりすることを実践するように具体的な言語の使用場面を設定して，次のような言語活動を英語で行う。

　ア　事物に関する紹介や報告，対話や討論などを聞いて，情報や考えなどを理解したり，概要や要点をとらえたりする。

高等学校学習指導要領　　*249*

Through English, along with fostering an attitude of active communication, to develop the basic competence to accurately understand and appropriately convey information and ideas.

2 Contents
(1) Setting situations that use specific language for students to practice understanding and conveying information and ideas, and undertake in English the following language activities.
   A. Listening to introductions and dialogues related to various matters, understanding the information and ideas, and getting an overview and the main points.
   B. Reading explanations and stories, understanding the information and ideas, and getting an overview and the main points. In addition, reading the contents aloud to convey them to a listener.
   C. Based on what has been listened to or read, or on things that have been learned or experienced, discussing or exchanging opinions about information and ideas.
   D. Based on what has been listened to or read, or on things that have been learned or experienced, concisely writing about information and ideas.
(2) In order to effectively undertake the language activities specified in (1), consideration will be given to instruction in the following items.
   A. Listening and speaking while paying attention to the phonetic characteristics of English rhythm and intonation, the speed of speaking, the volume of the voice, etc.
   B. Reading and writing while paying attention to the words and phrases that express the important points of the content and the connection between words and phrases.
   C. Distinguishing between facts and opinions, and understanding and conveying them.

3 Handling of Content
(1) Based on comprehensive instruction to foster the foundation of communicative competence in junior high school, while appropriately including language activities of speaking and writing based on what has been listened to or read, comprehensive instruction that organically relates the four areas of language activity will be undertaken.
(2) Responding to the students' circumstances, consideration will be given to repeating the instruction undertaken in junior high, allowing it to take root while having them experience language activities in a variety of situations.

III. Communication English II
1 Objective
Through English, along with fostering an attitude of active communication, to extend competence in accurately understanding and appropriately conveying information and ideas.

2 Contents
(1) Setting situations that use specific language for students to practice understanding and conveying information and ideas, undertaking in English the following language activities.
   A. Listening to introductions and reports related to various matters, as well as dialogues and debates, understanding the information and ideas, and getting an overview and the main points.

　　　　イ　説明，評論，物語，随筆などについて，速読したり精読したりするなど目的に応じた読み方をする。また，聞き手に伝わるように音読や暗唱を行う。

　　　　ウ　聞いたり読んだりしたこと，学んだことや経験したことに基づき，情報や考えなどについて，話し合うなどして結論をまとめる。

　　　　エ　聞いたり読んだりしたこと，学んだことや経験したことに基づき，情報や考えなどについて，まとまりのある文章を書く。

　　(2)　(1)に示す言語活動を効果的に行うために，次のような事項について指導するよう配慮するものとする。

　　　　ア　英語の音声的な特徴や内容の展開などに注意しながら聞いたり話したりすること。

　　　　イ　論点や根拠などを明確にするとともに，文章の構成や図表との関連などを考えながら読んだり書いたりすること。

　　　　ウ　未知の語の意味を推測したり背景となる知識を活用したりしながら聞いたり読んだりすること。

　　　　エ　説明や描写の表現を工夫して相手に効果的に伝わるように話したり書いたりすること。

　3　内容の取扱い
　　「コミュニケーション英語Ⅰ」の3と同様に取り扱うものとする。

第4　コミュニケーション英語Ⅲ
　1　目　標
　　英語を通じて，積極的にコミュニケーションを図ろうとする態度を育成するとともに，情報や考えなどを的確に理解したり適切に伝えたりする能力を更に伸ばし，社会生活において活用できるようにする。
　2　内　容
　　(1)　1の目標に基づき，「コミュニケーション英語Ⅱ」の2の(1)に示す言語活動を更に発展させて行う。
　　(2)　(1)に示す言語活動を行うに当たっては，「コミュニケーション英語Ⅱ」の2の(2)と同様に配慮するものとする。
　3　内容の取扱い
　　「コミュニケーション英語Ⅰ」の3と同様に取り扱うものとする。

第5　英語表現Ⅰ
　1　目　標
　　英語を通じて，積極的にコミュニケーションを図ろうとする態度を育成するとともに，事実や意見などを多様な観点から考察し，論理の展開や表現の方法を工夫しながら伝える能力を養う。

　2　内　容
　　(1)　生徒が情報や考えなどを理解したり伝えたりすることを実践するように具体的な言語の使用場面を設定して，次のような言語活動を英語で行う。

B. Regarding explanations, reviews, stories, essays, etc., reading them quickly or intensively according to the aim. In addition, reading the contents aloud or reciting them to convey them to a listener.
C. Based on what has been listened to or read, or on things that have been learned or experienced, discussing the information and ideas and coming to a conclusion.
D. Based on what has been listened to or read, or things that have been learned or experienced, writing a coherent composition about the information and ideas.
(2) In order to effectively undertake the language activities specified in (1), consideration will be given to instruction in the following items.
A. Listening and speaking while paying attention to the phonetic characteristics of English rhythm and development of the content
B. Reading and writing while clarifying the points of the argument and the basis of the argument, and thinking about the relationship of the essay's structure, diagrams, etc. to it.
C. Listening and reading while guessing the meaning of unknown words and making use of background knowledge.
D. Speaking and writing by ingenious use of explanations and descriptive expressions to effectively convey what the student wants to communicate to another.

3 Handling of content

The content will handled in the same way as that specified in Subsection 3 of Communication English I..

IV. Communication English III
1 Objective

Through English, along with fostering an attitude of active communication, to extend competence in accurately understanding and appropriately conveying information and ideas and becoming able to make use of this competence in social life.

2 Contents

(1) Based on the objectives in Subsection 1, further developing the language activities specified in Communication English II 2-(1).

(2) Regarding the language activities specified in (1), consideration will be given in the same way as in Communication English II 2-(2).

3 Handling of content

The content will handled in the same way as that specified in Communication English I, Subsection 3.

V. English Expression I
1 Objective

Through English, along with fostering an attitude of active communication, to develop competence to accurate convey things, making strategic use of the development of argument and expressions, and looking at facts and opinions from a variety of viewpoints.

2 Contents

(1) Setting situations that use specific language for students to practice understanding and conveying information and ideas, undertaking in English the following language activities.

ア　与えられた話題について，即興で話す。また，聞き手や目的に応じて簡潔に話す。

　　　イ　読み手や目的に応じて，簡潔に書く。
　　　ウ　聞いたり読んだりしたこと，学んだことや経験したことに基づき，情報や考えなどをまとめ，発表する。
　(2)　(1)に示す言語活動を効果的に行うために，次のような事項について指導するよう配慮するものとする。
　　　ア　リズムやイントネーションなどの英語の音声的な特徴，話す速度，声の大きさなどに注意しながら話すこと。

　　　イ　内容の要点を示す語句や文，つながりを示す語句などに注意しながら書くこと。また，書いた内容を読み返すこと。

　　　ウ　発表の仕方や発表のために必要な表現などを学習し，実際に活用すること。

　　　エ　聞いたり読んだりした内容について，そこに示されている意見を他の意見と比較して共通点や相違点を整理したり，自分の考えをまとめたりすること。

　3　内容の取扱い
　(1)　中学校におけるコミュニケーション能力の基礎を養うための総合的な指導を踏まえ，話したり書いたりする言語活動を中心に，情報や考えなどを伝える能力の向上を図るよう指導するものとする。

　(2)　聞くこと及び読むこととも有機的に関連付けた活動を行うことにより，話すこと及び書くことの指導の効果を高めるよう工夫するものとする。

　(3)　生徒の実態に応じて，多様な場面における言語活動を経験させながら，中学校や高等学校における学習内容を繰り返して指導し定着を図るよう配慮するものとする。

第6　英語表現Ⅱ
　1　目　標
　　　英語を通じて，積極的にコミュニケーションを図ろうとする態度を育成するとともに，事実や意見などを多様な観点から考察し，論理の展開や表現の方法を工夫しながら伝える能力を伸ばす。

　2　内　容
　(1)　生徒が情報や考えなどを理解したり伝えたりすることを実践するように具体的な言語の使用場面を設定して，次のような言語活動を英語で行う。

　　　ア　与えられた条件に合わせて，即興で話す。また，伝えたい内容を整理して論理的に話す。

　　　イ　主題を決め，様々な種類の文章を書く。
　　　ウ　聞いたり読んだりしたこと，学んだことや経験したことに基づき，情報や考えなどをまとめ，発表する。また，発表されたものを聞いて，質問したり意見を述べたりする。

A. Speaking impromptu about a given topic. In addition, speaking concisely in accordance with the listener and the objective.
   B. Writing concisely in accordance with the reader and the objective.
   C. Based on what has been listened to or read, or on things that have been learned or experienced, summarizing the information and ideas and presenting them.
(2) In order to effectively undertake the language activities specified in (1), consideration will be given to instruction in the following items.
   A. Speaking while paying attention to the phonetic characteristics of English rhythm and intonation, the speed of speaking, the volume of the voice, etc.
   B. Writing while paying attention to the words and phrases that express the important points of the content and the connection between words and phrases. In addition, rereading what has been written.
   C. Studying expressions necessary in knowing how to make presentations and in making presentations, and being able to actually use them.
   D. Regarding content that has been listened to or read, comparing the opinions expressed there with other opinions and organizing the points in common and the points that differ, and summarizing the student's own thoughts.
3 **Handling of Content**
(1) Based on comprehensive instruction to foster the foundation of communicative competence in junior high school, with a focus on speaking and writing language activities, instruction will be given to enhance competence in conveying information and ideas.
(2) Measures will be taken to enhance the effectiveness of instruction in speaking and writing with language activities that organically relate them to listening and reading
(3) Responding to the students' circumstances, while having them experience language activities in a variety of situations, consideration will be given to repeating the instruction of junior high and senior high, allowing it to take root.

VI. English Expression II
1 **Objective**
   Through English, along with fostering an attitude of active communication, to expand competence to accurate convey things, making strategic use of the development of argument and expressions, and looking at facts and opinions from a variety of viewpoints.
2 **Contents**
(1) Setting situations that use specific language for students to practice understanding and conveying information and ideas, undertaking in English the following language activities.
   A. Speaking impromptu in accordance with given conditions. In addition, speaking logically, arranging the contents the speaker wishes to convey.
   B. Deciding the subject and writing a variety of types of essays.
   C. Based on what has been listened to or read, or on things that have been learned or experienced, summarizing the information and ideas and presenting them. In addition, listening to presentations and asking questions and expressing opinions about them.

エ　多様な考え方ができる話題について，立場を決めて意見をまとめ，相手を説得するために意見を述べ合う。
　(2) (1)に示す言語活動を効果的に行うために，次のような事項について指導するよう配慮するものとする。
　　　ア　英語の音声的な特徴や内容の展開などに注意しながら話すこと。

　　　イ　論点や根拠などを明確にするとともに，文章の構成や図表との関連，表現の工夫などを考えながら書くこと。また，書いた内容を読み返して推敲すること。

　　　ウ　発表の仕方や討論のルール，それらの活動に必要な表現などを学習し，実際に活用すること。

　　　エ　相手の立場や考えを尊重し，互いの発言を検討して自分の考えを広げるとともに，課題の解決に向けて考えを生かし合うこと。

３　内容の取扱い
　「英語表現Ｉ」の３と同様に取り扱うものとする。

第７　英語会話
１　目　標
　　英語を通じて，積極的にコミュニケーションを図ろうとする態度を育成するとともに，身近な話題について会話する能力を養う。
２　内　容
　(1) 生徒が情報や考えなどを理解したり伝えたりすることを実践するように具体的な言語の使用場面を設定して，次のような言語活動を英語で行う。

　　　ア　相手の話を聞いて理解するとともに，場面や目的に応じて適切に応答する。

　　　イ　関心のあることについて相手に質問したり，相手の質問に答えたりする。

　　　ウ　聞いたり読んだりしたこと，学んだことや経験したことに基づき，情報や考えなどを場面や目的に応じて適切に伝える。

　　　エ　海外での生活に必要な基本的な表現を使って，会話する。
　(2) (1)に示す言語活動を効果的に行うために，次のような事項について指導するよう配慮するものとする。
　　　ア　リズムやイントネーションなどの英語の音声的な特徴，話す速度，声の大きさなどに注意しながら聞いたり話したりすること。
　　　イ　繰り返しを求めたり，言い換えたりするときなどに必要となる表現を活用すること。

　　　ウ　ジェスチャーなどの非言語的なコミュニケーション手段の役割を理解し，場面や目的に応じて適切に用いること。
３　内容の取扱い
　(1) 中学校におけるコミュニケーション能力の基礎を養うための総合的な指導を踏まえ，実際の

D. Regarding topics about which there are many ways of thinking, choosing a position, summarizing one's opinion and expressing oneself to persuade listeners.

(2) In order to effectively undertake the language activities specified in (1), consideration will be given to instruction in the following items.

A. Speaking while paying attention to the phonetic characteristics of English and the development of the contents.

B. Writing while clarifying the points of the argument and the basis of the argument, thinking about the relationship of the essay's structure, diagrams, etc. to it, and making strategic use of expressions. In addition, rereading what has been written and polishing it.

C. Studying expressions necessary in knowing how to make presentations and in the rules of debate, and being able to actually use them.

D. Respecting another's position or thoughts, along with considering each other's statements and broadening one's own thoughts, keeping the subject alive and headed toward a resolution.

3 Handling of Content

The content will handled in the same way as that specified in English Expression I, Subsection 3.

VII. English Conversation

1 Objective

Through English, along with fostering an attitude of active communication, to develop the competence to hold conversations about familiar topics.

2 Contents

(1) Setting situations that use specific language for students to practice understanding and conveying information and ideas, undertaking in English the following language activities.

A. Along with listening to another person and understanding him or her, responding appropriately in accordance with the situation and aim.

B. Asking another person about things one is interested in and answering another person's questions.

C. Based on what has been listened to or read, or on things that have been learned or experienced, appropriately conveying information and thoughts in accordance with the situation and aim.

D. Engaging in conversations using basic expressions necessary in living abroad.

(2) In order to effectively undertake the language activities specified in (1), consideration will be given to instruction in the following items.

A. Listening and speaking while paying attention to the phonetic characteristics of English rhythm and intonation, the speed of speaking, the volume of the voice, etc.

B. Making use of expressions needed in asking someone to repeat or rephrase what he or she has said.

C. Understanding the role of non-verbal communication such as gestures and using it appropriately according to the situation and aim.

3 Handling of Content

(1) Based on comprehensive instruction to foster the foundation of communicative

会話に即した言語活動を多く取り入れながら,聞いたり話したりする能力の向上を図るよう指導するものとする。

(2) 読むこと及び書くこととも有機的に関連付けた活動を行うことにより,聞くこと及び話すことの指導の効果を高めるよう工夫するものとする。

(3) 生徒の実態に応じて,多様な場面における言語活動を経験させながら,中学校や高等学校における学習内容を繰り返して指導し定着を図るよう配慮するものとする。

第8 その他の外国語に関する科目
　その他の外国語に関する科目については,第1から第7まで及び第3款に示す英語に関する各科目の目標及び内容等に準じて行うものとする。

第3款 英語に関する各科目に共通する内容等
1　英語に関する各科目の2の(1)に示す言語活動を行うに当たっては,例えば,次に示すような言語の使用場面や言語の働きの中から,各科目の目標を達成するのにふさわしいものを適宜取り上げ,有機的に組み合わせて活用する。
　［言語の使用場面の例］
　　a　特有の表現がよく使われる場面:
　　　・買物　　　・旅行　・食事
　　　・電話での応答　・手紙や電子メールのやりとり　など
　　b　生徒の身近な暮らしや社会での暮らしにかかわる場面:
　　　・家庭での生活　・学校での学習や活動　・地域での活動
　　　・職場での活動　など
　　c　多様な手段を通じて情報などを得る場面:
　　　・本,新聞,雑誌などを読むこと　・テレビや映画などを観ること
　　　・情報通信ネットワークを活用し情報を得ること　など
　［言語の働きの例］
　　a　コミュニケーションを円滑にする:
　　　・相づちを打つ　・聞き直す　　　・繰り返す
　　　・言い換える　・話題を発展させる　・話題を変える　など
　　b　気持ちを伝える:
　　　・褒める　・謝る　・感謝する
　　　・望む　・驚く　・心配する　など
　　c　情報を伝える:
　　　・説明する　・報告する　・描写する
　　　・理由を述べる　・要約する　・訂正する　など
　　d　考えや意図を伝える:
　　　・申し出る　・賛成する　・反対する
　　　・主張する　・推論する　・仮定する　など
　　e　相手の行動を促す:
　　　・依頼する　・誘う　・許可する
　　　・助言する　・命令する　・注意を引く　など
2　英語に関する各科目の2の(1)に示す言語活動を行うに当たっては,中学校学習指導要領第2章

competence in junior high school, instruction will aim at the improvement of competence in listening and speaking while frequently including language activities based on real conversation.

(2) Through undertaking language activities that organically relate to reading and writing, measures to heighten the effectiveness of instruction in listening and speaking will be undertaken.

(3) Responding to the students' circumstances, consideration will be given to repeating the instruction of junior high, allowing it to take root, while having the students experience language activities in a variety of situations.

VIII. Courses related to other foreign languages

Regarding courses related to other foreign languages, objectives and content will follow those for English specified in Sections I-VII and in Chapter 3.

Shared content in the English of each course

1 In undertaking the language activities specified in each English course in 2-(1), appropriate items will be suitably introduced and organically connected from the following list of language-use situations and language functions,

[Examples of language-use situations]
  a Situations that frequently use special expressions
    - Shopping - Travel - Dining Etc.
    - Talking on the telephone - Exchanging letters and email Etc.
  b Situations related to students' daily life and life in society
    - Daily life at home - Study and activities at school - Community events
    - Workplace activities Etc.
  c Situations gaining information through various methods
    - Reading books, newspapers, magazines, etc. - Watching TV and movies, etc.
    - Getting information from information networks Etc.

[examples of language functions]
  a Facilitating smooth communication
    - Back-channeling - Asking something again - Repeating
    - Rephrasing - Developing a topic - Changing a topic Etc.
  b Conveying feelings
    - Praising - Apologizing - Thanking
    - Hoping - Being surprised - Worrying Etc.
  c Conveying information
    - Explaining - Reporting - Describing
    - Giving a reason - Summarizing - Amending Etc.
  d Conveying thoughts and intentions
    - Suggesting - Agreeing - Disagreeing
    - Asserting - Inferring - Hypothesizing Etc.
  e Spurring another to action
    - Requesting - Inviting - Permitting
    - Advising - Demanding - Gaining someone's attention Etc.

2 In undertaking the language activities specified in the English related to each course in

第9節第2の2の(3)及び次に示す言語材料の中から,それぞれの科目の目標を達成するのにふさわしいものを適宜用いて行わせる。その際,「コミュニケーション英語Ⅰ」においては,言語活動と効果的に関連付けながら,ウに掲げるすべての事項を適切に取り扱うものとする。

ア　語,連語及び慣用表現
  (ｱ)　語
  a　「コミュニケーション英語Ⅰ」にあっては,中学校で学習した語に400語程度の新語を加えた語

  b　「コミュニケーション英語Ⅱ」にあっては,aに示す語に700語程度の新語を加えた語

  c　「コミュニケーション英語Ⅲ」にあっては,bに示す語に700語程度の新語を加えた語

  d　「コミュニケーション英語基礎」,「英語表現Ⅰ」,「英語表現Ⅱ」及び「英語会話」にあっては,生徒の学習負担を踏まえた適切な語

  (ｲ)　連語及び慣用表現のうち,運用度の高いもの
イ　文構造のうち,運用度の高いもの
ウ　文法事項
  (ｱ)　不定詞の用法
  (ｲ)　関係代名詞の用法
  (ｳ)　関係副詞の用法
  (ｴ)　助動詞の用法
  (ｵ)　代名詞のうち,it が名詞用法の句及び節を指すもの
  (ｶ)　動詞の時制など
  (ｷ)　仮定法
  (ｸ)　分詞構文
3　2に示す言語材料を用いるに当たっては,次の事項に配慮するものとする。

  ア　現代の標準的な英語によること。ただし,様々な英語が国際的に広くコミュニケーションの手段として使われている実態にも配慮すること。

  イ　文法については,コミュニケーションを支えるものであることを踏まえ,言語活動と効果的に関連付けて指導すること。
  ウ　コミュニケーションを行うために必要となる語句や文構造,文法事項などの取扱いについては,用語や用法の区別などの指導が中心とならないよう配慮し,実際に活用できるよう指導すること。
4　英語に関する各科目については,その特質にかんがみ,生徒が英語に触れる機会を充実するとともに,授業を実際のコミュニケーションの場面とするため,授業は英語で行うことを基本とする。その際,生徒の理解の程度に応じた英語を用いるよう十分配慮するものとする。

2-(1), in order to achieve the objectives of each course appropriate items will be suitably undertaken from the language materials specified in II-2-(3) of Chapter 9 of the junior high guidelines and in those following. At this time, all of the items listed in C will be dealt with appropriately in Communication English I, while relating them effectively to the language activities.
- (1) Words, collocations, and common expressions
    A. Words
    - (a) a In Communication English I about 400 new words will be added to the words learned in junior high school.
    - (b) In Communication English II about 700 new words will be added to the words specified in (a).
    - (c) In Communication English III about 700 new words will be added to the words specified in (b).
    - (d) In Communication English Foundation, English Expression I, English Expression II, and English Conversation, appropriate words will be added giving consideration to the students' academic load.

    B. Among collocations and phrases, those with high frequency will be introduced.
- (2) Among sentence structures, those with high frequency will be introduced.
- (3) Grammatical items
    A. Use of the infinitive
    B. Use of relative pronouns
    C. Use of relative adverbs
    D. Use of auxiliary verbs
    E. Among pronouns, those that refer to "it" as a noun in phrases and clauses
    F. Verb tense, etc.
    G. The subjunctive
    H. Participial construction

3 In using the language materials specified in 2, consideration will be given to the following.
- (1) Instruction will be undertaken according to contemporary standard English. However, consideration will also be given to situations in which many varieties of English are used widely internationally as a means of communication.
- (2) Regarding grammar, instruction that effectively relates grammar to language activities, based on the notion that grammar supports communication will be undertaken.
- (3) Regarding the handling of words and phrases, sentence structures, and the grammatical items, instruction will be given regarding actual use, and consideration will be given to not focus too much on the fine distinctions between terms and uses.

4 Regarding each course related to English, in order to make the class a place of actual communication, classes will be conducted in English as a general principle, in light of the courses special characteristics, providing students with a full opportunity to engage with the English language. At this time, sufficient consideration will be given to using English in accordance with the students' level of understanding.

第4款　各科目にわたる指導計画の作成と内容の取扱い
1　指導計画の作成に当たっては,次の事項に配慮するものとする。
　(1)　「コミュニケーション英語Ⅱ」は「コミュニケーション英語Ⅰ」を履修した後に,「コミュニケーション英語Ⅲ」は「コミュニケーション英語Ⅱ」を履修した後に,「英語表現Ⅱ」は「英語表現Ⅰ」を履修した後に履修させることを原則とすること。
　(2)　「コミュニケーション英語基礎」を履修させる場合,「コミュニケーション英語Ⅰ」は「コミュニケーション英語基礎」を履修した後に履修させることを原則とすること。
2　内容の取扱いに当たっては,次の事項に配慮するものとする。

　(1)　教材については,外国語を通じてコミュニケーション能力を総合的に育成するため,各科目の目標に応じ,実際の言語の使用場面や言語の働きに十分配慮したものを取り上げるものとすること。その際,その外国語を日常使用している人々を中心とする世界の人々及び日本人の日常生活,風俗習慣,物語,地理,歴史,伝統文化や自然科学などに関するものの中から,生徒の発達の段階及び興味・関心に即して適切な題材を変化をもたせて取り上げるものとし,次の観点に留意する必要があること。

　　ア　多様なものの見方や考え方を理解し,公正な判断力を養い豊かな心情を育てるのに役立つこと。

　　イ　外国や我が国の生活や文化についての理解を深めるとともに,言語や文化に対する関心を高め,これらを尊重する態度を育てるのに役立つこと。

　　ウ　広い視野から国際理解を深め,国際社会に生きる日本人としての自覚を高めるとともに,国際協調の精神を養うのに役立つこと。

　　エ　人間,社会,自然などについての考えを深めるのに役立つこと。
　(2)　音声指導の補助として,発音表記を用いて指導することができること。
　(3)　辞書の活用の指導などを通じ,生涯にわたって,自ら外国語を学び,使おうとする積極的な態度を育てるようにすること。
　(4)　各科目の指導に当たっては,指導方法や指導体制を工夫し,ペア・ワーク,グループ・ワークなどを適宜取り入れたり,視聴覚教材やコンピュータ,情報通信ネットワークなどを適宜指導に生かしたりすること。また,ネイティブ・スピーカーなどの協力を得て行うティーム・ティーチングなどの授業を積極的に取り入れ,生徒のコミュニケーション能力を育成するとともに,国際理解を深めるようにすること。

Design of Lesson Plans and Handling of Content
1 Consideration will be given to the following items in designing the lesson plans.
   (1) As a general principle, Communication English II will be taken after Communication English I, Communication English III will be taken after Communication English II, and English Expression II will be taken after English Expression I.
   (2) As a general principle, when Communication English Foundation is taken, Communication English I will be taken after Communication English Foundation.
2 Regarding the handling of the content, consideration will be given to the following items.
   (1) Regarding teaching materials, in order to comprehensively foster communicative competence through foreign language, materials will be introduced that give sufficient consideration to actual language situations and language functions according to the objectives of each course. At this time, appropriate materials will be introduced that correspond to the stage of the students' development and their interests from among the daily lives, customs, stories, geography, history, traditional culture, and natural sciences of people in the world using English, as well as those of Japanese people. Consideration is needed regarded the following perspectives.
      A. Materials that aid in understanding the way of looking and thinking about a variety of things, nurturing a judgment ability that is fair, and developing a rich sensibility.
      B. Materials that heighten interest in language and culture and develop an attitude of respect for them, along with deepening understanding of both foreign countries and Japan.
      C. Materials that foster a spirit of international harmony along with deepening international understanding from a broad perspective, and heightening a sense of being a Japanese person living in international society.
      D. Materials that deepen thought regarding people, society, nature, etc.
   (2) As a teaching aid for phonetics instruction, instruction can be also be given using pronunciation symbols as needed.
   (3) Through instruction in the use of dictionaries, the fostering of an active attitude on the part of students in using them and learning foreign languages will be aimed at.
   (4) In the instruction of each course, methods of instruction and systems will be devised, appropriately adding pair work, group work, etc., audiovisual materials, computers, information networks, etc. In addition, along with fostering students' communicative competence, deepening international understanding through gaining the help of native speakers and so on, and actively introducing things like team teaching will be undertaken.

Kate Elwood

用 語 解 説

□affective filter（情意フィルター） 1970年代にアメリカの応用言語学者クラッシェン（Krashen）によって提唱された用語。自信や興味の無さ、または不安などの感情によって、第二言語習得にマイナスの影響がでるとされている。➡p.101

□autonomy（自立） 学習者が、教師の手助けを必要としないで、自分の力で学習をおこなうこと。➡p.29

□コミュニケーション能力（Communicative Competence）「能力（Competence）」とは潜在的な知識のことで、これが実際に使われて見えるかたちとして実行されたものを「運用（Performance）」と呼ぶ。コミュニケーション能力は、コミュニケーションするためのさまざまな要素（たとえば、文を組み立てる能力や場面に応じて適切な表現を使える能力など）から成り立っていると考えられている。➡p.165

□コミュニカティヴ・ランゲージ・ティーチング（Communicative Language Teaching） 習得しようとしている言語をコミュニケーションの手段として位置づけ、それに到達させることを目標とした指導を行う教授法を広くさしている。➡p.197

□コミュニカティヴ・アプローチ（Communicative Approach） 1970年代前半のイギリスにおいて、言語が表す「概念・機能」に基づくコミュニケーション重視の英語教育の方法をさして用いられていた。その後、コミュニカティヴ・ランゲージ・ティーチング（Communicative Language Teaching/CLT）と呼ばれるようになった教授法の原点に位置づけられる。➡p.143

□カウンセリング心理学（counseling psychology） 相談心理学とも呼ばれ、カウンセリング関係（カウンセラーとクライエントの関係）の意味、目的、その方法、技術、過程を明らかにしようとするもの。➡p.196

□ディスコース・コミュニティ 学問的背景や職業などのニーズをもつことにより同質性が認められ、その専門領域において学問上・職業上の目的を果たす集団をディスコース・コミュニティ（専門家集団）と呼ぶ。➡p.202

□ESL（English as a Second Language）/EFL（English as a Foreign Language） 外国語を学ぶときに、その言葉が日常使われている環境で学ぶ場合にはSecond Languageの環境、使われる状況が非常に限られる場合をForeign Languageの環境と呼んで区別することがある。日本で英語を学ぶ場合はForeign Languageの環境になるが、アメリカやイギリスなどで英語を学ぶ場合はSecond Languageとなる。➡p.61

□ESP（English for Specific Purposes） 日本語訳としては「特定目的のための英語（に関する研究および実践）」、あるいは「専門英語教育（あるいは研究）」と

呼ばれるのが一般的である。ESP はその使われ方により，English for Occupational Purposes と English for Academic Purposes とに分類することができるというのが一般的な見解である。EOP は，医者，弁護士，エンジニアなどの職業専門人の English for Professional Purposes と店員や電話のオペレーターなどの一般の職業人のための English for Vocational Purposes に，EAP は大学や研究機関で行われるもので，English for General Academic Purposes と English for Specific Academic Purposes に再区分される。ESP の大きな特徴は，学習者が実際に英語を使用する場面であるディスコース・コミュニティのニーズをとらえ，そのニーズから逆算するかたちで英語教育を行う点にある。したがって，学界などアカデミックな世界への人材を輩出するという視点では EAP が必要であり，産業界への人材を輩出するという視点に立てば EOP が必要となる。➡p.200

□フラッシュ・カード(flash card)　授業で使用される語や句などを横長の画用紙などに書いたカードのことで，生徒たちに提示して練習するのに用いられる。長時間見せるのではなく瞬間的に学習者に提示し，即座に語句を読み取らせたり言わせたりといった反応をさせるのが名前の由来である。➡p.55, 150

□focus on form（言語形式の焦点化）
意味の伝達を中心とした言語活動において，教師が必要に応じて学習者の注意を文法等の言語形式（form）に向けさせる指導。文法中心の指導（focus on forms）と区別する。➡p.122

□ジャンル分析　ディスコース・そのコミュニティのなかでは，「講演」「論文」「スピーチ」「宣伝」などのさまざまなコミュニケーションのイベントが行われている。このコミュニケーションのイベントが「ジャンル」である。そして，こうしたある目的をもった一連の発話が「テクスト」であり書き言葉と話し言葉を含む。その「テクスト」をジャンルによって分析する方法をジャンル分析という。➡p.203

□標準的な発音　イギリス英語では RP (received pronunciation) と呼ばれる BBC のアナウンサーの使うような英語が標準とされるが，アメリカでは標準とされる発音は特別に定められているわけではない。➡p.49

□intake（内在化／取り入れ）　学習者によって気づかれ，理解されたインプットが学習者自身の言語体系（中間言語）のなかに取り込まれ，学習者の言語知識の一部になるプロセスあるいは取り込まれた言語知識。➡p.19

□ジニーのケース　1970 年アメリカで救出された女子。父親からの虐待のため 20 カ月から幽閉され，発見された 13 歳まで外界と遮断された環境で育った。➡p.101

□まちがい　本当はできるのについうっかりまちがった，いわゆる言いまちがいのようなものを「まちがい(mistake)」，常にまちがってしまう，まちがいとして定着したものを「誤り(error)」と読んで区別することもある。➡p.59

□meta-cognitive strategy（メタ認知方略）　学習をより効率よくおこなうための学習者の行動全般を learning strategy（学習方略）という。このなかの，自らが目標を設定し，遂行し，評価するために用いる間接的方略の1つ。➡p.21

□ニーズ分析　学習者が将来どのような目的や状況で外国語を使うようになるのかを予測し，それをもとにどのような言語能力を伸ばす必要があるのか（ニーズ）を分析することをいう。➡p.205

□ノンバーバル(nonverbal)　言語以外をさす。コミュニケーションには言葉を使う部分(verbal communication)と，動作，ジェスチャーや表情，相手との距離など言葉以外で表されるノンバーバルな部分がある。想像以上に言葉以外から伝わると考えられ，伝えられるメッセージの70〜90%がノンバーバルであると考えられている。➡p.49

□オーラル・インターアクション（oral interaction）　オーラル・イントロダクションでは，教師が一方的に説明するのに対して，この方法では教師が学習者に質問をしながら新教材の内容を理解させていく相互交流的な方法になっている点が異なっている。➡p.148

□オーラル・イントロダクション（oral introduction）　口頭による新しい教材の導入方法の1つで，新教材の意味内容を，教師が習得をめざす言語で既習事項のみを用いて行う。絵や実物，模型，動作などを交え，学習者の理解を助ける工夫をする。➡p.148

□パタン・プラクティス（pattern practice）　The Audio-lingual Method で用いられた指導技術の1つで，習得させたい文型を含んだ文の模倣・反復練習を行ったあとに，教師が出す指示（cue）に基づき，基の文の構成要素を入れ替えて行う口頭練習のことをさす。➡p.148

□ピアジェの発達の段階説　スイスの心理学者ピアジェは，成長に伴い子どもの認知構造に質的な変化が起こると考え，誕生から青年期以降を下のように4つの段階に分けた。ピアジェは発達の速度は個人差があり，年齢区分はあまり重要ではないとしながらも，この発達の順序性は普遍的で絶対的なものだと考えていた。①感覚運動期（0歳〜2歳）…運動と感覚を通して外界と交わる。②前操作期（2歳〜7歳）…言語と象徴的思考の発達が著しい。自己中心的な発話や思考が優勢である。③具体的操作期（7歳〜12歳）…脱中心的思考が可能になる。数を使用した象徴的思考・論理的思考の発達が著しい。④形式的操作期（青年期以降）…抽象的な思考が可能となる。仮説，可能性の検討が可能となる。➡p.100

□ポートフォリオ(portfolio)　本来は書類などを入れる「紙挟み」のことで，そこから代表作を集めた作品集という意味になった。➡p.164

□連結／同化　別々の語が1つの語のように音がつながって発音されること(take+it→take it)を連結という。音と音のつながりが，さらに変化して元の音とはちがう1つの音のように発音される場合は同化という(don't+you→don't you)。➡p.50

□理解可能なインプット　クラッシェン（Krashen）の第二言語習得仮説の１つ。学習者の現在の言語能力より少し上のレベルの語彙や構文を含む目標言語に多量に接することにより，言語習得が進むという仮説。理解可能なインプットを与えることが言語習得の必要かつ十分条件であるという主張は批判を受け，現在ではインプットに加えてアウトプットやインタラクションが第二言語習得を促進することが知られている。➡p.78

□ロール・プレイ（role-play）　現実に近い状況のなかで疑似体験的に，習得しようとしている言語を使用する機会を学習者に与える目的から，学習者に役割を演じさせる活動のこと。➡p.145

□スキーマ　もとは認知心理学の分野で生まれた概念であるが，リスニングやリーディングにおける言語処理を説明するものとして言語習得の分野に取り入れられた。先行知識が構造化されたもので，概念的な上位スキーマから具体的な下位スキーマまで階層化されている。たとえば，ローザ・パークスとバスのボイコット事件に関するテクストを読むとき，熟達した読み手は「人種差別」「アメリカ公民権運動」等の上位スキーマから，「南部諸州の人種隔離政策」「交通機関における有色人種専用座席」「自家用車をもてない貧困層」等の下位スキーマを引き出して，テクストの情報を処理していく。➡p.69

□シラバス（syllabus）　ある特定の教科に関して，一定期間内に教授・学習される項目や内容，その目標などを選択・配列し，具体的に示したもの。英語教育におけるシラバスの構成原理は，従来「文法」「場面」「概念・機能」が基本になっていた。『学習指導要領』は，国家シラバスに近いといえる。➡p.142

□ターゲット・センテンス（target sentence）　学習者が，学習・習得しようとする文のことで，新出の基本的な文型を含んでいる文をさす。➡p.148

□タスク（task）　学習や指導のために行われる目的をもったさまざまな課題，作業のこと。➡p.155

□wpm（words per minute）　１分当たり読んだ語数。読みの速さを示す。テクストの総語数を読むのにかけた時間で割って計算する。たとえば，450語を２分30秒で読めば，450（語）÷150（秒）×60（秒）＝180(wpm)となる。読みの速さに英文理解度を考慮して計算する reading efficiency index（読みの効率）を用いることもある。この場合は読解テストを実施して，読みの速さにその正答率を掛ける。たとえば，180wpm で読み，読解テスト正答率が 80％であれば，180(wpm)×0.8＝144(wpm)となる。➡p.75

索　引

affective filter（情意フィルター）　101
analytic方法　166
AND検索　178
Answering（解答）　44
Audio-Lingual Methods（オーディオ・リンガル教授法）　188
BICS（Basic Interpersonal Communicative Skills）　22
BICSからCALPへの比重移動　26
Bottom-up Approach　43
CALP（Cognitive Academic Language Proficiency）　22
Choice　194
Collaboration（協同）　28
communicative　19
Communicative Language Teaching（コミュニカティブ言語教授法）　192
Community Language Learning　196
Computer Assisted Language Learning（CALL）　180
Condensing（凝縮）　44
contect-based instruction（CBI）　215
content-based approach　109
cooperative Learning　219
EAP　204
EFL（English as a Foreign Language）　61
EGAP　205
EGP（English for General Purposes）　10, 200
ELEC　189
EOP　205
ESL（English as a Second Language）　61
ESP（English for Specific／Special Purposes）　10, 200
EVP　204
Extending（拡張）　44
Feedback　194
Focus on Form　122
Focus on Meaning　122
GDMの教授法　191

Good Language Learners　21
Google　178
Grammar Translation Method（文法・翻訳教授法）　186
holistic方法　166
immersion program　12
Information gap　194
In-listening　41
Integration（統合）　30
jigsaw reading　74
Lacks　208
laconic answer　122
Learners' Autonomy（学習者の自立支援）　29
Learning Management System（LMS）　181
Matching or Distinguishing（照合／区別）　44
Motivator　130
Necessities　208
NNS（Non-Native Speakers）　22
NS（Native Speakers）　22
OR検索　179
performance-based testing　166
Plan-do-see　21
Post-listening　41
pre-communicative　19
Predicting（予測）　44
Pre-listening　41
Previous Experience（先行経験）　29
procedural syllabus　197
Purpose（目的）　28
Scanning（スキャニング）　44
SE（Sound Effect）　39
SELHi　214
Student Interest（生徒の関心）　28
Suggestopedia（サジェストペディア）　194
Support（支援）　29
Task-based syllabus（タスク・ベースト・シラバス）　197
Top-down Approach　43
Transferring（転移）　44

Variety(多面的活動)　29
Wants　208

あ

相手とのやり取り(interaction)　57
曖昧さへの耐性(tolerance for ambiguity)　76
アウトプット　19
暗唱(recitation)　161
一貫制シラバス　13
意味のある文脈(meaningful context)　108
意味のまとまり(meaningful unit)　38
意味のまとまり(sense group)　68
意味のやり取り(negotiation of meaning)　57
インタビュー(interview)　161
インタビュー・ゲーム(interview game)　149
インテイク　19
イントネーション(intonation)　36
インプット　19
英語会話　142
英語教授研究所(語学教育研究所)　189
英語ノート　6
英語ノート1　105
英語ノート2　105
英語表現Ⅰ・Ⅱ　141
オーラル・インターアクション(oral interaction)　148
オーラル・イントロダクション(oral introduction)　148
音の識別, 聞き取り(perception, distinction)　161
音の同化(Assimilation)　34
音韻認識能力(phonological awareness)　111
音読(oral reading)　129

か

外国人英語指導助手(ALT)　91, 112
概念(notion＝what we talk about)　194
概念・機能中心シラバス(national-functional syllabus)　13, 142
外部知識　41
概要(outline)　43
カウンセラー(counselor)　196
カウンセリング心理学(counseling psychology)　196
学習者間評価(Peer Evaluation)　16
学習者のビリーフ　20
学習方略(learning strategies)　14
過程の重視　15
完全一致検索　178
機械的応答(mechanical response)　43
聞き取りによる内容理解(listening comprehension)　161
きっかけ(cue)　55
機能(function＝what we talk for)　194
機能語　35
技能(performance skills)　166
基本欲求18
客観的評価(objective judgment)　163
教育目標(Goals)　26
教材(materials)　42
教材編成の原理　191
教師のビリーフ　20
強勢のリズム(stress - timed rhythm)　25, 35
共同体(community)　196
局所的誤り(local errors)　60
具体的操作期(7歳～12歳)　100
具体的な場面における成功体験　14
クライエント(client)　196
クローズ・テスト(cloze test)　159
形(form)　52
形式的操作期　100
形式をもったテスト(formal test)　156
傾斜配点　16
結果の重視　15
欠乏欲求　18
言語使用　32
言語の機能(function)　143
現実の言語使用(authentic use of Language)　194
現代の標準的な発音　49
行動観察　107
国際的共通語(リングア・フランカ)99
心のモジュール性　215
個人学習　25
語の理解, 書き取り(word-level comprehension, writing)　161
コミュニカティブ・アプローチ(communicative approach)　193
コミュニカティブな応答(communicative re-

索　引　**269**

sponse) 43
コミュニケーション・ストラテジー 27
コミュニケーション英語Ⅰ・Ⅱ・Ⅲ 139
コミュニケーション英語基礎 138
コンピュータ 178

さ

最少対立(minimal pairs) 34
作文、エッセイ(composition, essay writing) 162
挫折教育 19
さまざまな言語活動 123
3ラウンド・システムの指導理論 180
自己教育力 11
自己主張期(self-assertive stage) 196
自己評価(Self-Evaluation) 16
自己評価(self-assessment) 164
支持文(supporting sentence) 68
自然な速さ(natural speed) 90
質問に口頭で答える(question and answer) 161
実用性(practicality) 156
自動化 22
社会言語学的能力 27
シャドーイング(shadowing) 56
ジャンル分析 202
自由英作文 96
主観的評価(subjective judgment) 163
授業と家庭学習の連動による学習モデル 124
熟達度テスト(proficiency test) 158
主題文(topic sentence) 68
準専門語彙 209
生涯学習 11
情報差(information gap) 74
シラバス(syllabus) 142
自立存在期(separate existence stage) 196
真性(authenticity) 42
真正の英語(authentic English) 74
診断テスト(diagnostic test) 159
信頼性(reliability) 156
推測と発見 24
スキーマ(schema) 69
スキミング(skimming) 76
スキャニング(scanning) 76
スパイラルシステム(spiral system) 11

スピーチ(speech) 161
正確さ(accuracy) 52
制限つき作文 95
正三角形構造型の英語教育 11
正則英語 186
精読(intensive reading) 75
生徒の財産 19
摂取(exposure) 102
説明、描写(explanation, description) 161
前操作期(2歳～7歳) 100
全体から部分へ 130
全体的誤り(global errors) 60
相互作用的なリスニング(interactive listening) 43
相補性(mutual support) 27
速読(rapid reading) 129
素地 6

た

ターゲット・センテンス(target sentence) 148
胎児期(embryonic stage) 196
タスク(task:課題) 19
脱落(Elision) 34
妥当性(validity) 156
多読(extensive reading) 78
談話能力 27
談話標識(discourse marker) 68
チャンク(chunk) 67, 171
中学2年の壁 12
沈黙期 100
ティーム・ティーチング 91
ディクテーション(dictation) 82
ディスカッション(discussion) 161
ディスコース・コミュニティ 202
テクスト 203
展開練習(expansion drill) 92
転換練習(substitution drill) 91
電子黒板 176
伝達手段 32
伝達能力(communicative competence) 15
統合的測定法(integrative testing) 159
統合的動機づけ 23
到達度テスト(achievement test) 158
到達目標(Objectives) 26
特定の部分(details) 43

独立成人期(independent adult stage)　196
トップダウン処理(Top-down processing)　65
トラブルスポット　125

な

内発的動機づけ　23
内部知識　41
内容(content)　52
内容語　35
ニーズ(needs)　19
ニーズ分析(needs analysis)　39
日誌(journal)　165
ノンバーバル(nonverbal)　49

は

配置テスト(placement test)　159
波及効果(backwash effect)　15
パタン・プラクティス(pattern practice)　55, 148
発表(production)　32, 48
パーマーのオーラル・メソッド　189
場面中心シラバス(situational syllabus)　13, 142
早口言葉(tongue twister)　54
ハロルド・E・パーマー　189
ピアジェの発達の段階説　100
ピグマリオン効果　15
只管朗読　69
微調整(fine tuning)　44
ビデオ・DVD　177
評価(evaluation, assessment)　153
評価システム(rating system)　16
評定尺度法(band-system)　45
部分的測定法(discrete-point testing)　159
フラッシュ・カード(flash card)　55
フリーズのオーラル・アプローチ　190
プロジェクト　19
文章の要約(summary)　162
文章(パッセージ)の理解(reading comprehension)　162
文の理解, 書き取り(sentence-level comprehension, writing)　162
文法事項(grammatical items)　143
文法中心シラバス(grammatical syllabus)　13, 142
文法能力　26
ペアー・ワーク(pair work)　149
変則英語　186
ペンマンシップ(penmanship)　88
ポートフォリオ(portfolio)　164
ボトムアップ処理(Bottom-up processing)　65
方略能力　27

ま

メタ認知スキル(meta-cognitive skills)　22
メタ認知トレーニング　221
メタ認知方略(meta-cognitive strategies)　14
黙読(silent reading)　129

や

役割逆転期(role reversal stage)　196
役割演習(role play)　161
有意味応答(meaningful response)　43
欲求階層説　17
4技能　32
4技能の統合　123
4技能のバランス　130

ら

理解(recognition)　32
理解可能なインプット(comprehensible input)　78
理解様式(receptive mode)　62
理工系英語(English for Science and Technology)　201
リスニング・コンプリヘンション　32
リスニング・ストラテジー　37
略式のテスト(informal test)　156
流暢さ(fluency)　52
「了解」「融合」「総合活用」　190
臨界期　101
ロール・モデル(role model)　120

わ

ワーク・シート(work sheet)　121
話者(speaker)　48
和文英訳　95

[編者紹介]

木村　松雄（きむら　まつお）　［専攻：英語教育学（方法論・評価論・政策論）］

青山学院大学文学部英米文学科・大学院文学専攻科主任教授
青山学院英語教育研究センター（AGRCELT）所長
一般社団法人大学英語教育学会（JACET）本部理事・関東支部支部長
NHK ラジオ「基礎英語 I」講師（1998－2001, 2006－2010）
文部科学省 Super English Language High School 運営指導委員（1 期・5 期）
文部科学省指定広島県芸北地域教育課程研究開発運営指導委員（2005－2008）
文部科学省高等教育局大学設置審議委員会専門部会審議委員（2010－2012）
全国英語教育研究団体連合会主催全国高等学校英語スピーチコンテスト審査委員

新版英語科教育法
小中高の連携－EGP から ESP へ

2011 年 4 月 15 日　第 1 版第 1 刷発行
2014 年 3 月 28 日　第 1 版第 2 刷発行

編著者　木村　松雄

発行者　田中　千津子
発行所　株式会社　学文社

〒153-0064　東京都目黒区下目黒 3-6-1
電話　03（3715）1501 代
FAX　03（3715）2012
http://www.gakubunsha.com

© MATSUO KIMURA 2011　　印刷　新製版
乱丁・落丁の場合は本社でお取替えします。
定価は売上カード，カバーに表示。

ISBN978-4-7620-2039-1